教育部高等学校道路运输与工程教学指导分委员会"十三五"规划教材

Qiche Yunxing Cailiao
汽车运行材料

何义团　主编
简晓春　主审

人民交通出版社股份有限公司

北京

内 容 提 要

本书是教育部高等学校道路运输与工程教学指导分委员会"十三五"规划教材之一。其主要内容有：车用汽油、车用柴油、车用替代燃料、发动机润滑油、车辆齿轮油、车用润滑脂、汽车工作液、车用蓄电池与动力蓄电池、汽车轮胎。

本书可作为高等院校交通运输专业的教学用书，也可作为相关专业技术人员的参考用书。

图书在版编目（CIP）数据

汽车运行材料/何义团主编. —北京：人民交通出版社股份有限公司，2020.5
ISBN 978-7-114-16385-2

Ⅰ.①汽… Ⅱ.①何… Ⅲ.①汽车—运行材料—高等学校—教材 Ⅳ.①U473

中国版本图书馆 CIP 数据核字（2020）第 038351 号

书　　名：	汽车运行材料
著　作　者：	何义团
责任编辑：	时　旭
责任校对：	赵媛媛
责任印制：	刘高彤
出版发行：	人民交通出版社股份有限公司
地　　址：	（100011）北京市朝阳区安定门外外馆斜街 3 号
网　　址：	http://www.ccpcl.com.cn
销售电话：	(010)59757973
总　经　销：	人民交通出版社股份有限公司发行部
经　　销：	各地新华书店
印　　刷：	北京市密东印刷有限公司
开　　本：	787×1092　1/16
印　　张：	11.5
字　　数：	276 千
版　　次：	2020 年 5 月　第 1 版
印　　次：	2020 年 5 月　第 1 次印刷
书　　号：	ISBN 978-7-114-16385-2
定　　价：	30.00 元

（有印刷、装订质量问题的图书由本公司负责调换）

前言

为深入贯彻落实《国家中长期教育改革和发展规划纲要(2010—2020年)》及国务院关于《统筹推进世界一流大学和一流学科建设总体方案》，根据教育部《深化教育教学改革的指导意见》及教育部、科技部《关于加强高等学校科技成果转移转化工作的若干意见》，进一步提高(道路)交通运输本科专业核心课程教材的质量，打造高质量、高水平的精品教材，充分发挥教材建设在人才培养过程中的基础性作用，教育部高等学校道路运输与工程教学指导分委员启动了"十三五"规划教材的编写申报工作。经过各高校老师申报及材料初审、专家评审和教指委秘书处审定，(道路)交通运输专业第一批有9本教材被列为教指委"十三五"规划教材计划出版发行。

《汽车运行材料》是教育部高等学校道路运输与工程教学指导分委员"十三五"规划教材之一，其内容主要包括车用汽油、车用柴油、车用替代燃料、发动机润滑油、车辆齿轮油、车用润滑脂、汽车工作液、车用蓄电池与动力电池、汽车轮胎。教材主要对汽车运行材料的性能、技术要求、规格、标准、选用方法以及对车辆性能的影响等方面进行阐述。

本书由重庆交通大学何义团教授主编，斯海林高工负责统稿。参与编写本书的人员有：内蒙古大学高飞教授编写第一、二章；鲁东大学马勇骉副教授编写第三章；重庆交通大学斯海林编写第四章和第七章；重庆交通大学刘纯志博士编写第五章和第六章部分内容；重庆交通大学王志洪副教授编写第六章第一、二节；重庆理工大学罗勇教授编写第六章第三、四节；何义团编写第八章；重庆科技学院黄琪教授级高工编写第九章。

本书由重庆交通大学简晓春教授主审，在此表示最衷心的感谢，并对本书在编写过程中参阅过的资料的作者表示最诚挚的谢意。

由于编者水平有限，书中难免存在不足或错误，敬请各位读者批评指正。

编者
2019年11月

目录

第一章 车用汽油 ··········· 1
  第一节 汽车对汽油燃料的要求 ··········· 1
  第二节 汽油使用性能 ··········· 1
  第三节 汽油的改良与燃烧排放性能 ··········· 14
  复习思考题 ··········· 18

第二章 车用柴油 ··········· 19
  第一节 汽车对柴油燃料的要求 ··········· 19
  第二节 柴油的性能 ··········· 20
  第三节 轻柴油的规格及其选用 ··········· 30
  第四节 柴油机的改良与燃烧排放性能 ··········· 34
  复习思考题 ··········· 36

第三章 车用替代燃料 ··········· 37
  第一节 气体燃料 ··········· 37
  第二节 醇类燃料 ··········· 48
  第三节 乳化燃料 ··········· 53
  复习思考题 ··········· 57

第四章 发动机润滑油 ··········· 58
  第一节 发动机润滑油的使用性能 ··········· 58
  第二节 发动机润滑油的分类与规格 ··········· 64
  第三节 发动机润滑油的选择 ··········· 77
  第四节 在用车辆发动机润滑油的质量与更换 ··········· 82
  复习思考题 ··········· 86

第五章 车辆齿轮油 ··········· 87
  第一节 车辆齿轮油的使用性能 ··········· 87
  第二节 车辆齿轮油的分类与规格 ··········· 91
  第三节 车辆齿轮油的选择 ··········· 97

第四节　在用车辆齿轮油的质量与更换 …………………………………… 98
　　复习思考题 ……………………………………………………………………… 99

第六章　车用润滑脂 ……………………………………………………………… 100
　　第一节　润滑脂的组成、分类和使用特点 …………………………………… 100
　　第二节　润滑脂的使用性能指标 ……………………………………………… 104
　　第三节　常用润滑脂的使用性能和特点 ……………………………………… 108
　　第四节　润滑脂的选择与使用 ………………………………………………… 117
　　复习思考题 ……………………………………………………………………… 118

第七章　汽车工作液 ……………………………………………………………… 119
　　第一节　液力传动油的工作特性与性能指标 ………………………………… 119
　　第二节　车辆制动液 …………………………………………………………… 124
　　第三节　电液系统用油 ………………………………………………………… 129
　　第四节　发动机冷却液 ………………………………………………………… 133
　　第五节　车用玻璃清洗液 ……………………………………………………… 139
　　复习思考题 ……………………………………………………………………… 141

第八章　车用蓄电池与动力蓄电池 …………………………………………… 142
　　第一节　车用蓄电池 …………………………………………………………… 142
　　第二节　车用动力蓄电池 ……………………………………………………… 144
　　第三节　车用蓄电池的回收再利用 …………………………………………… 147
　　复习思考题 ……………………………………………………………………… 149

第九章　汽车轮胎 ………………………………………………………………… 150
　　第一节　汽车轮胎的作用与构造 ……………………………………………… 150
　　第二节　汽车轮胎的分类 ……………………………………………………… 152
　　第三节　汽车轮胎的规格与表示方法 ………………………………………… 158
　　第四节　汽车轮胎的使用与维护 ……………………………………………… 168
　　复习思考题 ……………………………………………………………………… 175

参考文献 …………………………………………………………………………… 176

第一章　车用汽油

第一节　汽车对汽油燃料的要求

随着汽车保有量的日益增长,车用汽油的需求量越来越大。车用汽油是将石油提炼而得到的小密度、易挥发的液体燃料,自燃点为 415～530℃。作为汽油机的主要燃料,车用汽油能在短时间内由液体蒸发为气体,并与空气混合形成良好的可燃混合气,保证汽油机能够顺利起动、平稳运转、正常燃烧,充分发挥汽油机的动力性能。掌握车用汽油的使用性能及其相关评价指标,是正确选用车用汽油的基础。汽油选用不当,不仅会造成浪费,还会缩短汽油机的使用寿命。

第二节　汽油使用性能

车用汽油满足汽油机工作需求并保证汽油机正常发挥其性能的能力,称为车用汽油的使用性能。对车用汽油使用性能的主要要求如下:

(1)适宜的蒸发性。
(2)良好的抗爆性和氧化安定性。
(3)清洁、环保、无腐蚀。

一、汽油的蒸发性

汽油的蒸发性好,容易汽化,便于与空气形成均匀混合气,可燃混合气燃烧得更快、更完全,所以发动机容易起动、加速灵敏,各工况间切换灵敏柔和,机械磨损少,燃油消耗率降低。反之,若汽油的蒸发性不好,一方面低温条件下未形成足够浓度的混合气,使发动机低温起动性较差;另一方面,汽油未完全汽化,使可燃混合气品质变坏,燃烧状况变差,会导致汽油机功率下降,耗油量增加,有害气体排放量增大,发动机磨损加剧。此外,未燃烧的液滴还会稀释汽缸壁的润滑油膜,使汽缸的密封性下降,导致缸内最大爆发压力下降,发动机输出功率降低;若这些未燃燃油进入油底壳,还会污染发动机润滑油,增大发动机各摩擦副的磨损和润滑油的消耗。

然而,汽油的蒸发性过好会使燃油系统在夏季产生气阻,或由于油路中气泡增多,影响喷油器流量的稳定,直接影响发动机的闭环控制,进而影响发动机排放污染物的控制,或使汽油蒸发控制系统的吸附炭罐过载,或使汽油在储存和使用中的蒸发损失增大等。因此,汽油应具有适宜的蒸发性,不可过高或过低。

1. 汽油蒸发性的评价指标

(1) 馏程。汽油的馏程是指在石油产品馏程测定仪上对100mL汽油蒸馏时,从初馏点到终馏点的温度范围。汽油的蒸发温度对汽油机的工作有很大影响,汽油馏程以初馏点、10%蒸发温度、50%蒸发温度、90%蒸发温度、终馏点和残留量来表示。

①初馏点。在冷凝管末端滴下第一滴汽油时所观察到的校正温度计的读数,称为初馏点。初馏点是汽油的最低馏出温度,表示汽油中最轻组分的沸点。

②10%蒸发温度。对100mL汽油在规定条件下蒸馏时,得到10%汽油馏分时校正温度计的读数,称为10%蒸发温度,常用来表示汽油中轻质馏分的含量。10%蒸发温度对汽油机起动的难易程度有决定性影响,同时,与发动机供给系统产生气阻的倾向有密切关系。

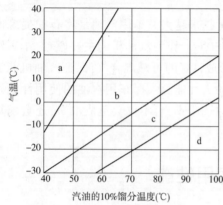

图1-1 汽油10%蒸发温度对低温起动性和"气阻"现象的影响

a-产生气阻; b-起动容易; c-起动困难; d-不能起动

10%蒸发温度越低,表示汽油中的轻质馏分越多,汽油的蒸发性越好,能够迅速形成可燃混合气,汽油机在低温条件下就容易起动。但10%蒸发温度过低时,说明汽油中轻质馏分过多,蒸发性过强,随着油温的升高,汽油容易在燃油泵或输入管等曲折处或较热部位先发生汽化而形成蒸气泡,这会阻碍燃油供给系统的正常供油,即"气阻"现象。该现象容易在炎热的夏季或大气压力过低的高原地区出现,使得发动机输出功率下降甚至熄火。由此可见,10%蒸发温度有一个合适的范围,如图1-1所示,一般不宜低于60~65℃。

③50%蒸发温度。对100mL汽油在规定条件下蒸馏时,得到50%汽油馏分时校正温度计的读数,称为50%蒸发温度。它表示汽油中中质馏分的含量,代表汽油的平均蒸发能力。它对汽油机起动后到正常工作温度的预热时间、加速性能和工作温度性有很大影响。

50%蒸发温度低,说明汽油机的平均蒸发能力强,形成的混合气浓度大,燃烧产生的热量多,因而可有效缩短发动机预热时间,使得加速灵敏、运转平稳柔和。汽油50%蒸发温度与汽油机预热时间的关系见表1-1。若50%蒸发温度较高,汽油的平均蒸发能力较弱,则需要较长的时间完成暖机过程;当大负荷需要较大供油量时,由于汽油来不及完全蒸发,使得形成的混合气浓度不够且混合气质量较小,故发动机不能及时加速、运转工况不平稳。

50%蒸发温度与汽油机预热时间的关系　　　　表1-1

汽油50%蒸发温度(℃)	104	127	148
汽油机预热时间(min)	10	15	>28

④90%蒸发温度。对100mL汽油在规定条件下蒸馏时,得到90%汽油馏分时校正温度计的读数,称为90%蒸发温度。它表示汽油中重质馏分的含量,可用来控制重质馏分的量。

⑤终馏点。对100mL汽油在规定条件下蒸馏时,蒸馏出最后一滴汽油时校正温度计的读数,称为终馏点。终馏点也表示汽油中重质馏分的含量,但一般用来控制汽油重质馏分的上限。

90%蒸发温度和终馏点较高时,汽油重质馏分含量较多,点火前蒸发的汽油较多,使得燃烧不完全,发动机排气冒黑烟、油耗较多。同时,未燃汽油随着下行的活塞沿汽缸壁下流时,冲洗掉缸壁上的润滑油膜或进入油底壳,稀释润滑油导致汽缸、活塞等零件以及其他配合副机械磨损加剧。终馏点与油耗、活塞磨损的关系见表1-2。

终馏点与油耗、活塞磨损的关系　　　　　表1-2

汽油终馏点(℃)	175	200	225	250
油耗(%)	98	100	107	140
活塞磨损率(%)	97	100	200	500

残留量过大时,燃烧室的积炭会有所增加,进气门、喷油器喷嘴等部位结胶严重,从而影响发动机正常工作,故使用中应严格控制。

测定馏程的标准是《石油产品常压蒸馏特性测定法》(GB/T 6536—2010),试验所用仪器为石油产品馏程测定器,如图1-2所示。试验方法和步骤如下:

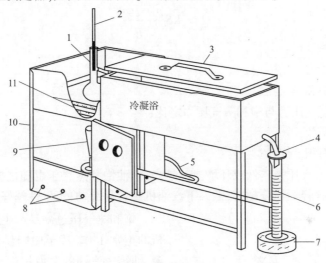

图1-2　汽油馏程测定仪

1-烧瓶;2-温度计;3-冷凝器盖;4-遮盖纸;5-气体管线;6-量筒;7-底座;8-通风孔;9-燃气加热器;10-防护罩;11-耐热版

①向带有支管的蒸馏烧瓶中装入100mL被测汽油。

②连接试验装置,包括三处:烧瓶与温度计的连接,烧瓶支管与冷凝管的连接,冷凝管与量筒的连接。前两处的连接使用软木塞,为保证装置的密封性,连接处还要涂上火棉胶,且需注意温度计水银球的上切面应与烧瓶支管的下边缘处于同一平面。冷凝管的末端与量筒内壁紧靠在一起,以使蒸馏出的汽油能沿量筒壁下流。同时,为防止蒸馏出的汽油蒸发,在量筒口处塞一棉絮。

③装好仪器之后,先记录大气压力,然后开始对蒸馏烧瓶均匀加热。蒸馏汽油时,从加热开始到冷凝管下端滴下第一滴馏出液所经过的时间为5~10min;蒸馏普通柴油时,时间为10~15min。

④将第一滴馏出液从冷凝管滴入量筒时所记录的温度作为初馏点。

⑤蒸馏达到初馏点之后,移动量筒,使其内壁接触冷凝管末端,让馏出液沿着量筒内壁流下。此后蒸馏速度要均匀,每1min馏出4~5mL(相当于10s馏出20~25滴)。

⑥蒸馏过程中记录初馏点、10%蒸发温度、50%蒸发温度、90%蒸发温度和终馏点,并计

量残留物。终馏点不易观察确定,故试验中对终馏点的确定规定如下:当温度计的温度停止升高后开始下降时,记录下的最高温度即为终馏点。

⑦到达终馏点后,停止加热,让馏出液流出5min时记录量筒中液体的体积。

⑧试验结束时,待蒸馏烧瓶冷却5min后,从冷凝管卸下蒸馏烧瓶。卸下温度计及瓶塞之后,将蒸馏烧瓶中热的残余物仔细倒入10mL的量筒内,待量筒冷却到10℃±3℃时,记录残留物的体积,精确至0.1mL。

(2)饱和蒸气压。在一定温度下,与同种物质液态处于平衡状态的蒸气所产生的压强称为饱和蒸气压。发动机燃料饱和蒸气压的测定,国内外普遍采用雷德法,发动机燃料与其蒸气的体积比为1:4,在37.8℃时所测出的汽油蒸气的最大压力,称为雷德饱和蒸气压。

馏程反映了汽油馏分本身的蒸发性,而饱和蒸气压除了反映汽油的平均蒸发性能,还考虑了大气压强和环境温度的影响,汽油蒸发量与饱和蒸气压的近似关系为:

$$Q = KS\frac{p_1 - \varphi p_1}{p}$$

式中:Q——汽油蒸发量;

p——空气压力;

p_1——汽油饱和蒸气压;

φ——汽油蒸气压力与饱和蒸气压力之比;

K——扩散系数;

S——蒸发面积。

由上式可知,大气压强越低或环境温度越高,汽油饱和蒸气压也随之提高。汽油饱和蒸气压越高,则汽油含轻质馏分越多,低温下汽油机越容易起动,蒸发性越好。

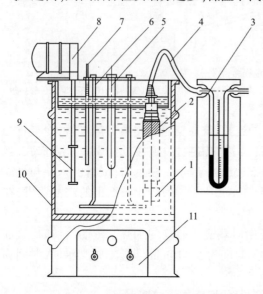

图1-3 汽油饱和蒸气压测定仪
1-金属弹下室;2-金属弹上室;3-水银压力机;4-橡胶带;5-温度计;6-电热器;7-温度计;8-电动机;9-搅拌器;10-水浴箱;11-继电器

饱和蒸气压过高易产生"气阻",影响汽油机的正常工作,甚至中断供油,同时储存在油罐、油箱中汽油的蒸发损失也有所增大。汽油饱和蒸气压与蒸发损失呈线性关系,燃油箱的容积与存油体积之比较大时,蒸发损失更严重。因此有经验的驾驶人往往将燃油箱加满油过夜。

汽油的饱和蒸气压测定按照《石油产品蒸气压的测定 雷德法》(GB/T 8017—2012)的规定进行。测试仪器为饱和蒸气压测定仪,如图1-3所示。测定方法如下:

①将经冷却的试样充入蒸气压测定仪的金属弹下室,并将金属弹下室与上室连接。

②将金属弹浸入恒温(38℃±0.3℃)水浴箱,并定期振荡,直至与金属弹相连的压力计的压力恒定。

压力计的读数经修正后即为雷德饱和蒸

气压,修正公式为:

$$p = p' + \Delta p$$

$$\Delta p = \frac{(p_a - p_1)(t - 38)}{273 + t} - (p_{38} - p_1)$$

式中:p——试样饱和蒸气压;
$\quad p'$——未校正的饱和蒸气压;
$\quad \Delta p$——修正值;
$\quad p_a$——测定的实际大气压;
$\quad p_1$——水温在 t℃时的饱和蒸气压;
$\quad p_{38}$——水温在38℃时的饱和蒸气压;
$\quad t$——金属弹上室的起始温度,即上下室连接前上室的温度。

2.汽油蒸发性的影响因素

车用汽油自身的化学组分和馏分组分决定了其蒸发性,但工作条件对汽油蒸发速度和蒸发量也有一定的影响。

(1)进气温度。汽油被喷入进气道或缸内后,首先要先由液态转变为气态,才能与空气更好地混合并参与燃烧。在汽油相变的过程中,需要吸收空气中的热量。汽油蒸发量越大,需要吸收的热量就越多。而空气温度的高低,决定了可以提供给汽油汽化所需热量的多少。因此,适当提高汽油机的进气温度,能增加汽油的蒸发量。

(2)进气流动速度。进气流动速度影响汽油进入汽缸后油滴的破碎、雾化。气流速度较快时,汽油被气流产生的动能击碎得更加细小,汽油的蒸发和扩散面积较大,从而得到较高的蒸发速度和蒸发量。

3.汽缸壁温度

汽缸壁温度影响可燃混合气中未蒸发油滴的进一步蒸发。未蒸发油滴的蒸发需要吸收汽缸壁的热量,汽缸壁的温度较高时,缸内汽油蒸发量就大。汽缸壁温度对汽油蒸发性的影响见表1-3。

汽油机缸壁温度对汽油蒸发性的影响　　　表1-3

汽油机缸壁温度 (℃)	进气温度为20℃时汽油在汽缸内的蒸发量(%)	
	$\alpha = 0.7$	$\alpha = 1$
20	43	46
50	50	66

以上3个影响汽油蒸发性的因素说明:要使汽油机易于起动、暖机时间短、燃油消耗低、机械磨损小,除了要求汽油本身应具有良好的蒸发性外,还与驾驶人的驾驶行为密切相关。如果驾驶人懂得利用使用条件对蒸发性的影响规律,根据季节气温变化和汽油发动机的工作情况,起动前用热水暖缸,保持循环冷却液的正常温度,或及时提高发动机的转速,就可以使汽油机内的汽油蒸发速度加快,蒸发量增多,相对提高车用汽油的蒸发性。

二、汽油的抗爆性

汽油抗爆性是表示汽油在汽油机燃烧室中燃烧时防止爆震燃烧(简称爆燃)的能力。汽油机正常的燃烧过程为:火花塞跳火,产生高能量的电火花,使其电极间的可燃混合气温度升高并被点燃,形成火焰中心;火焰前锋面以20~50m/s的传播速度向燃烧室远离火花塞的各点传播,使绝大部分混合气燃烧并释放出热能,缸内压力和温度上升均匀,汽油机工作柔和平稳,动力性能得到充分发挥。爆燃的特征为:在正常火焰前锋面到达之前,由于火焰前锋面的压缩和热辐射作用,缸内部分区域温度急剧升高而自然发火,形成多个火焰中心,使火焰传播速度急剧提高,缸内压力和温度上升急剧,燃气压力在燃烧室壁、活塞顶和汽缸壁产生强烈的噪声并伴随金属敲击声,引起发动机振动。

1. 爆燃发生的原因及危害

当可燃混合气在汽缸内被电火花点燃后,一部分未燃混合气因受到正常火焰焰面的压缩和热辐射作用,温度和压力急剧升高、化学反应加剧,生成大量不稳定的过氧化物,这些过氧化物的浓度较大时容易发生自燃。抗爆性好的汽油,在燃烧过程中其氧化分解产生的过氧化物达不到自燃的浓度;若汽油的抗爆性不好,过氧化物就容易聚集,尤其是在已燃混合气的热辐射和压力作用下,过氧化物会迅速达到自燃的浓度而自燃,进而在未燃混合气中形成多个火焰中心,向四面八方传播。由于这种燃烧速度极为迅速,汽缸容积来不及膨胀,汽缸内的压力和温度急剧上升,这种压力和温度的不平衡将产生强烈的冲击波,猛烈撞击汽缸盖、活塞顶和汽缸壁,使发动机产生振动并发出清脆的敲缸声,这种现象就是爆燃。爆燃对汽油机的危害很大,主要体现在以下方面:

(1) 由于强烈冲击波的作用,汽缸盖、活塞顶、汽缸壁、连杆、曲轴等机件的负荷增加,容易变形甚至损坏。

(2) 爆燃的高压和高温,一方面会破坏汽缸壁的润滑油膜的润滑性,使发动机磨损加剧、汽缸密封性下降、发动机功率降低;另一方面,较高的缸温会增加冷却系统的负担,使发动机过热而造成损坏。

(3) 爆燃的局部高温引起严重的热分解现象,使燃烧产物分解为HC、CO和游离碳的现象增多,排气冒黑烟严重,易形成积炭,破坏活塞环、火花塞、气门等零件的正常工作,使发动机的可靠性下降。

对既定的发动机,当压缩比一定时,汽油自身的抗爆性是影响爆燃的主要因素。因此,为了避免爆燃现象的出现,应尽量使用抗爆性好的汽油。

2. 汽油机抗爆性的评价指标

评定汽油抗爆性的指标是辛烷值和抗爆指数。

(1) 辛烷值。辛烷值是表示点燃式发动机燃料抗爆性的一个约定数值。在规定条件下的标准发动机试验中,通过与标准燃料进行比较来测定,采用和被测定燃料具有相同抗爆性的标准燃料中的辛烷值表示。辛烷值通常用英文缩写ON(Octane Number)表示。汽油辛烷值高,则抗爆性好。

测定辛烷值的标准燃料是用两种抗爆性相差悬殊的烷烃作基准物配制而成:一种是异辛烷(C_8H_{18}),它的抗爆性能良好,规定其辛烷值为100;另一种是正庚烷(C_7H_{16}),它的抗爆性能差,规定其辛烷值为0。按不同体积比例混合这两种基准物便可得到多种标准燃料。标准燃料中异辛烷的体积百分数规定为标准燃料的辛烷值,该值范围为0~100。

在标准发动机试验中,由于规定条件不同,测得的辛烷值也不同。按照试验条件,辛烷值分为马达法辛烷值 MON(Motor Octane Number)和研究法辛烷值 RON(Research Octane Number)两种,MON 的试验条件要比 RON 的试验条件苛刻。例如,测定马达法辛烷值时发动机转速一般为 900r/min,混合气一般加热至 149℃;而测定研究法辛烷值时发动机转速一般为 600r/min,混合气一般不加热。因此,MON 一般低于 RON。

辛烷值测定按照《汽油辛烷值的测定 马达法》(GB/T 503—2016)和《汽油辛烷值的测定 研究法》(GB/T 5487—2015)的规定进行。试验装置为美国制造的 ASTM-CFR 试验机,它包括一台压缩比可在 4~10 范围内变化的单缸发动机,附带相应的负载设备、辅助设备和仪表等。测定方法如下:测定某汽油辛烷值时,将被测汽油在试验机上按规定试验条件运转,逐渐调大压缩比,使试验机发生爆燃,直至达到规定的爆燃强度,调试过程中利用电子爆燃表测量爆燃强度。然后,在相同条件下选择已知辛烷值的标准燃料进行对比试验。当某标准燃料的爆燃强度恰好与试验汽油的爆燃强度相同时,测定过程结束,该号标准燃料的辛烷值即为所测汽油的辛烷值。

(2)抗爆指数。MON 表示汽油在发动机重负荷条件下高速运转时的抗爆能力,RON 表示汽油在发动机常有加速条件下低速运转时的抗爆能力,两者都不能全面反映车辆运行中汽油的抗爆性能,为能较全面地反映汽油在车辆运行中的抗爆能力,引入了抗爆指数这一指标。抗爆指数是汽油 MON 和 RON 的平均值,反映车辆一般运行条件下汽油的平均抗爆性。

3.汽油各烃类组分的抗爆性

汽油的抗爆性取决于碳氢化合物的结构,组成汽油的烃主要是含 5~11 个碳原子的烷烃、环烷烃、芳香烃和烯烃。由于各类烃的热氧化安定性不同,开始氧化的温度和自燃点有差别,所以辛烷值也不相同。总的来说,芳香烃和异构烷烃的抗爆性最好,环烷烃和烯烃居中,正构烷烃最低。

芳香烃的分子结构中含有苯环,结构紧凑,热氧化安定性好,开始氧化和自燃的温度最高,所以其抗爆性最好,辛烷值多数在 100 左右,且变化范围不大。

环烷烃化学结构对其抗爆性有很大影响,故其抗爆性变化范围较大。如碳环中碳原子的个数、支化程度、支链长短、支链位置等都对抗爆性有影响。一般来说,五碳环的环烷烃抗爆性好于六碳环的环烷烃;无支链的环烷烃抗爆性好于有一个支链的环烷烃,且支链越长抗爆性越差;具有两个支链的环烷烃抗爆性特别好,两个支链连接在一个碳原子上的环已烷抗爆性最好;有多个支链的环烷烃,支链最不对称的抗爆性最好。

烯烃的抗爆性与碳链长短、支化程度、双键位置等有关。一般来说,随着碳链的缩短、支化程度的提高,抗爆性有所增强;双键位置越靠近分子中心,抗爆性越好;此外,一般链烯烃抗爆性比环烯烃好。

正构烷烃的热氧化安定性低,结构松长,故其抗爆性最差。且碳链越长,抗爆性越差。

4.提高汽油辛烷值的措施

发动机压缩比越大,热效率越高,改善了发动机的动力性和经济性。但随着压缩比的提高,汽缸内压缩终了的温度、压力增大,将加剧汽油在燃烧前的化学反应,生成更多的过氧化物。当过氧化物积聚到一定浓度,容易发生爆燃。因此,为预防爆燃现象的发生,需要尽量提高汽油的辛烷值。目前,提高汽油辛烷值的方法主要有以下三种:

(1)选择良好的原料和改进加工工艺,例如采用催化裂化、加氢裂化和催化重整等工艺,生产出高辛烷值的汽油。

(2)向产品中调入抗爆性优良的高辛烷值成分,例如异辛烷、异丙苯、烷基苯、醇类等。

(3)加入抗爆剂,如甲基叔丁基醚(MTBE)、羰基锰(MMT)等。

三、汽油的氧化安定性

汽油的氧化安定性是指汽油在储存和使用过程中,抵抗氧化生胶而保持自身性质不发生永久性变化的能力。氧化安定性良好的汽油,长期储存也不会发生显著的质量变化;氧化安定性差的汽油,在储存和使用过程中,容易发生氧化、缩合和聚合反应,生成酸性物质和胶状物质,且使汽油辛烷值下降。由于生成的胶状物质分子量很大,颜色为深褐色,故氧化安定性差的汽油在储存和使用一定时间后,最明显的外观变化是汽油颜色变深,并产生黏稠沉淀。

(1)在汽油机中使用的汽油若氧化安定性不好,会导致发动机工作异常。例如,汽油氧化生成的胶状物质容易沉积在滤清器、油管、喷油器等部位,影响燃料的供给和混合气的形成。

(2)胶状物质还容易沉积在进气门上,使气门产生黏着现象,导致气门关闭不严,造成发动机的动力性和经济性下降。

(3)进入发动机汽缸内的胶状物质在高温条件下容易发生分解,生成大量积炭积聚在燃烧室、气门、活塞顶以及活塞环横槽等部位,造成汽缸散热性能不良,使零件局部过热。同时,积炭还会增大汽缸压缩比,增大早燃和爆燃的倾向。

(4)如有积炭沉积在火花塞上时,会导致点火性能不良。

因此,从发动机的使用角度考虑,应要求汽油具有良好的氧化安定性。

1. 汽油氧化安定性的评价指标

一般常用实际胶质和诱导期作为汽油氧化安定性的评价指标。

(1)实际胶质。在规定的条件下,测得的汽油蒸发残留物中正庚烷的不溶部分即为实际胶质,常以 mg/100mL 为单位。汽油实际胶质的测定按照《燃料胶质含量的测定 喷射蒸发法》(GB/T 8019—2008)的规定进行。测定仪器为实际胶质测定仪,如图1-4所示。测定方法为:

①先使已知量的汽油在控制温度和空气流的条件下蒸发。

②在蒸发残留物中加入一定量的正庚烷,并在轻轻地转动后静置,小心地倒掉正庚烷溶液。

重复按上述步骤进行抽取提馏,最后按规定的方法称重和计算,便可测得汽油的实际胶质。

(2)诱导期。在规定的加速氧化条件下,油品处于稳定状态所经历的时间周期即为诱导期,以 min 表示。汽油诱导期的测定按照《汽油氧化安定性测定法 诱导期法》(GB/T 8018—2015)的规定进行。测定方法是:试样在氧弹中氧化,氧弹先在 15~25℃ 下充氧气到 690~705kPa,然后在 98~102℃ 条件下加热。按规定的时间间隔读取压力,或连续记录压力,直至达到转折点。试样达到转折点所需要的时间即为实验温度下的实测诱导期。由此实测诱导期可以计算 100℃ 时的诱导期。

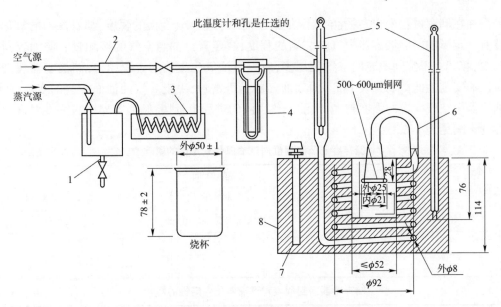

图1-4 喷射蒸发法实际胶质测定仪(单位:mm)

1-汽阱;2-棉花或玻璃棉滤清器;3-过热器;4-流量计;5-温度计;6-可拆卸接收器;7-温度调节器;8-金属块浴

2. 汽油氧化安定性的影响因素

汽油的化学组成和储存条件是其氧化安定性的主要影响因素。

(1)化学组成。汽油的化学组成包括烃类组成和非烃类组成。汽油的烃类组成包括烷烃、环烷烃、芳香烃、烯烃。它们在汽油中抵抗氧化的能力是有差异的,发生缩合和聚合反应的程度也不同。其中:烷烃、环烷烃、芳香烃在常温液态条件下,都不易与空气中的氧气发生氧化反应,并且彼此也不易发生缩合和聚合反应,所以它们的安定性比较好,使得以这些烃为主要成分的汽油的安定性也就比较好。烯烃等不饱和烃在常温液态条件下,不仅容易与空气中的氧气发生氧化反应,而且彼此之间还会发生缩合和聚合反应,因此,烯烃等不饱和烃含量多的汽油的安定性就较差。

汽油的非烃类组成包括含硫化合物、含氧化合物、含氮化合物等,它们对汽油的安定性都有一定的影响。一般这些非烃类化合物都使汽油的安定性变差。

(2)储存条件。汽油的储存条件包括环境温度及油与空气、金属、水分的接触等。环境温度对汽油的安定性有很大影响,因为汽油氧化生胶的进程是随着温度的升高而加快的。表1-4为某种汽油在不同环境温度下储存4个月的质量变化情况,从表1-4中数据可以看出:随着环境温度的升高,汽油氧化速度加快,实际胶质增多,诱导期缩短。

某种汽油在不同环境温度下储存4个月的质量变化情况　　　　表1-4

储存期	15~30℃		35~38℃	
	实际胶质(mg/100mL)	诱导期(min)	实际胶质(mg/100mL)	诱导期(min)
新油	4	340	4	340
2个月	7	305	27	135
4个月	9	305	45	90

汽油在储存过程中,与空气的接触量以及油面上空空气变换的强度,都对汽油的氧化安定性有一定影响。储油容器中汽油装满的程度,决定着汽油与空气的接触量。储油容器装油越少,容器上部空间填充的空气就越多,所以汽油氧化生胶的进程越快,储油容器装满程度对汽油安定性的影响见表1-5。而储油容器是否密封,决定着汽油油面空气的变换强度。储油容器中空气变换的强度越大,汽油氧化生胶的进程也越快,储油容器密封程度对汽油安定性的影响见表1-6。

储存容器装满程度对汽油氧化安定性的影响　　　　　表1-5

装满程度	储存时间				
（%）	新油	1个月	4个月	5个月	6个月
	汽油实际胶质(mg/100mL)				
95	5	12	24	34	63
50	5	19	98	139	164

储存容器密封程度对汽油氧化安定性的影响　　　　　表1-6

密封状态	储存时间		
	新油	16周	32周
	汽油实际胶质(mg/100mL)		
密封	5	9	9
不密封	5	17	106

因金属对汽油的氧化进程起催化作用,汽油与金属的接触对汽油的安定性也有一定的影响。不同的金属所起的催化作用大小不同,催化作用最强的是铜,其次是铅。

汽油中混入水分,对汽油的安定性也有一定影响。因为水不仅对汽油的氧化起催化作用,而且能溶解汽油中的抗氧防胶剂,从而加快汽油的氧化生胶进程,使汽油的安定性显著降低。表1-7为水对汽油氧化生胶进程的影响。

水对汽油氧化生胶进程的影响　　　　　表1-7

储存条件	汽油实际胶质(mg/100mL)			
	试验开始	储存1个月	储存3个月	储存6个月
有水	4	6	11	22
无水	4	4	6	8

3. 提高汽油氧化安定性的措施

提高汽油氧化安定性的方法有三种:

(1)采用先进炼制工艺。如催化重整和加氢精制等,主要作用是减少汽油中不饱和烃的含量和去除汽油中的非烃类组分。

(2)向汽油产品中加入抗氧防胶剂。如2,6-二叔丁基对甲酚、N-苯基N'-仲丁基对苯胺等。这些抗氧防胶剂能释放氢原子与过氧化基结合,使过氧化基变成过氧化物而失去活性,从而中断烃类氧化生胶的反应链,达到提高汽油氧化安定性的目的。

(3)向汽油产品中加入金属钝化剂。如N,N'-二亚水杨-1,2-丙二胺等。这些金属钝化剂能与具有氧化催化效应的可溶性金属化合物反应,生成加合物,从而使可溶性金属化合物失去氧化催化效应,达到提高汽油氧化安定性的目的。

四、汽油的腐蚀性

汽油在运输、储存和使用过程中,常与多种金属容器和零件接触,为不造成腐蚀,要求汽油无腐蚀性。组成汽油的各种烃类,都是没有腐蚀性的化合物。汽油的腐蚀性完全是由非烃类物质引起的。常见的能引起腐蚀性的非烃类物质有硫及硫的化合物、有机酸、水溶性酸或碱等。对这些物质,在汽油中必须严格加以控制。

1. 汽油中的主要腐蚀成分

(1)硫及硫的化合物。硫元素对金属腐蚀作用很强,它能与多种金属发生化学反应,易造成发动机金属零件和金属储油容器过早报废。硫还能与汽油中的烷烃和环烷烃在高温(高于150℃)下发生反应,生成具有强烈腐蚀性的硫化氢。

硫的化合物分为活性硫化物和非活性硫化物。活性硫化物是指能直接对金属起腐蚀作用的硫化物;非活性硫化物是指不能直接对金属起腐蚀作用的硫化物。汽油中常见的活性硫化物有硫化氢、硫醇、二氧化硫和三氧化硫等;常见的非活性硫化物有硫醚、二硫化物、环硫醚迷和噻吩等。

硫化氢不存在于原油中,而是在原油炼制过程中由于化学反应生成的。它能严重腐蚀铜、铜合金、铁和铝等金属。

硫醇(RSH)是原油的有害组成成分,其味很臭。在1L汽油中含有亿分之一克的硫醇时,就会使汽油带有恶臭味。它除了对铜、银、镉、锌和铁等金属有强烈腐蚀作用外,还会促进胶质生成,因而硫醇是十分有害的。

二氧化硫和三氧化硫是油品在硫酸精制和再蒸馏过程中,由中性和酸性硫酸酯分解产生的。它们作为酸性氧化物,对金属有强烈的腐蚀作用。如和水接触,它们会生成亚硫酸和硫酸,腐蚀作用更加强烈。二氧化硫和三氧化硫还可能顺汽缸壁窜入曲轴箱,进入润滑油,遇水化合,既腐蚀润滑系统,又会加剧发动机润滑油的变质。二氧化硫和三氧化硫如果随汽车尾气被排出车外,还会污染大气,造成酸雨等。

对于汽油中的非活性硫化物,虽然它们的化学性质不活泼,不能直接腐蚀金属,但它们在汽油机中燃烧后,都会生成二氧化硫和三氧化硫,进而对机件造成腐蚀。

因此,汽油中的硫及硫化物,都对金属具有直接或间接的腐蚀作用。并且这种腐蚀作用随着汽油中硫含量(包括硫和硫化物中的硫)的增多还会越来越强,进而使发动机的机械磨损也越来越加剧。汽油中硫含量对汽油机腐蚀—机械磨损的影响如图1-5所示。

汽油中的硫及硫化物除了对金属具有腐蚀作用外,还对汽油机汽缸内积炭的增多变硬有直接影响。有关汽油中硫含量对汽缸内积炭的影响见表1-8。

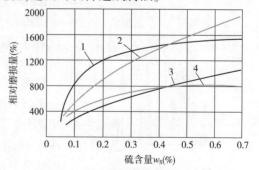

图1-5 汽油中硫含量对汽油机腐蚀—机械磨损的影响

1-挺杆;2-活塞环;3-气门座;4-汽缸

汽油中硫含量对汽缸内积炭的影响　　　　　　　　表1-8

硫含量(%)	积炭层的厚度(mm)				
	活塞顶	活塞环槽	汽缸盖	汽缸	气门
0.033	0.08	很少	很少	很少	很少
0.15	0.25~0.3	0.1~0.15	0.3~0.5	0.3~0.5	0.1~0.15
0.47	0.5~0.9	0.1~0.2	0.6~0.8	0.5~0.7	0.3~0.5
0.72	0.75~1.2	0.25~0.50	0.75~1.20	0.75~1.20	0.3~0.5

(2) 有机酸。汽油中的有机酸主要是指汽油在储存和使用过程中，由于汽油中的不安定组分氧化变质而生成的一些酸性物质。汽油中有机酸的数量随汽油储存时间的增长而增加。有机酸中有一部分能溶于水，对金属产生强烈的腐蚀。

(3) 水溶性酸或碱。水溶性酸是指存在于汽油中能够溶于水的无机酸和低分子有机酸，如硫酸、盐酸、磺酸、酸性硫酸酯以及甲酸、乙酸和丙酸等。水溶性碱是指存在于汽油中能够溶于水的矿物碱等，如氢氧化钠、氢氧化钾和碳酸钠等。

原油中是不含有水溶性酸或碱的，但原油在炼制过程中或成品汽油在运输、储存过程中，由于用酸碱精制和用化学方法清洗盛油容器后未将残留的酸碱清除干净，就可能使成品汽油中残留水溶性酸或水溶性碱。或者由于成品汽油储存时间比较长或保管不善，汽油中性质不稳定的烃类就会被氧化生成低分子有机酸。

水溶性酸的化学性质活泼，几乎能与各种金属直接发生反应生成盐类，产生化学腐蚀。汽油中如果含有水溶性酸，就会腐蚀汽油发动机的金属零部件和储油容器。水溶性碱的化学活性不如水溶性酸强，但它对铝有强烈的腐蚀作用。汽油中如果混入水溶性碱，则汽油机中的铝制零件就会与之反应生成氢氧化铝而遭到腐蚀。

水溶性酸或水溶性碱除了对金属有腐蚀作用外，还能促使汽油中的各种烃氧化、分解和胶化。因此，汽油中绝对不允许存在水溶性酸或碱。

2. 汽油腐蚀性的评价指标

汽油腐蚀性的评价指标为硫含量、铜片腐蚀试验、硫醇硫含量、博士试验和水溶性酸或碱。

(1) 硫含量。硫含量是指存在于汽油中的硫和一切硫化物中的硫的总含量，以质量百分比表示。汽油中硫含量的测定按照《石油产品硫含量测定法(燃灯法)》(GB/T 380—1977)的规定进行。测定仪器为硫含量测定仪，如图1-6所示。

测定方法为：将一定数量的汽油试样注入带有灯芯的燃烧灯中，并让汽油浸透灯芯，剪掉灯芯在灯管外的露出部分。再将燃烧灯调整合适，称其质量。在吸收器内注入10mL碳酸钠溶液(浓度为0.3%)和10mL蒸馏水，随即装好液滴收集器和烟道。同法准备好另一套仪器，但其灯油改用正庚烷或乙醇(或无硫汽油)，做空白滴定用，燃烧灯不必称量。然后把两套仪器均连接在抽气泵

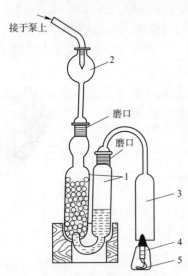

图1-6 硫含量测定仪
1-吸收器；2-液滴收集器；3-烟道；4-带有灯芯的燃烧灯；5-灯芯

上,开动泵使空气均匀而缓和地通过吸收器。这时,将两灯同时点燃(不允许用火柴点燃),并置入各自烟道下进行燃烧。汽油中的硫及硫化物燃烧后生成二氧化硫。通过烟道,将二氧化硫导入吸收器,被吸收器内过量的碳酸钠水溶液吸收后,发生化学反应生成亚硫酸钠。当被测汽油烧尽后,用灯罩盖住灯芯管,经 3~5min 后,关闭抽气机。这时拆开仪器,称量装被测汽油的灯,同时,用洗瓶喷射蒸馏水洗涤收集器、烟道和吸收器上部,把洗涤液集中到吸收器中。随后向每个吸收器中滴入溴甲酚绿和甲基橙的混合指示剂 1~2 滴。再用 0.05mol/L 盐酸溶液滴定,此时,辅以吹气的办法搅拌溶液。将用正庚烷或乙醇(或无硫汽油)做灯油的空白溶液滴定至呈红色,并将被测汽油做灯油的吸收液滴定至同样红色,最后按下式计算被测汽油的硫含量:

$$X = \frac{(V - V_1) \cdot K \times 0.0008}{G} \times 100\%$$

式中:X——被测汽油的硫含量,%;

V——滴定空白液所消耗的盐酸溶液,mL;

V_1——滴定被测汽油吸收器中的吸收液所消耗的盐酸溶液,mL;

K——换算修正系数(盐酸的实际当量浓度与 0.05mo/L 的比值);

0.0008——单位体积 0.05mol/L 盐酸溶液所相当的硫含量,g/mL;

G——被测汽油的燃烧量,通过燃烧灯前后两次称量差确定,g。

(2)铜片腐蚀试验。铜片腐蚀试验是直接用铜片检查汽油有无腐蚀作用的试验。如铜片发生颜色变化则说明汽油中有腐蚀性物质。铜片腐蚀试验主要检查汽油中是否含有单质硫和活性硫化物。

铜片腐蚀试验按照《石油产品铜片腐蚀试验法》(GB/T 5096—2017)的规定进行。试验方法为:将一磨光的铜片浸没在 50℃被试油中保持 3h 取出,经充分洗涤后,与腐蚀标准色板比较颜色,确定腐蚀级别。腐蚀标准色板分为 4 级,如果铜片只有轻度变色为 1 级;中度变色为 2 级;深度变色为 3 级;4 级为腐蚀。国家标准中规定不大于 1 级。有关腐蚀标准色板分级说明见表1-9。

腐蚀标准色板分级说明　　　　表1-9

分级	说明
1级:轻度变色	(1)淡橙色,几乎与新磨光的铜片一样; (2)深橙色
2级:中度变色	(1)紫红色; (2)淡紫色; (3)带有淡紫蓝色或(和)银色,或两种都有,并覆盖在紫红色上的多彩色; (4)银色; (5)黄铜色或金黄色
3级:深度变色	(1)洋红色覆盖黄铜色的多彩色; (2)有红或绿显示的多彩色(孔雀绿)但不带灰色
4级:腐蚀	(1)透明的黑色、深灰色或仅带有孔雀绿的棕色; (2)石墨黑色或无光泽的黑色; (3)有光泽的黑色或乌黑发亮的黑色

（3）硫醇硫含量。硫醇硫属活性硫化物，它不仅会对金属产生腐蚀，还会使燃料产生恶臭，故燃料中要限制其含量。国家标准中以汽油中的硫醇硫在汽油中所占的质量分数表示，规定其不大于限值。

硫醇硫含量的测定按照《汽油、煤油、喷气燃料和馏分燃料中硫醇硫测定 电位滴定法》（GB/T 1792—2015）的规定进行。测定方法是：将无硫化氢的试样溶解在乙酸钠的异丙醇滴定溶剂中，以玻璃参比电极和银/硫化银指示电极之间的电位作指示，用硝酸银醇标准溶液通过电位计进行滴定。在滴定过程中，硫醇硫沉淀为硫醇银，而滴定终点通过电池电位上的突变显示出来。

（4）博士试验。博士试验是指向汽油中加入一定量的亚铅酸钠溶液后，看有无黑色沉淀生成，以判定汽油中是否含有硫化氢或硫醇的试验。

博士试验按照《石油产品和烃类溶剂中硫醇和其他硫化物的检测 博士试验法》（NB/SH/T 0174—2015）的规定进行。试验方法是：第一步，把10mL汽油试样放入带磨口塞的量筒内，再向汽油中加入5mL质量分数为10%的氢氧化钠溶液，用力摇动量筒15s，让它们充分混合反应后，观察量筒中的变化。如果出现有意义的色显，则说明油中含硫化物，停止实验。如果没有出现有意义的色显，则进行第二步实验。第二步，把10mL汽油试样放入带磨口塞的量筒内，再向汽油中加入5mL亚铅酸钠溶液，用力摇动量筒15s，让它们充分混合反应后，观察量筒中的变化。再根据颜色及沉淀情况进行判别。

（5）水溶性酸或碱。水溶性酸或碱试验主要用来判定汽油中是否存在可溶于水的酸性或碱性物质。水溶性酸或碱对金属有强烈的腐蚀作用，汽油中不允许其存在。

水溶性酸或碱的测定按照《石油产品水溶性酸及碱测定法》（GB 259—1988）的规定进行。测定方法为：先将50mL汽油和50mL蒸馏水按1∶1的比例倒入分液漏斗中，充分摇荡5min，使汽油与蒸馏水充分混合。待油和水分层后，再将分液漏斗下部的蒸馏水放入两支试管中，每支试管各放10mL，然后用两种不同的指示剂分别检查水的反应。如果滴入甲基橙指示剂后，水的颜色稍变红或呈玫瑰红，表明汽油中有水溶性酸存在；如果另一支试管中滴入酚酞指示剂后，水的颜色稍变红或呈玫瑰红，表明汽油中有水溶性碱存在；如果滴入指示剂后两支试管内均无变色反应，则表明汽油中既不含有水溶性酸，也不含有水溶性碱。

第三节 汽油的改良与燃烧排放性能

由于我国汽车工业的不断发展和对环保要求的不断提高，对车用汽油的性质和使用性能不断提出新的要求，故需要对汽油进行不断地改良。

一、汽油改良

1. 高标号化

汽油的标号是以辛烷值为基础的，高标号化即提高汽油的辛烷值。辛烷值是车用汽油的重要质量指标之一，它是一个国家炼油工业水平的反映。如果汽油的辛烷值过低，发动机在运转时就容易发生爆燃，产生强烈的冲击波，损坏汽缸盖、活塞顶、汽缸壁、连杆、曲轴等机件，并增大发动机的磨损和燃油消耗。高辛烷值的汽油对提高汽车动力性、降低油耗、减少尾气排放具有十分明显的效果。

1986年,中国石油化工总公司开始酝酿提高汽油辛烷值。之前,我国使用的汽油标号主要有56号、66号、70号等。进入20世纪90年代,我国汽油完成了高标号化进程。如在《车用汽油》(GB 484—1993)中将车用汽油分为90、93、97三个牌号,在《无铅车用汽油》(SH 0041—1993)中将汽油分为90、93、95三个牌号,在《车用无铅汽油》(GB 17930—1999)中规定我国车用无铅汽油分90、93、95三个牌号。目前,《车用汽油》(GB 17930—2016)中规定我国车用汽油(Ⅴ、Ⅵ)分89、92、95和98四个牌号。

2. 无铅化

向汽油中添加抗爆剂是提高汽油辛烷值最有效和最经济的办法,使用最广泛的抗爆剂是四乙基铅。所谓的含铅汽油也就是指添加了四乙基铅的汽油。含铅汽油燃烧后生成的铅化合物随尾气排入大气,可导致人类神经中毒,特别是对儿童影响更大。儿童若经常吸入汽车尾气,血液中的铅离子浓度会增加。研究表明,血铅水平每升高10μg/100mL,儿童智力就会下降7个百分点。此外,铅还会导致尾气转化催化剂中毒。因此,世界上大部分地区开始禁止使用含铅汽油。

我国的车用无铅汽油是在SH 0041—1993标准中被提出,在全国范围内推广使用是在GB 17930—1999中强制规定的。《车用无铅汽油》(GB 17930—1999)是我国车用无铅汽油的第一个强制性国家标准,标准中规定自2000年1月1日起,全国所有汽油生产企业一律停止含铅汽油的生产,2000年7月1日起全国停止销售和使用含铅汽油。自此,我国车用汽油实现了无铅化。GB 17930—1999规定的铅含量为不大于0.005g/L。GB 17930—2006的名称就直接改为车用汽油,规定的铅含量为不大于0.005g/L。

3. 清洁化

汽油的清洁化是指调整汽油组分,减少引起大气污染的组分(如烯烃、芳香烃、苯、硫化物等)的含量。烯烃是汽油中高辛烷值组分。人们一度追求提高汽油中的烯烃含量以获得高的辛烷值,但是,汽油中的烯烃组分会增大排放废气中丁二烯等毒性有机物的含量。另外,烯烃如与NO_x一起排入大气,还会在紫外线作用下发生化学反应,生成臭氧、甲醛、丙烯醛、过氧乙酰硝酸酯等产物,形成光化学烟雾,对人体和环境产生危害。

芳香烃也是汽油理想的高辛烷值组分。但汽油中的芳香烃组分,会增大排放废气中多环芳香烃、酚类、芳香醛等有害物质的含量。汽油中的苯组分,会增大排放废气中的苯含量。苯对人类危害极大,是已知的致癌物质之一。

总之,我国汽油的改良是在无铅化过程中实现了高标号化,并且积极推进了汽油组分优化,即对汽油的硫含量、烯烃含量、芳香烃含量、苯含量等提出了限值。

4. 我国车用汽油的发展方向

随着社会的发展和人们环保意识的增强,生产满足环保要求的清洁汽油是必然趋势。根据我国车用汽油的发展现状,今后应积极主动地追踪世界石油产品标准,不断升级我国车用汽油质量标准,以更清洁的汽油满足车用需求。

(1) 不断升级我国车用汽油质量标准。目前,我国车用汽油执行GB 17930—2016,与世界燃油规范相比,其控制指标还有一定差距。有关车用汽油质量标准的对比情况见表1-10。

车用汽油质量标准对比　　　　　表 1-10

质量指标	GB 17930—2016	世界燃油规范	
		Ⅱ类无铅汽油	Ⅲ类无铅汽油
烯烃含量(体积分数)(%)	≤28	≤20	≤10
芳烃含量(体积分数)(%)	≤40	≤40	≤35
苯含量(体积分数)(%)	≤1.0	≤2.5	≤1.0
硫含量(质量分数)(%)	≤0.05	≤0.02	≤0.003
氧含量(体积分数)(%)	≤2.7	≤2.7	≤2.7
燃油喷嘴清洁度(流量损失)(%)	—	5	5
进气门清洁度(CEC F-05-A-93)(mg)	—	≤50	≤30
燃烧室沉积(CEC F-20-A-98)(mg)	—	≤3500	≤2500

由表 1-10 可以看出,我国车用汽油质量标准中烯烃含量过高,且缺少燃油喷嘴清洁度、进气门清洁度和燃烧室沉积等质量指标。

(2)进一步提高车用汽油的质量。尽管我国汽油质量已有较大提高,汽油高标号化和无铅化工作进展顺利,但与发达国家的汽油质量相比,我国汽油质量还存在明显差距。

提高车用汽油质量的方向是进一步降低汽油中的硫、烯烃和芳香烃含量,以求把汽车尾气排放到大气中的有害物质降到最低程度,实现真正的清洁化。

二、汽油机的燃烧排放性能

1. 汽油机的燃烧特性

汽油机的燃烧属于预混合燃烧方式,其特点是火花点火和火焰传播。一般将汽油机燃烧过程分为三个阶段,分别为着火落后期、明显燃烧期和后燃期,如图 1-7 所示。

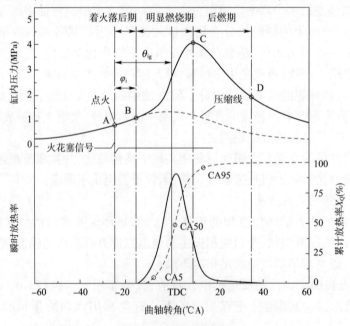

图 1-7　汽油机燃烧过程

(1) 着火落后期。着火落后期是指由火花塞开始点火的 A 点到汽缸压力线脱离压缩线(虚线)的 B 点所界定的时期称为着火落后期,其长短用着火落后时间 τ_i 或着火落后角 φ_i 来表示。

火花塞在上止点前 θ_{ig} 角(点火提前角)点火。火花点火使局部混合气温度骤然升高,同时部分燃料和空气分子被电离形成活性中心。火花出现数百微秒后,在电极周围形成一个直径 1～2mm 的火核,并以层流火焰状态向周围扩展,即燃烧过程开始。燃烧造成的压力和温度升高,使缸内气体压力开始脱离压缩压力线,这标志着着火落后期结束。一般汽油机的着火落后期一般为 10～20°CA。

(2) 明显燃烧期。由 B 点到 C 点(图 1-7)的期间称为明显燃烧期。在此期间,以火核为原点,火焰前锋面向各方向传播,直至扩展到整个燃烧室。燃烧放热主要在火焰前锋面上进行,在此期间 70%～90% 的燃料被烧掉。随着燃烧的进行,缸内温度和压力很快升高,并达到最高燃烧压力 P_{max}。一般将 P_{max} 作为明显燃烧期的终点,由图 8-1 可以看出,P_{max} 大约对应着 90% 累计放热率。

汽油机的 P_{max} 及压力升高率 $dp/d\varphi$ 是与发动机性能密切相关的两个燃烧特性参数。该两参数升高,一般会使循环热效率和循环功增加,但 NO 排放、燃烧噪声、机械负荷及热负荷也会随之增加。一般汽油机的 $P_{max} \leq 5.0$ MPa,平均压力升高率 $dp/d\varphi = 0.2～0.4$ MPa/(°CA),也有资料上推荐 $dp/d\varphi < 0.25$ MPa/(°CA)。

P_{max} 出现的时间(相位)也非常重要,一般希望 P_{max} 出现在上止点后 10～15°CA。出现过早,则混合气着火必然过早,引起压缩过程负功增加;过晚,则等容度下降,循环热效率下降,同时散热损失也上升。P_{max} 出现的位置可用点火提前角 θ_{ig} 来控制。过早或过晚的 θ_{ig} 都会造成有效平均压力降低。

(3) 后燃期。由 C 点到 D 点(图 1-7)的期间称为后燃期。在 C 点时,火焰前锋面已传播到燃烧室壁面,整个燃烧室被火焰充满。大部分燃料的燃烧放热已完成,因而继续燃烧的是火焰前锋面扫过后未完全燃烧的燃料以及壁面附近的未燃混合气。另外,高温裂解产生的 CO、OH 等成分,在膨胀过程中随温度下降又部分化合而放出热量。由于燃烧放热速率下降,加之气体膨胀做功,使缸内压力很快下降。

为保证高的循环热效率和循环功,应使后燃期尽可能短,以保证燃烧持续期在 40°～60°曲轴转角范围之内。近年来随着汽油机热效率的提高,燃烧持续期逐渐缩短为 40°曲轴转角之内。但燃烧持续期过短时,对提高热效率的效果已不明显,反而会增加汽油机工作粗暴程度。

2. 汽油机的排放特性

对于汽油机来讲,其生成的排放物主要为 NO_x、HC 和 CO。对汽油机排放的影响因素众多,下面主要就汽油机主要排放物分析其影响因素。

(1) CO 生成的主要影响因素。

① 混合气的形成质量。混合气的形成质量取决于燃油的雾化蒸发程度和混合气的均匀性,混合不均匀时,局部缺氧导致 CO 生成。

② 进气温度和大气压力。进气温度升高或进气压力降低,空气密度都会下降,使混合气变浓,排出的 CO 增多。

③汽油机运行工况。不同工况下,缸内混合气的浓度不同,在全负荷、加速工况时,混合气浓度较高,CO 排放也较多。

④怠速转速。适当提高怠速转速使 CO 排放量减少。

(2) NO_x 生成的主要影响因素。

①过量空气系数。它既影响氧浓度,又影响燃烧温度,故对 NO_x 生成量影响较大。

②点火正时。点火提前角的大小影响燃烧最高温度及高温持续时间,从而影响 NO_x 生成。

③残余废气系数。其决定于负荷和转速以及 EGR 率,残余废气系数增大使最高燃烧温度下降,从而 NO_x 排放降低。

④汽油机运行工况。不同运行工况下,转速、负荷的不同都与混合气浓度有关,从而影响 NO_x 排放。

(3) HC 生成的主要影响因素。

①过量空气系数。过量空气系数过小时燃烧不完全,过大时燃烧中断或点火困难都会使 HC 排放增多。

②压缩比。压缩比增大时,冷激效应、狭隙效应等增加,未燃 HC 排放增多。

③点火提前角。适当减小点火提前角,燃烧推迟,排温增高,促进未燃 HC 后期氧化,且减少了冷激效应,HC 排放下降。

④负荷。不同负荷下,混合气浓度、燃烧温度不同,从而影响 HC 排放。

⑤壁温。壁面温度影响冷激效应和 HC 的排气后反应。

⑥燃烧室面容比。面容比越大,单位容积的冷激面积大,未燃 HC 多。

复习思考题

1. 为保证汽油发动机正常工作的需要,车用汽油应具有哪些特性?
2. 我国车用汽油的牌号是如何划分的?如何进行车用汽油的选择?
3. 试述影响汽油氧化安定性的因素有哪些?
4. 汽油的抗爆性对汽油发动机的工作性能有何影响?
5. 试述汽油发动机排放物中有害气体生成的主要影响因素有哪些?

第二章 车用柴油

第一节 汽车对柴油燃料的要求

应用于压燃式发动机即柴油机中的专用燃料为柴油,柴油与汽油一样,也是经石油提炼而得,是复杂烃类(碳原子数为10~22)化合物。在石油蒸馏过程中,主要历经原油蒸馏、催化裂化、热裂化、加氢裂化、石油焦化等过程馏分调配而成;柴油可分为轻柴油(沸点范围为180~370℃)和重柴油(沸点范围为350~410℃)两大类。轻柴油是各种高速柴油机的燃料,重柴油则是中、低速柴油机的燃料;而汽车用柴油机属于高速柴油机,故所用柴油主要为轻柴油。

与汽油相比,轻柴油具有馏分重、自燃点较低、黏度大、相对密度大、挥发性较差、使用安全等特点。此外,柴油机属于压燃式发动机,压缩比较大,故与汽油机相比,具有油耗低、能量利用率高、工作可靠性好、功率和转矩使用范围宽等优点。柴油发动机早期只是应用在农业机械、拖拉机等,现代柴油机一般采用电控喷射、高压共轨、涡轮增压中冷等技术,在质量、噪声、烟度等方面取得重大突破,达到了汽油机的水平,能够满足相关法律、法规及国际标准在排放和噪声方面日益严格的要求,在汽车领域得到了广泛的应用。目前,柴油发动机应用领域相当广泛,应用范围也在不断扩大,中重型柴油发动机主要应用在中重型货车、专用车辆、客车、工程机械、发电机组、船舶动力、矿山机械、大型农机设备、油田钻井设备等;而轻型柴油发动机则主要应用在拖拉机、中小型农机、轻型货车、轿车等。因此,随着柴油车的不断增多,对作为汽车燃料的轻柴油的需求量也会越来越大。

由于柴油机的可燃混合气形成方式、着火方式、燃烧过程等均与汽油机不同,所以柴油机对柴油使用性能的要求也与汽油不同,再加上日益严格的排放法规,因此对柴油性能的要求也将更加严格。为了保证柴油在高速柴油发动机中能正常、高效、清洁的运行,对柴油的主要性能要求如下:

(1)良好的低温流动性。柴油在低温下的流动性能不仅关系柴油机供给系统在低温下的正常供油,而且还与柴油在低温下的储存、运输和灌装作业正常进行有着密切关系。

(2)良好的雾化和蒸发性能。柴油的蒸发速度要适宜,轻馏分所占比例应大些,否则会使发动机油耗增大、机件磨损加剧、功率下降。

(3)良好的燃烧性。柴油的燃烧性用来表示柴油自燃的能力。燃烧性不好的柴油其自燃延迟期较长,会使积聚在燃烧室中的大量柴油同时燃烧,从而汽缸内的压力、温度急剧增大,引起柴油机发生爆燃、功率下降、发动机过热、机件强烈磨损等。

(4)良好的安定性。柴油的安定性是指柴油在储存和使用过程中抵抗氧化的能力。安定性差的燃油在使用过程中容易导致滤清器堵塞,喷油器喷孔被黏结或堵死,影响正常供油,燃烧室易产生积炭,增大磨损。

(5)对机件等无腐蚀性。柴油不应具有腐蚀性,否则会使柴油的零部件受到腐蚀而缩短使用寿命。

(6)良好的清洁性。柴油应具有良好的清洁性,不允许存在水分和机械杂质,且必须严格限制灰分含量。

第二节　柴油的性能

一、轻柴油的低温流动性

轻柴油的低温流动性是指在低温条件下轻柴油具有一定的流动状态的性能。轻柴油的密度和黏度都比汽油大,随着温度的降低,轻柴油的黏度会变得更大。这样,在低温条件下,柴油能否在发动机燃油供给系统中顺利地泵送和通过燃油滤清器,保证柴油机的正常供油便成为问题。如果柴油的低温性不好,在低温下失去流动性,就会妨碍柴油在油管和滤清器中顺利通过,使供油量减少甚至中断,导致发动机不能正常工作甚至熄火。例如我国"三北"地区冬季气候严寒,若柴油流动性差,往往造成柴油不能可靠地供往汽缸,严重时甚至会使车辆无法行驶。所以,为能按发动机工况需求可靠地供给燃油,要求轻柴油应具有良好的低温流动性。轻柴油的低温流动性,除了对柴油机燃料供给系统在低温下能否正常供油有影响外,还影响其在低温下的储存、运输、倒装等作业的正常进行。

轻柴油在低温条件下流动性变差的原因是组成轻柴油的烃类中有一部分为石蜡,常温下石蜡在柴油中呈溶解状态存在;但在低温条件下,石蜡开始结晶析出,形成石蜡晶体;随着温度的进一步降低,结晶现象加剧,且各结晶体间开始聚集,形成结晶网络。结晶网络的产生,使柴油的流动阻力增加,流动性变差。如果这种网络延展到全部柴油中,柴油就会失去流动性。

评定柴油低温流动性的指标主要有柴油的凝点、浊点与冷滤点。我国采用凝点和冷滤点,日本采用凝点,美国采用浊点,欧洲国家采用冷滤点。

1. 凝点

轻柴油试样在规定温度下冷却至停止移动时的最高温度,称为轻柴油的凝点,以℃表示。

在我国凝点是划分柴油牌号的依据。柴油的凝点越低,其低温运输越顺利,在柴油机燃料供给系统中的泵送性越好。但柴油的凝点与柴油的低温使用性能没有直接的对应关系,即柴油的凝点不能作为柴油可能使用的最低温度。因柴油在环境温度降低到某一温度时会析出针状的石蜡晶体而使柴油发生浑浊,当温度继续下降时,一方面黏度增大,另一方面析出的石蜡构成结晶网,使柴油失去流动性而凝固。在柴油凝固前,析出的石蜡往往堵塞柴油机的滤网,造成供油中断,因而柴油的凝点要比最低工作温度低 3~5℃以上,才能保证使用。

轻柴油的凝点与其烃类组成有关。饱和烃的凝点比不饱和烃的凝点高;饱和烃中,正构烷烃的凝点比异构烷烃的凝点高;对正构烷烃,其凝点又随碳链长度的增加而升高。

轻柴油凝点的测定按照《石油产品凝点测定法》(GB/T 510—2018)的规定进行。采用的测试仪器为凝点测定仪,如图 2-1 所示。测定方法是:先将试样装入试管,再将试管放在冷却器中进行冷却。当试样的温度冷却到预期的温度时,将放在冷却器中的试管倾斜 45°,保持 1min,观察试样的液面是否有移动迹象;若液面不移动,记录下此时的冷却液温度,这便是轻柴油的凝点。

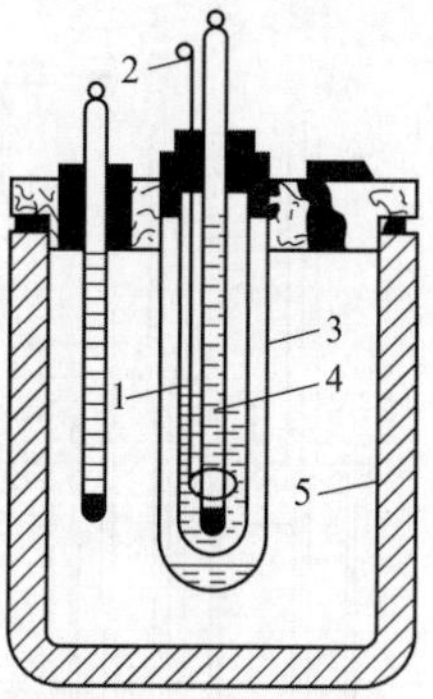

2. 浊点

轻柴油中开始出现浑浊的最高温度称为浊点。随着温度的降低,轻柴油中会析出石蜡晶体,故会出现浑浊。含蜡越多的柴油,其浊点也越高。柴油达到浊点后,虽然有石蜡晶体析出,使柴油在燃油供给系统中的流动阻力增大,但是还能保证正常的供油,不影响柴油机的正常工作,因此浊点不是轻柴油使用的最低温度。同时,对加有流动性能改进剂的柴油的低温性能,浊点也不能准确表示。所以,用浊点作为柴油低温流动性评价指标过于苛刻。现在只有美国等少数国家还在以浊点作为轻柴油的低温流动性评价指标,其他国家大多都不采用浊点指标。

图 2-1 凝点测定仪
1-试管;2-搅拌器;3-套管;4-温度计;5-冷却器

轻柴油浊点的测定按照《石油产品浊点测定法》(GB/T 6986—2014)的规定进行。测试仪器为浊点测定仪,具体如图 2-2 所示。测定方法是:将清澈透明的试样放入仪器中,以分级降温的方式冷却试样。通过目测观察或光学系统的连续监控,来判断试样是否有蜡晶体形成。当试管底部首次出现蜡晶体而呈现雾状或浑浊的最高试样温度,即为试样的浊点,用℃表示。

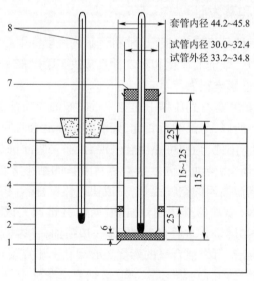

图 2-2 浊点测定仪(单位:mm)
1-圆盘;2-冷浴;3-垫圈;4-试管;5-套管;6-冷浴液面位置;7-软木塞;8-温度计

3. 冷滤点

轻柴油在规定的条件下冷却,以 2kPa 的真空压力进行抽吸,其不能以 20mL/min 的流量通过一定规格滤清器(363 目/in^2)的最高温度,称为轻柴油的冷滤点,冷滤点又称冷过滤堵塞点。

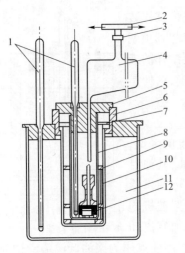

图 2-3 冷滤点测定仪
1-温度计；2-三通阀；3-橡胶管；4-吸量管；
5-橡胶塞；6-支持环；7-弹簧环；8-试杯；
9-固定架；10-铜套管；11-冷浴；12-滤清器

随着柴油流动改进剂日益广泛地采用，凝点与浊点之间的距离拉大，也就是说柴油虽已到达浊点，但仍能有效地通过柴油滤清器的滤网，保证正常供油。只有冷到浊点下某一温度时，析出的石蜡足以堵塞滤网造成供油故障时，柴油机才不能正常工作。

轻柴油冷滤点的测定按照《柴油和民用取暖油冷滤点测定法》(SH/T 0248—2006) 的规定进行。测试仪器为冷滤点测定仪，如图 2-3 所示。测定方法是：将 45mL 试样装入试杯中，在规定的条件下冷却，当冷却到与预期冷滤点高出 5~6℃ 时，在 2kPa 的压力下抽吸，使试样通过一个 363 目/in^2 的滤清器，流量达到 20mL/min 时停止，继续以 1~2℃ 间隔降温，再抽吸，如此反复操作，记录在 1min 内通过滤清器的试样不足 20mL 时的最高温度，此温度即为柴油的冷滤点。

改善柴油低温流动性的措施一般有两种：

（1）脱蜡。在炼制柴油的过程中采用脱蜡措施。此方法柴油的生产率低，成本高。

（2）加入降凝添加剂（流动性能改进剂）。柴油中加入降凝添加剂后能够延迟或防止石蜡结晶析出，因此可以降低柴油的凝点和冷滤点。

二、轻柴油的雾化和蒸发性

轻柴油的雾化和蒸发性是指轻柴油在柴油机汽缸内经喷油器喷出时分散成液体雾粒及液体雾粒汽化蒸发的能力。柴油的雾化和蒸发性直接决定了燃烧室内混合气形成的品质和速度，对柴油机的工作性能影响很大。

对于柴油机来讲，当活塞运行到压缩上止点附近时柴油经喷油器直接喷进汽缸，在汽缸内快速形成可燃混合气。所以，与汽油机相比，柴油雾化和混合时间更短。并且柴油馏分比汽油重，蒸发性比汽油差。因此，为使可燃混合气混合均匀，柴油机在接近压缩行程终了时，借助喷油泵、喷油器的高压，将柴油先分散成数以百万计的细小雾粒喷散在汽缸内，再使这些细小的雾粒与汽缸中高温高压的空气混合，完成快速蒸发，接着在相应条件下，自燃着火。在可燃混合气燃烧的同时，喷油器继续向汽缸内喷油，并迅速完成与空气的混合。也就是说，柴油机内燃油的混合和燃烧是重叠进行的，即一边喷油，一边燃烧。而为了保证柴油机良好的动力性能和经济性能，可燃混合气的燃烧还必须在上止点附近完成。所以，在如此短的时间内，要完成喷油、蒸发、混合、燃烧等过程，必须要求柴油本身具有良好的雾化和蒸发性能。

若使用雾化和蒸发性能较差的柴油，当在活塞运行至压缩上止点附近时，柴油无法完全蒸发和混合，在膨胀过程中会继续进行混合和雾化，且柴油的燃烧也将拖延到膨胀行程继续进行，这样会提高排气温度，增加柴油机的热损失；此外，未蒸发的柴油受热分解，形成难以燃烧的炭粒，容易产生积炭和排气冒黑烟，增加污染物和油耗；再者，未完全燃烧或未燃烧的柴油还会冲刷润滑油，使润滑和密封性降低，经汽缸壁窜入油底壳还会污染润滑油，使磨损加剧等。

轻柴油雾化和蒸发性的评价指标有:馏程、运动黏度、密度和闪点。

1. 馏程

馏程的定义是:油品在规定条件下蒸馏时,从初馏点到终馏点的温度范围。柴油馏程的测定方法与汽油馏程的测定方法基本相同。评定柴油的蒸发性采用的是50%回收温度、90%回收温度和95%回收温度三个温度点。

50%回收温度表示柴油中轻质馏分的含量。50%回收温度低表示轻柴油中轻质馏分多,柴油的蒸发性好,在发动机缸体内容易形成均匀的混合气,柴油机易起动。50%回收温度高低对发动机起动性能的影响见表2-1。但该温度也不宜过低,过低会因轻质馏分太多而使发动机产生工作粗暴现象。国家标准规定轻柴油50%回收温度不高于300℃。

柴油50%回收温度与发动机起动性能的关系　　　　　　　　　　　表2-1

柴油50%回收温度(℃)	200	225	250	275	285
发动机的起动时间(s)	8	10	27	60	90

90%回收温度和95%回收温度都表示柴油中重质馏分的含量,这两个温度值越高,说明柴油中重质馏分越多,蒸发性越差,混合气形成质量也就越差,燃烧就会不彻底,发动机就易冒黑烟、功率下降、油耗增多、零件磨损增大等。所以应严格控制这两个温度不能太高,国家标准规定轻柴油90%回收温度不高于355℃,95%回收温度不高于365℃。

由于现在对柴油机的总体要求是:起动性能好、排放低、功率大、油耗少,因此对于柴油来说,三个指标要同时满足。

2. 运动黏度

黏度是指液体在外力作用下发生移动时,在液体分子间所呈现的内部摩擦力。它是表示油品流动性能好坏的一项指标。黏度小的油品流动性能好,反之,黏度大的油品流动性能差。油品的黏度也会随温度的变化而变化,这被称为油的黏温性能。一般地,温度升高黏度变小,温度降低黏度变大。所以,表示某一油品的黏度时必须标明温度,不标明温度的黏度是没有意义的。

黏度分为动力黏度、运动黏度和条件黏度。评价轻柴油的雾化和蒸发性时,采用的是运动黏度指标。运动黏度表示液体在重力作用下流动时内摩擦力的量度,其值为相同温度下液体的动力黏度与其密度之比,在国际单位制中以 m^2/s 为单位。对汽车油品来说通常采用 mm^2/s 单位,$1mm^2/s = 10^{-6}m^2/s$。轻柴油规格中规定测定20℃的运动黏度。

运动黏度影响柴油的流动性和雾化质量。从流动性角度考虑,黏度小时流动性好。但黏度过小时又会使柴油机供油系统的柴油漏失量增加,影响供油量。运动黏度对柴油雾化质量的影响,主要是考虑其对喷出油束特性的影响。运动黏度大,则喷出油束射程远,喷雾锥角小,油滴直径大,雾化质量差,混合气形成不良;运动黏度小,则喷出油束射程近,喷雾锥角大,油滴直径小,雾化质量好,但是喷出的油束形状与燃烧室形状又往往不适应,同样会造成混合气形成不良。所以,柴油的运动黏度不可太大,也不可太小。此外,柴油还担负着柴油机燃料供给系统中柱塞和柱塞套筒、针阀和针阀体等精密零件的润滑任务,柴油黏度大对精密零件的润滑有利,但过大又会影响喷雾质量。

试验证明,柴油在 20℃的运动黏度为 5mm²/s 左右时,既能保证柴油流动性和精密偶件的润滑要求,也能保证雾化质量和供油量。

柴油运动黏度的测定按照《石油产品运动黏度测定法和动力黏度计算法》(GB/T 265—1988)的规定进行。测定仪器包括毛细管黏度计、恒温器、温度计和秒表等。毛细管黏度计如图 2-4 所示,毛细管黏度计一组 13 支,每支黏度计都有自己的黏度计常数,13 支黏度计内径依次为 0.4m、0.6mm、0.8mm、1.0mm、1.2mm、1.5mm、2.0mm、2.5mm、3.0mm、3.5mm、4.0mm、5.0mm、6.0mm,根据测定油品运动黏度的范围选择黏度计的内径。

测定方法是:将橡胶管套在支管 7 上,用手堵住管身 6 的管口,倒置黏度计,将管身 1 插入试样,用橡胶球吸油至标线 5,提起黏度计,恢复到正常状态,并将管身 1 外围的多余试样擦去,从支管 7 上取下橡胶管套在管身 1 上后,把黏度计浸在规定温度的恒温浴内一定时间,用黏度计管身 1 处所套着的橡胶管把试油吸入扩张部分 2,并使油面稍高于标线 3,松开橡胶管,观察试样在管身的流动情况,油面正好达到标线 3 时,开始计时,油面正好达到标线 5 时,停止计时。试样从标线 3 到标线 5 的流动时间乘以黏度计常数即得试油规定温度下的运动黏度。计算公式如下:

$$\nu = C\tau$$

式中:ν——t℃时的运动黏度,mm²/s;

t——规定温度,℃;

C——黏度计常数,mm²/s²;

τ——试油从标线 3 到标线 5 的流动时间,s。

3. 密度

柴油的密度直接和蒸发性联系,密度大说明重质馏分多,将使雾化质量差,混合气燃烧条件恶化,排气冒黑烟,发动机经济性下降。柴油密度大也是柴油中芳烃含量多的标志,将促进工作粗暴现象的发生。

柴油密度的测定按照《原油和液体石油产品密度实验室测定法(密度计法)》(GB/T 1884—2000)的规定进行。测试仪器为石油密度计,如图 2-5 所示。测定方法为:将量筒放在试验平台上保持平稳,把调好温度的试样放入量筒内,要沿着筒壁慢流下去,不要产生气泡;将密度计小心放入试样中,待稳定后,按弯月面上缘读数(图 2-5 中 A),如图 2-5b)所示;将密度计在量筒内轻轻移动一下再测定一次(图 2-5 中 B),两次测量时量筒温度差不应超过 0.5℃,否则重做;根据测得的温度和表观黏度,在"石油计量换算表"中即可查到试样在 20℃的密度。

4. 闪点

在规定条件下,加热油品所产生的蒸气与周围空气形成的混合气接触火焰发生瞬间闪火的最低温度称为闪点,用℃表示。

根据测定仪器的不同,闪点分为开口闪点和闭口闪点两种。用开口杯闪点测定器测得的闪点为开口闪点,用闭口杯闪点测定器测得的闪点为闭口闪点。开口杯闪点测定器和闭口杯闪点测定器分别如图 2-6 和图 2-7 所示。一般重质油品采用开口闪点,轻质油品采用闭口闪点。轻柴油采用闭口闪点,闪点低,轻柴油的蒸发性好;反之,则蒸发性差。但闪点过低,蒸发性过好,易使发动机产生工作粗暴现象。

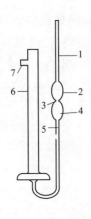

图 2-4 毛细管黏度计
1、6-管身；2、4-扩张部分；3、5-标线；7-支管

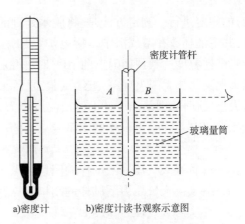

图 2-5 石油密度计及其观测图

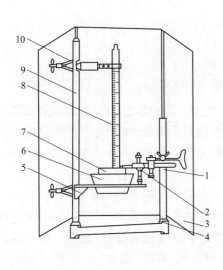

图 2-6 开口杯闪点测定器
1-点火器支柱；2-点火器；3-屏风；4-底座；5-坩埚托；6-外坩埚；7-内坩埚；8-温度计；9-支柱；10-温度计夹

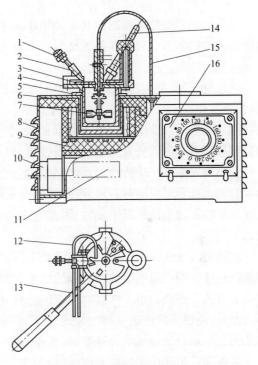

图 2-7 闭口杯闪点测定器
1-点火器调节螺钉；2-点火器；3-滑板；4-油杯盖；5-油杯；6-浴套；7-搅拌器；8-壳体；9-电炉盘；10-电动机；11-铭牌；12-点火管；13-油杯手柄；14-温度计；15-传动软轴；16-开关箱

　　轻柴油的闪点高低除了影响油品的蒸发性外，对柴油的储存和使用的安全也有影响，闪点低的柴油不仅会使蒸发损失增大，而且其产生的大量柴油蒸气也会造成失火隐患，易引发火灾。因此，闪点不仅是柴油蒸发性的评价指标，还是柴油安全性能的评价指标。所以，在储存、运输过程中，严禁将油品加热到闪点温度，如确需加热，加热的最高温度，一般应低于闪点 20~30℃。

　　轻柴油闭口闪点的测定按照《闪点的测定　宾斯基—马丁闭口杯法》（GB/T 261—

2008)的规定进行。测定方法是:将脱水处理的试油注入油杯的环形标志,盖上杯盖,插入温度计,并把油杯放在空气浴中。用电炉盘加热,加热速率要很慢,转动搅拌器对试样连续搅拌。当试样温度达到预期闪点前10℃时,中断搅拌,打开杯盖,并将一小火焰引入杯内,看有无闪火现象。如无闪火现象,继续试验,之后每升高1℃进行一次点火,直到在试油液面上方闪火为止,这时立即从温度计上读出温度作为闪点的测定结果。记录大气压力,可计算标准大气压力(101.3kPa)下试样的闭口闪点,计算公式如下:

$$t_0 = t + 0.25(101.3 - p)$$

式中:t_0——标准大气压力下试样的闭口闪点,℃;
　　　t——实际大气压力下试样的闭口闪点,℃;
　　　p——实际大气压力,kPa。

三、轻柴油的燃烧性

轻柴油的燃烧性是指柴油在柴油机中是否容易被压燃,并且在燃烧过程中柴油机不发生爆燃现象的能力。轻柴油的燃烧过程可分为四个时期,即着火延迟期(滞燃期)、速燃期、缓燃期和后燃期。

着火延迟期,发生在压缩行程后期,柴油被喷入汽缸后,经历一系列复杂的物理化学过程,包括雾化、蒸发、扩散、与空气混合等物理准备阶段以及低温多阶段着火的化学准备阶段,在温度、压力以及空燃比等条件合适处,多点同时着火,随着燃烧放热的进行,缸内压力和温度逐渐升高。着火延迟期的时间很短,但对整个燃烧过程影响很大。

速燃期发生在作功行程初、活塞靠近上止点附近,由于在着火延迟期内做好燃前准备的预混合气大面积多点同时着火,燃烧放热率快速上升并达到最高值,由于是在活塞靠近上止点时汽缸容积较小的情况下发生,因此气体的温度和压力都急剧升高,为活塞下行做功提供动力。

缓燃期发生在作功行程中活塞继续下行、汽缸容积不断增大的情况下。在此期间,参与燃烧的是速燃期内未燃烧的燃料和后续喷入的燃料,这些燃料边蒸发混合,边以高温单阶段方式着火参与燃烧。由于汽缸内温度的急剧升高,蒸发混合速度明显加快,加之后续喷油速率的上升,使燃烧放热速率再次加速,出现柴油机燃烧特有的"双峰"现象。这一阶段燃烧放热率的大小取决于油气混合速度,因此也称为扩散燃烧阶段。

后燃期发生在作功行程末期,是柴油中未来得及汽化的一小部分重质馏分的继续汽化和最后燃烧。但由于后燃期内的燃烧放热远离上止点进行,热量不能有效利用。较长的后燃期不仅增加了散热损失,降低燃油经济性,还会产生较多的炭烟排放、排气温度升高等问题。因此应尽量缩短后燃期,减少后燃所占的比例。

所以为了保证柴油机良好的工作状态,要求柴油的着火延迟期较短,使先期喷入汽缸的柴油迅速完成燃烧准备,着火燃烧,再逐步引燃随后喷入汽缸的燃料,使速燃阶段的汽缸压力上升平稳,柴油机工作柔和,并使缓燃阶段的柴油快速燃烧,缩短后燃阶段。因此柴油机对柴油的燃烧性要求较高。若柴油燃烧性能较差,其着火延迟期会变长,则此期间内喷入汽缸的柴油积存量过多,以致造成速燃阶段有过量的柴油同时燃烧,使汽缸压力急剧升高,造成发动机运转不平稳,并产生强烈的震击声,这种不正常燃烧现象称为柴油机工作粗暴。柴油机工作粗暴的后果是会使曲柄连杆机构承受过大的冲击力作用,产生强烈的金属敲击声,加速零件的磨损和损坏,并使发动机功率下降、油耗增加。

然而对于燃烧性过好的柴油,其自燃点太低,着火延迟期会过短,易使混合气来不及混合均匀就燃烧,导致燃料燃烧不完全,汽缸产生的爆发压力下降,柴油机的输出功率下降。此外,由于燃料燃烧不完全,还会出现排气冒黑烟、燃料消耗增大的情况。同时,燃烧性过好的柴油,一般凝点过高,馏分较重,也不利于使用。

综上所述,轻柴油应具有较好的燃烧性能,但不可过好。柴油燃烧性的评价指标是十六烷值和十六烷指数。

1. 十六烷值

十六烷值代表柴油在发动机中燃烧性能的一个约定量值。它是在规定条件下的标准发动机试验中,通过和标准燃料进行比较来测定的,采用和被测定燃料具有相同燃烧性能的标准燃料的十六烷值表示。十六烷值可以缩写为 CN(Cetane Number)。

测定十六烷值的标准燃料是用两种燃烧性能相差悬殊的烃作基准物配制而成的。一种是正十六烷($C_{16}H_{34}$),它的燃烧性能良好,规定其十六烷值为100;另一种是 a-甲基萘($C_{11}H_{10}$),它的燃烧性能差,规定其十六烷值为0。按不同体积比例将二者混合即得到多种标准燃料。标准燃料中正十六烷的体积百分数规定为标准燃料的十六烷值,该值范围为0~100。

若想知道某一柴油的十六烷值,可以将它和标准燃料在标准发动机上进行试验比较。如果该柴油的燃烧性能恰好与十六烷值为 X 的标准燃料相同,则该柴油的十六烷值即为 X。

十六烷值只表明某一燃料的燃烧性与标准燃料相同,而不是说它含有那么多的正十六烷。如乙醚的十六烷值为53,但它并不含正十六烷。

2. 十六烷值的测定

十六烷值的测定按照《柴油十六烷值测定法》(GB/T 386—2010)的规定进行。

试验设备是一台压缩比连续可变(通过外置手轮可从8∶1调节至36∶1)的专用的单缸柴油机,柴油机飞轮轮缘内圈上装有两个氖灯,一个指示喷油器喷油时刻,另一个指示混合气着火时刻。飞轮上方有观察窗孔,观察窗孔内装有窥视镜。

测定某一油品的十六烷值时,将试油用于单缸柴油机后,调节柴油机压缩比,确定被试验燃料的闪火时间。如果被试燃料和某一标准燃料在同样条件下同期闪火,所选用的压缩比又相同,则它们的十六烷值相同,标准燃料的十六烷值即为被测柴油的十六烷值。

3. 十六烷指数

十六烷指数表示柴油在发动机中燃烧性能的一个计算值,是一种不做发动机试验的情况下估计柴油十六烷值的简单方法。计算十六烷值的经验公式如下:

$$十六烷值 = 431.29 - 1586.88\rho_{20} + 730.97\rho_{20}^2 + 12.392\rho_{20}^3 + 0.0515\rho_{20}^4 - 0.554B + 97.803(\lg B)^2$$

式中:ρ_{20}——柴油在20℃时的密度,g/cm^3;
　　　B——柴油的沸点,℃。

4. 柴油各烃类组分的十六烷值

柴油中的烃类组分主要有正构烷烃、异构烷烃、环烷烃、烯烃和芳香烃。各类烃的十六烷值主要由其类烃分子的化学结构决定,总的来说,正构烷烃 > 异构烷烃 > 环烷烃 > 烯烃 >

芳香烃。对正构烷烃，一般是碳链越长，十六烷值越高；对异构烷烃，一般是链分支越少，十六烷值越高；对环烷烃，一般是带有长侧链的十六烷值高，当侧链分支时，十六烷值又相应下降；对烯烃，一般是正构烯烃十六烷值高于异构烯烃，异构烯烃链分支越少，十六烷值越高；对芳香烃，一般带有长侧链的十六烷值高，当侧链分支时，十六烷值又相应下降，其中，稠环芳香烃的十六烷值最低。

柴油中各类烃的十六烷值不同，也就决定了各类烃含量不同的柴油的十六烷值也不同。烷烃含量高的柴油，十六烷值一般比较高。柴油中各烃含量对十六烷值的影响见表2-2。因我国原油中石蜡基原油多，烷烃含量大，所以，国产柴油的十六烷值一般较高。

柴油化学成分对十六烷值的影响　　　　　　　　　表2-2

柴油编号	柴油化学成分(%)(质量分数)			十六烷值
	烷烃	环烷烃	芳香烃	
1	85	9	6	68
2	80	10	10	63
3	75	12	13	55
4	67	15	18	45
5	45	22	33	32

四、轻柴油的安定性及其他特性

1. 轻柴油的安定性

轻柴油的安定性包括储存安定性和热安定性。储存安定性是指柴油在运输、储存和使用过程中保持外观、组成和使用性能不变的能力；热安定性是指柴油在柴油机的高温条件下，以及溶解氧的作用下，发生变质的倾向。

储存安定性好的柴油在运输、储存和使用中比较有优势，基本上其能保持原来的状态。这样的柴油储存一定时间后外观基本不变色，不生成不可溶的胶质和沉渣。安定性差的柴油不适宜长时间的储存，在运输和使用过程中颜色会逐渐变深，实际胶质逐渐增多。因此在使用过程中容易堆积在细小的流通面积处，导致滤清器堵塞、喷油器孔黏结或堵死、活塞组件表面形成漆膜或积炭。

热安定性差的柴油在高温条件下易发生氧化变质生成胶质。汽车行驶时油箱中的温度有时很高，尤其在炎热的夏季温度会更高，并且油箱中的油在汽车行驶过程中不断振荡，会卷入油中许多空气泡，增大了油与氧气接触的机会，加速了柴油的氧化过程，所以使用热安定性差的柴油，易在喷油器针阀上生成漆状沉积物，造成针阀黏滞，严重时导致供油中断；还易在燃烧室、气门、活塞环处生成积炭，加速柴油机的磨损。

影响柴油安定性的主要因素是柴油中的化学成分，其次是外部环境的影响。柴油的化学成分包括烃类组成和非烃类组成。烃类组成包括烷烃、环烷烃、烯烃、芳香烃，其中，储存安定性差的主要是烯烃、二烯烃和环烷芳香烃，热安定性差的主要是多环芳香烃。非烃类组成中对安定性影响较大的是硫化物、氮化物等。外部环境主要包括储存容器、空气中的氧气含量以及光线和温度等。金属的储存容器会对柴油的氧化有一定的催化作用，空气中氧气含量大会使柴油与氧接触的机会增多，光线强、温度高会加速柴油变质的速度，这些外部环境会使柴油的安定性变差。

柴油安定性的评价指标有色度、氧化安定性和10%蒸余物残炭。

(1)色度。色度即油品颜色的深浅,它反映的是颜色的色调和饱和度,用色号表示。油品的色度就是油品颜色的深浅,通过观察油品的颜色可以直接反应油品安定性的好坏。

色度测定按照《石油产品颜色测定法》(GB/T 6540—1986)的规定进行。测定方法为:将试油注入容器,用一光源照射,比较试油颜色与色板颜色,找出与试油颜色相当的色板,则该色板色号即为试油色号。标准色板共16个色号,从0.5~8.0,每0.5一级,颜色由浅到深。

(2)氧化安定性。氧化安定性是指100mL柴油在规定的条件下氧化后所测得的总不溶物的毫克数,以mg/100mL表示。

氧化安定性的测定按照《馏分燃料油氧化安定性测定法(加速法)》(SH/T 0175—2004)的规定进行。测定方法是,将350mL试油注入氧化管,保持油温95℃,再以50mL/min的流量向试油中通氧气16h,然后把试油冷却至室温,过滤后得到一些不溶物。再用溶剂把黏附在氧化管上的不溶物清洗下来,把溶剂蒸发后又得到一些不溶物。把两个不溶物质量相加得出总量,并换算为100mL试油的总不溶物的量,即为试油的氧化安定性。

(3)10%蒸余物残炭。10%蒸余物残炭是指把柴油馏程试验中馏出90%后的蒸余物作为试样,经强烈加热一定时间让其裂解后,所形成的残留物。残炭值为残留物质量与原试样质量之比。

10%蒸余物残炭反映柴油馏分的轻重和精制的程度。残炭值小,说明柴油馏分轻,精制程度深;反之,则说明柴油馏分重,精制程度浅。使用残炭值大的柴油,燃烧室中易生成积炭,喷油器孔易堵塞。所以国家轻柴油标准和车用柴油标准中都规定10%蒸余物残炭不大于0.3%。

柴油的10%蒸余物测定按照《石油产品残炭测定法(康氏法)》(GB/T 268—1987)的规定进行。测定方法是:先将试样放在坩埚内进行蒸馏,当试样剩余10%时,再强烈加热蒸余物一定时间使其裂解。规定的加热时间结束后,将坩埚冷却,称量坩埚中残留物质量。将残留物质量比上原试样质量计算出残炭值(以百分数表示)。

车用轻柴油的使用性能,除了前述介绍的低温流动性、雾化和蒸发性、燃烧性以及安定性等主要性能外,还有以下特性。

2. 轻柴油的腐蚀性

柴油腐蚀性评定指标的项目、概念和测定方法都与汽油基本相同,轻柴油的腐蚀性主要由其中的硫化物和有机酸等成分产生的。

1)硫化物

柴油中硫化物的存在,尤其是含硫量过大时,会对柴油机产生较大危害,直接影响发动机的使用寿命,主要表现在以下几方面:

(1)使用含硫量过大的柴油会增大燃烧产物的腐蚀性。含硫柴油燃烧后其燃烧产物中含有二氧化硫和三氧化硫等酸性氧化物。它们在汽缸中与水蒸气作用生成亚硫酸和硫酸,会对汽缸壁、活塞等机件产生强烈的腐蚀;它们随其他燃烧废气排出时,会对排气系统造成腐蚀,且排气温度越高,腐蚀越严重。

(2)使用含硫量过大的柴油会加速发动机润滑油的变质。柴油燃烧产生的酸性氧化物窜入曲轴箱后会污染柴油机润滑油,使润滑油的某些成分变成磺酸或胶质,同时也会与柴油机润滑油中呈碱性的清净分散剂起中和反应,使润滑油失去清净分散作用而变质。

(3)使用含硫量过大的柴油会使燃烧室、活塞顶、排气门等部位的积炭增多。因为硫的燃烧产物能与汽缸壁上的润滑油和尚未燃烧的柴油起反应,加速碳氢化合物的聚合,有促使生成积炭的作用,并且会使积炭变得坚硬。附在汽缸壁上的积炭还会成为磨料,增大汽缸壁的磨损。

(4)含硫燃料燃烧产物中的二氧化硫和三氧化硫气体排入大气还会造成空气污染,危害人类健康。随着汽车工业发展和人们对环境保护的重视,汽车排放法规也将越来越严格,对燃油中硫含量的限值也会越来越低。如《轻柴油》(GB 252—1994)对合格品柴油的硫含量限值为质量分数不大于1.0%,《轻柴油》(GB/T 252—2000)为不大于0.2%,《车用柴油》(GB/T 19147—2003)为不大于0.05%。

2)有机酸

柴油中的有机酸,除对机件具有腐蚀作用外,还会使喷油器头部和燃烧室积炭增多,喷油泵柱塞副磨损加剧,进而导致汽缸活塞组件磨损加剧,柴油机喷油恶化,功率降低。

3)柴油腐蚀性评价指标

柴油腐蚀性的评价指标是硫含量、酸度和铜片腐蚀试验。有关试验测定与汽油相同。

3. 轻柴油的清洁性

轻柴油的清洁性是指轻柴油中不应含有机械杂质和水分,燃烧不产生灰分等。

轻柴油中的机械杂质和水分一般是在运输、储存和使用过程中受外界污染而混入的。机械杂质会增大柴油机燃油供给系统中精密零件的磨损,水分会加大有机酸对金属的腐蚀,所以,应严格限制它们在轻柴油中的含量,国家标准中规定轻柴油不允许有机械杂质,水分含量不大于0.03%(体积分数),即不大于痕迹。

灰分是指轻柴油中不能燃烧的机械杂质和溶于其内的无机盐类和有机盐类经煅烧后的剩余物质。灰分沉积在燃烧室中会加快汽缸壁与活塞环的磨损,所以,也应严格限制它在轻柴油中的含量,国家标准中规定灰分含量不大于0.01%。

轻柴油中机械杂质的测定按《石油和石油产品及添加剂机械杂质测定法》(GB/T 511—2010)的规定进行;水分的测定按《石油产品水含量的测定 蒸馏法》(GB/T 260—2016)的规定进行;灰分的测定按《石油产品灰分测定法》(GB/T 508—1985)的规定进行。

第三节 轻柴油的规格及其选用

一、《车用柴油》(GB 19147—2016)

《车用柴油》(GB 19147—2016)由原来的推荐性国家标准修改为强制性标准,首次发布于2003年。本标准所代替标准的历次版本发布情况为《车用柴油》(GB/T 19147—2003)、《车用柴油》(GB 19147—2009)、《车用柴油(Ⅳ)》(GB 19147—2013)、《车用柴油(Ⅴ)》(GB 19147—2013)。《车用柴油(Ⅳ)》《车用柴油(Ⅴ)》和《车用柴油(Ⅵ)》的技术要求和试验方法分别见表2-3、表2-4和表2-5。

《车用柴油(Ⅳ)》技术要求和试验方法　　　　表2-3

项　目		质量指标						试验方法
		5号	0号	-10号	-20号	-35号	-50号	
氧化安定性(以总不溶物计)(mg/100mL)	不大于	2.5						SH/T 0175
硫含量[a] (mg/kg)	不大于	50						SH/T 0689
酸度(以 KOH 计)(mg/100mL)	不大于	7						GB/T 258
10% 蒸余物残炭[b] (质量分数)(%)	不大于	0.3						GB/T 17144
灰分(质量分数)(%)	不大于	0.01						GB/T 508
铜片腐蚀(50℃,3h)(级)	不大于	1						GB/T 5096
水含量[c] (体积分数)(%)	不大于	痕迹						GB/T 260
机械杂质[d]		无						GB/T 511
润滑性 校正磨痕直径(60℃)(μm)	不大于	460						SH/T 0765
多环芳烃含量[e] (质量分数)(%)	不大于	11						SH/T 0806
运动黏度[f] (20℃)(mm²/s)		3.0~8.0		2.5~8.0		1.8~7.0		GB/T 265
凝点(℃)	不高于	5	0	-10	-20	-35	-50	GB/T 510
冷滤点(℃)	不高于	8	4	-5	-14	-29	-44	SH/T 0248
闪点(闭口)(℃)	不低于	60			50	45		GB/T 261
十六烷值	不小于	49			46	45		GB/T 386
十六烷值数[g]	不小于	46			46	43		SH/T 0694
馏程: 50% 回收温度(℃)	不高于	300						GB/T 6536
90% 回收温度(℃)	不高于	355						
95% 回收温度(℃)	不高于	365						
密度[h] (20℃)(kg/m³)		810~845			790~840			GB/T 1884 和 GB/T 1885
脂肪酸甲酯[i] (体积分数)(%)	不大于	1.0						NB/SH/T 0916

注:a 可用 GB/T 11140、ASTM D7039 方法测定。结果有争议时,以 SH/T 0689 方法为准。
　　b 也可采用 GB/T 268 进行测定,结果有异议时,以 GB/T 17144 方法为准。若车用柴油中含有硝酸酯型十六烷值改进剂,10% 蒸余物残炭的测定应使用不加硝酸酯的基础燃料进行。车用柴油中是否含有硝酸酯型十六烷值改进剂的检验方法见附录 B。
　　c 可用目测法,即将试样注入 100mL 玻璃量筒中,在室温(20℃±5℃)下观察,应当透明,没有悬浮和沉降的水分。也可采用 GB/T 11133 和 SH/T 0246 测定。结果有争议时,按 GB/T 260 测定。
　　d 可用目测法,即将试样注入 100mL 玻璃量筒中,在室温(20℃±5℃)下观察,应当透明,没有悬浮和沉降的杂质。结果有争议时,按 GB/T 511 测定。
　　e 也可采用 SH/T 0606 进行测定,结果有异议时,以 SH/T 0806 方法为准。
　　f 也可采用 GB/T 30515 进行测定,结果有异议时,以 GB/T 265 方法为准。
　　g 十六烷指数的计算也可采用 GB/T 11139。结果有异议时,以 SH/T 0694 方法为准。
　　h 也可采用 SH/T 0604 进行测定,结果有异议时,以 GB/T 1884 和 GB/T 1885 方法为准。
　　i 脂肪酸甲酯应满足 GB/T 20828 要求,也可采用 GB/T 23801 进行测定,结果有异议时,以 NB/SH/T 0916 方法为准。

《车用柴油（Ⅴ）》技术要求和试验方法　　　　　表 2-4

项　目		质量指标						试验方法
		5号	0号	-10号	-20号	-35号	-50号	
氧化安定性(以总不溶物计)(mg/100mL)	不大于	2.5						SH/T 0175
硫含量[a](mg/kg)	不大于	10						SH/T 0689
酸度(以 KOH 计)(mg/100mL)	不大于	7						GB/T 258
10% 蒸余物残炭[b](质量分数)(%)	不大于	0.3						GB/T 17144
灰分(质量分数)(%)	不大于	0.01						GB/T 508
铜片腐蚀(50℃,3h)(级)	不大于	1						GB/T 5096
水含量[c](体积分数)(%)	不大于	痕迹						GB/T 260
机械杂质[d]		无						GB/T 511
润滑性 校正磨痕直径(60℃)(μm)	不大于	460						SH/T 0765
多环芳烃含量[e](质量分数)(%)	不大于	11						SH/T 0806
运动黏度[f](20℃)(mm²/s)		3.0~8.0		2.5~8.0		1.8~7.0		GB/T 265
凝点(℃)	不高于	5	0	-10	-20	-35	-50	GB/T 510
冷滤点(℃)	不高于	8	4	-5	-14	-29	-44	SH/T 0248
闪点(闭口)(℃)	不低于	60			50	45		GB/T 261
十六烷值	不小于	51			49	47		GB/T 386
十六烷值数[g]	不小于	46			46	43		SH/T 0694
馏程： 50% 回收温度(℃)	不高于	300						GB/T 6536
90% 回收温度(℃)	不高于	355						
95% 回收温度(℃)	不高于	365						
密度[h](20℃)(kg/m³)		810~845			790~840			GB/T 1884 和 GB/T 1885
脂肪酸甲酯[i](体积分数)(%)	不大于	1.0						NB/SH/T 0916

注：a 可用 GB/T 11140、ASTM D7039 方法测定。结果有争议时，以 SH/T 0689 方法为准。

b 也可采用 GB/T 268 进行测定，结果有异议时，以 GB/T 17144 方法为准。若车用柴油中含有硝酸酯型十六烷值改进剂，10% 蒸余物残炭的测定应使用不加硝酸酯的基础燃料进行。车用柴油中是否含有硝酸酯型十六烷值改进剂的检验方法见附录 B。

c 可用目测法，即将试样注入 100mL 玻璃量筒中，在室温(20℃±5℃)下观察，应当透明，没有悬浮和沉降的水分。也可采用 GB/T 11133 和 SH/T 0246 测定。结果有争议时，按 GB/T 260 测定。

d 可用目测法，即将试样注入 100mL 玻璃量筒中，在室温(20℃±5℃)下观察，应当透明，没有悬浮和沉降的杂质。结果有争议时，按 GB/T 511 测定。

e 也可采用 SH/T 0606 进行测定，结果有异议时，以 SH/T 0806 方法为准。

f 也可采用 GB/T 30515 进行测定，结果有异议时，以 GB/T 265 方法为准。

g 十六烷指数的计算也可采用 GB/T 11139。结果有异议时，以 SH/T 0694 方法为准。

h 也可采用 SH/T 0604 进行测定，结果有异议时，以 GB/T 1884 和 GB/T 1885 方法为准。

i 脂肪酸甲酯应满足 GB/T 20828 要求，也可采用 GB/T 23801 进行测定，结果有异议时，以 NB/SH/T 0916 方法为准。

《车用柴油(Ⅵ)》技术要求和试验方法　　　　　　　　　　表2-5

项　目		质量指标						试验方法
		5号	0号	-10号	-20号	-35号	-50号	
氧化安定性(以总不溶物计)(mg/100mL)	不大于	2.5						SH/T 0175
硫含量[a](mg/kg)	不大于	10						SH/T 0689
酸度(以KOH计)(mg/100mL)	不大于	7						GB/T 258
10%蒸余物残炭[b](质量分数)(%)	不大于	0.3						GB/T 17144
灰分(质量分数)(%)	不大于	0.01						GB/T 508
铜片腐蚀(50℃,3h)(级)	不大于	1						GB/T 5096
水含量[c](体积分数)(%)	不大于	痕迹						GB/T 260
润滑性 校正磨痕直径(60℃)(μm)	不大于	460						SH/T 0765
多环芳烃含量[d](质量分数)(%)	不大于	7						SH/T 0806
总污染物含量(mg/kg)	不大于	24						GB/T 33400
运动黏度[e](20℃)(mm²/s)		3.0~8.0		2.5~8.0		1.8~7.0		GB/T 265
凝点(℃)	不高于	5	0	-10	-20	-35	-50	GB/T 510
冷滤点(℃)	不高于	8	4	-5	-14	-29	-44	SH/T 0248
闪点(闭口)(℃)	不低于	60		50		45		GB/T 261
十六烷值	不小于	51		49		47		GB/T 386
十六烷值数[f]	不小于	46		46		43		SH/T 0694
馏程: 50%回收温度(℃)	不高于	300						GB/T 6536
90%回收温度(℃)	不高于	355						
95%回收温度(℃)	不高于	363						
密度(20℃)[g](kg/m³)		810~845			790~840			GB/T 1884 和GB/T 1885
脂肪酸甲酯[h](体积分数)(%)	不大于	1.0						NB/SH/T 0916

注:a 可用GB/T 11140、ASTM D7039方法测定。结果有争议时,以SH/T 0689方法为准。
　　b 也可采用GB/T 268进行测定,结果有异议时,以GB/T 17144方法为准。若车用柴油中含有硝酸酯型十六烷值改进剂,10%蒸余物残炭的测定应使用不加硝酸酯的基础燃料进行。车用柴油中是否含有硝酸酯型十六烷值改进剂的检验方法见附录B。
　　c 可用目测法,即将试样注入100mL玻璃量筒中,在室温(20℃±5℃)下观察,应当透明,没有悬浮和沉降的水分。也可采用GB/T 11133和SH/T 0246测定。结果有争议时,按GB/T 260测定。
　　d 也可采用SH/T 0606进行测定,结果有异议时,以SH/T,0806方法为准。
　　e 也可采用GB/T 30515进行测定,结果有异议时,以GB/T 265方法为准。
　　f 十六烷指数的计算也可采用GB/T 11139。结果有异议时,以SH/T 0694方法为准。
　　g 也可采用SH/T 0604进行测定,结果有异议时,以GB/T 1884和GB/T 1885方法为准。
　　h 脂肪酸甲酯应满足GB/T 20828要求,也可采用GB/T 23801进行测定,结果有异议时,以NB/SH/T 0916方法为准。

本标准与 GB/T 19147—2013 相比,除编辑性修改外,主要技术变化如下:

——删除车用柴油(Ⅲ)的技术要求和试验方法(见 2013 年版表 1),增加了车用柴油(Ⅵ)的技术要求和试验方法(见表 3);

——提高了 5 号、0 号、-10 号车用柴油的闪点值不低于 60℃;

——修改了 10% 蒸余物残炭值仲裁试验方法为 GB/T 1714;

——修改了多环芳烃含量的仲裁试验方法为 SH/T 0806;

——增加了脂肪酸甲酯含量测定方法 NB/SH/T 0916,并作为仲裁试验方法。

二、车用柴油的选用

车用轻柴油的选用主要考虑环境温度,并应遵循以下原则。

1. 根据柴油使用地区风险率 10% 的最低气温选用柴油牌号

风险率为 10% 的最低气温应高于柴油的冷滤点。由于柴油的冷滤点一般高于凝点 3~6℃,所以,也可以说,风险率 10% 的最低气温在数值上高于其牌号 3~6℃个数即可满足选用要求。具体各牌号柴油的适用地区见表 2-6。风险率 10% 的最低气温值表示该月中最低气温低于该值的概率为 0.1,或者说该月中最低气温高于该值的概率为 0.9。

各牌号柴油的适用地区 表 2-6

牌　号	适用温度范围
5 号	适用于风险率为 10% 的最低气温在 8℃ 以上的地区使用
0 号	适用于风险率为 10% 的最低气温在 4℃ 以上的地区使用
-10 号	适用于风险率为 10% 的最低气温在 -5℃ 以上的地区使用
-20 号	适用于风险率为 10% 的最低气温在 -14℃ 以上的地区使用
-35 号	适用于风险率为 10% 的最低气温在 -29℃ 以上的地区使用
-50 号	适用于风险率为 10% 的最低气温在 -44℃ 以上的地区使用

2. 在气温允许的情况下尽量选用高牌号柴油

有些汽车使用者认为选用的牌号越低越安全,对车越有利,其实不然。首先,由于低牌号柴油凝点低,其炼制工艺复杂、生产成本高,所以其价格也比高牌号柴油贵;其次,由于柴油中凝点越低的成分燃烧性越差,使用时燃烧滞后期长,越容易发生工作粗暴,所以选用牌号时在气温允许的情况下尽量选用高牌号柴油,真正做到既经济又实用。

3. 注意季节气温变化对用油的影响

对于那些季节气温变化较大的地区,如黑龙江、内蒙古、新疆等,应特别注意季节气温变化对用油的影响,及时改变用油牌号。

第四节　柴油机的改良与燃烧排放性能

一、均质混合气压缩着火技术

为了适应日益严峻的环境和能源问题,车用发动机在努力提高热效率和降低排放的同时,也在不断探索新的燃烧方法和新的燃料。近年来,均质混合气压缩着火(Homogeneous

Charge Compression Ignition,HCCI)新型燃烧模式成为国际上的燃烧热点。在 HCCI 燃烧中,柴油首先形成均质混合气,然后在上止点附近被压缩着火。这种燃烧方式有可能使炭烟和 NO_x 排放同时降至几乎为零,它是 100 多年来内燃机燃烧理论的一次重大创新。

对于柴油机来讲,炭烟和微粒是柴油机扩散燃烧方式的固有产物,尽管柴油机混合气总体上很稀(过量空气系数 >1.2),但实际上存在局部过浓的易产生炭烟的区域和过量空气系数为 1 左右时易产生 NO_x 的区域,即关键问题是扩散燃烧的非均质特性。因此,应用均质混合气压缩着火 HCCI 的概念,理论上可以基本消除炭烟和 PM 排放。

常规柴油机由于喷雾周边高温富氧燃烧产生大量 NO_x,喷雾核心区在较高温度下过浓缺氧燃烧产生炭烟,因此 NO_x 和 PM 排放呈现相悖(trade-off)关系,无法同时降低这两种有害排放。HCCI 燃烧发生在低温稀燃范围($T<2000K$,当量比 <1),同时避开了 NO_x 和炭烟的生成区域,但 Φ-T 区域狭小,难以控制。

在柴油机上实现 HCCI 燃烧的主要方法有:采用雾化速度更快的喷油方法,如更多的喷孔或类似稀燃 GDI 汽油机那样的伞喷油;提前喷油,使燃油在着火前有充分的蒸发混合时间;推迟喷油,并想方设法大幅度延长滞燃期,以形成均质混合气。

尽管 HCCI 燃烧模式能够有效地提高发动机性能,但实现柴油机的 HCCI 燃烧仍存在一些难度。虽然已研究出一些有效的柴油 HCCI 混合气快速形成方法,同时柴油着火相对容易,但仍存在一些与汽油机相似的共性问题。这主要是着火时刻和燃烧速率控制问题,由于这些问题,柴油机 HCCI 燃烧要在宽广的转速及负荷工况平面上运行还有较大难度,控制不好,甚至出现油耗恶化。另外,THC 和 CO 排放比传统柴油机燃烧有明显增加。由于柴油 HCCI 燃烧尚难以在全工况平面内实现,因而不用后处理技术仍然无法满足国Ⅳ(欧Ⅳ)及其以上排放法规。

二、均质混合气引燃技术

除了 HCCI 燃烧方式外,一般还可以用均质混合气引燃技术(Homogeneous Charge Induced Ignition,HCII),它也是一种极有特色的燃烧模式,其基本思路是"高辛烷值易挥发燃料形成均质混合气 + 高十六烷值燃料引发多点着火",需要同时采用着火和蒸发特性差别较大的两种燃料。高辛烷值燃料可以是汽油、甲醇和乙醇以及 LPG 和 CNG,高十六烷值燃料可以是柴油和二甲醚等。HCII 相比 HCCI 燃烧,着火时间更易控制,失火概率很小,但需要两套供油及喷射系统。

以汽油/柴油 HCII 燃烧为例。先利用普通的电控低压喷射系统在进气道内喷射汽油,在缸内形成汽油均质混合气,然后在压缩终了喷入柴油做引燃燃料。多点大面积的柴油燃烧形成多点火核中心和火焰传播区域,可获得较高的燃烧放热速率,而柴油的喷射量和喷雾分布形态可以控制燃烧速率。当汽油在总燃料中的质量比为 72% 时,呈现明显的汽油"单峰"放热特征,最大放热速率甚至超过柴油(质量比为 0)。随着汽油与柴油的比例变化,放热速率峰值和形状都会发生明显变化,由此可以控制燃烧速率。由高速摄影可以观察到,随着汽油比例的增加,柴油喷雾着火点出现的区域由燃烧室中心向壁面拓展,呈现中心与周边同时着火的特性。

HCII 燃烧也存在一些问题,如 THC(碳氢化合物总量)排放明显高于柴油机(但低于汽油机),尤其是在小负荷时,这是预混合燃烧的共同弱点;大负荷时容易爆燃,其原因与汽油机爆燃相似。此外,对于 CNG/柴油、LPG/柴油及醇/柴油等两种燃料的组合,从燃烧组织形式上也可归结为 HCII 燃烧,其中很多规律是具有共性的。

复习思考题

1. 为保证柴油发动机正常工作的需要,车用柴油应具有哪些特性?
2. 我国车用柴油的牌号是如何划分的?
3. 什么是柴油的凝点、冷滤点?二者对柴油发动机工作的影响有何不同?
4. 试述运动黏度对柴油发动机工作性能有哪些影响?
5. 试述柴油发动机排放物中有害成分生成的主要影响因素有哪些?
6. 什么是闭口闪点?其高低对柴油的使用、运输及存储有何影响?
7. 柴油各使用性能的评价指标有哪些?

第三章　车用替代燃料

石油资源属于不可再生资源，其形成所需要的周期十分漫长。20 世纪 70 年代出现的石油危机使人们意识到总有一天地球的石油资源将会走向枯竭，人们不能再像现在这样这么依赖石油资源。而全球环境变暖等一系列环境问题也逐渐引起了人们的重视。在这双重原因的压力下，人们开始寻找可以替代石油的车用燃料。

车用替代燃料的选择标准主要包括：

(1) 燃料的来源及储量必须丰富。随着社会的发展人均汽车拥有量越来越大，燃料的来源及储量必须丰富才能长期可靠地供应。

(2) 价格要适宜，可以大范围推广。

(3) 能量密度大，热值高，可以保证汽车正常行驶里程的需要。

(4) 毒性低最好无毒，对环境污染小。

(5) 安全性好，易于输送、储存和使用。

(6) 不影响内燃机工作的可靠性。

(7) 环境适应性好。我国幅员辽阔，气候条件多变，所以对燃料的环境适应性有较高的要求。

目前比较成熟的且已经开始使用的车用替代燃料主要有醇类燃料、天然气、液化石油气、氢气、生物柴油等。

第一节　气 体 燃 料

气体燃料主要包括天然气（CNG/LNG）、液化石油气（LPG）、氢气、煤层气和页岩气等，各类气体燃料的主要理化特性见表 3-1。

各类气体燃料理化特性比较　　　　　　　　　　　　　　　　表 3-1

特性参数	气体种类					
	天然气	氢气	液化石油气	煤层气	页岩气	生物质气
分子式	CH_4	H_2	LPG（C_3H_8、C_4H_{10} 的混合物，常混有 C_3H_6、C_4H_8）	CH_4	主要是烷烃，CH_4 占主要部分	CO、CH_4、H_2、O_2、CH 化合物的混合体
H/C 原子比	4	—	—	—	—	—
密度（液相）（kg/m^3）	424	70.8	580	为空气的 0.55 倍，空气密度为 1.29kg/m^3	—	—

续上表

特性参数	气体种类					
	天然气	氢气	液化石油气	煤层气	页岩气	生物质气
密度(气相)(kg/m^3)	0.77	0.0899	2.35	0.6938	—	—
分子量	16.043	2.016	44	16	—	—
沸点(℃)	-161.5	-252.8	-42	-161.49	—	—
凝点(℃)	-182.5	-259.14	-100	—	—	—
高热值(MJ/kg)	55.54	143.2	45.217~46.055	38.9311/16.24	41.88	6.43 MJ/m^3
低热值(MJ/kg)	50.05	119.64	47.472	34.5964/14.63	31.44	5.30
辛烷值 RON	130	氢气的辛烷值会随其测定方法不同,有很大的变化,其 RON 法测定结果相当高,而 MON 法测定结果则非常低。由于氢的燃烧速度相当高,而其解离能及燃烧产生能量也低,因此在实际应用上,氢的抗爆震性能不佳。氢的特性适合在使用火箭发动机中,而不适合在一般四冲程循环的发动机中使用	96~111	137.30	—	—
着火极限(体积分数)(%)	5~15	4~75	1.5	5-15.4	—	—
着火温度(常压下)(℃)	537	580~600	365~470	530-750	—	—
理论空燃比	17.25	—	—	17.159	—	—

一、天然气

天然气是一种天然存在的无色无味的可燃烃类气体混合物,其主要组分是甲烷(CH_4),占80%~99%,其次还含有乙烷、丙烷、总丁烷、总戊烷以及二氧化碳、一氧化碳、硫化氢、总硫和水分等。

车用天然气分为压缩天然气(CNG)和液化天然气(LNG)两种。CNG 是将天然气经过脱水、脱硫等净化处理后,经多级压缩到 20~25MPa,存储在气瓶中的压缩天然气。CNG 是一种无色透明、无味、比空气轻的气体,经过减压阀减压后供给发动机。LNG 是将在常压下气态的天然气冷却至 -162℃,使之凝结成液体,其主要成分包括甲烷(90%以上)、乙烷、氮气(0.5%~1%)及少量 C_3~C_5 烷烃。天然气液化后可以大大节约储运空间,而且具有热值大、性能高等特点。

与其他燃料相比,天然气具有以下特点:

(1)着火极限宽:天然气与空气的混合气具有很宽的着火极限。混合气过量空气系数变化范围为 0.6~1.8,可在大范围内改变混合比,提供不同成分的混合气,可以实现稀薄燃烧,提高发动机效率,降低排放。

(2)理论空燃比混合气热值低:虽然天然气的理论空燃比要比汽油机略高,但就理论空燃比混合气而言,天然气混合气热值为 $3.39MJ/m^3$,比汽油混合气低 10% 左右,因此,天然气发动机的功率略低。

(3)火焰传播速度低:天然气层流火焰传播速度为 0.338m/s,比汽油的火焰传播速度低。

(4)点火能量高:天然气着火温度为 537℃,比汽油着火温度高。如果在发动机中燃烧稀薄天然气混合气,则需要大幅度提高点火能量,才能满足发动机工作需要。

(5)抗爆性能好:天然气的辛烷值高达 130,比汽油高得多,具有良好的抗爆性能。为充分发挥其抗爆能力,可以适当提高发动机的压缩比,提高发动机热效率。

(6)密度小:标准状态(101325Pa,20℃)条件下,天然气密度为 $0.75~0.8kg/m^3$,与空气的相对密度为 $0.58~0.62kg/m^3$,所以泄漏天然气可以在空气中迅速散发,具有较好的安全性。

(7)排放性能好:天然气混合气燃烧排放物中 CO 和 HC 排放比汽油机低。如果采用过量空气系数大于 1.2 的稀薄混合气,则 NO_x 排放也会大幅度降低。另外,颗粒物排放也远远低于柴油机和汽油机。

(8)携带性较差:常温常压条件下天然气为气体,汽车要携带足够的燃料,则需要进行高压压缩成 CNG 或者低温冷却成为 LNG,技术要求较高。

(9)磨损小:天然气燃料使燃烧室积炭少,且燃烧产物中不含液体燃料成分,对润滑油破坏小。

作为车用燃料,与汽油燃料相比,天然气具有着火极限宽、抗爆性能好、排放污染小等优点,同时具有热值低、密度小、火焰传播速度慢、点火能量高、储运难度大等缺点。天然气在发动机中燃烧,燃烧室几乎没有积炭产生,排放性能好。由于是气体燃料,天然气发动机的热负荷较大。

为了确保天然气能够满足汽车的使用要求,现行国家标准《车用压缩天然气》(GB 18047—2017)对车用压缩天然气的技术指标做出了明确规定,见表3-2。

车用压缩天然气的技术指标(GB 18047—2017) 表3-2

项 目		技术指标
高位发热量(MJ/m^3)	≥	31.4
总硫(以硫计)(mg/m^3)	≤	100
硫化氢(mg/m^3)	≤	15
二氧化碳 mol:mol(%)	≤	3.0
氧气 mol:mol(%)	≤	0.5

续上表

项　　目	技术指标
水（mg/m³）	在汽车驾驶的特定地理区域内,在压力不大于25MPa和环境温度不低于-13℃的条件下,水的质量浓度应不大于30mg/m³
水露点(℃)	在汽车驾驶的特定地理区域内,在压力不大于25MPa和环境温度不低于-13℃的条件下,水露点应比最低环境温度低5℃

注:本标准中气体体积的标准参比条件是101.325kPa,20℃。

目前国内发展较快的是压缩天然气汽车。天然气汽车类型根据天然气的储存形式分为CNG汽车和LNG汽车。CNG汽车按燃料供给系统不同又可分为专用CNG汽车、CNG/汽油两用燃料汽车、CNG/柴油双燃料汽车等。

专用CNG汽车以CNG作为唯一燃料,其发动机的燃料供给系统专为CNG燃料设计,能充分发挥CNG燃料的特点。

CNG/汽油两用燃料汽车是通过对原有汽油车改装而成,有两套燃料供给系统,一套为保留的原车供油系统,另一套为增加的CNG供给装置。发动机可以分别使用CNG和汽油作为燃料,两种燃料的转换利用选择开关实现。由于发动机结构未作改动,当使用天然气燃料时,往往不能充分发挥其优点,导致汽车功率下降。

CNG/柴油双燃料汽车是通过对现成柴油车改装而成。其燃料供给系统可根据发动机的运行工况按一定比例同时供给CNG和柴油两种燃料。其中,柴油只作引燃燃料,CNG是主要燃料。

LNG汽车由于液化天然气对储存技术要求较高,使得储存容器的成本高,一定程度上限制了LNG汽车的发展。但由于LNG在储存能量密度、汽车续驶里程、储存容器压力等方面均优于压缩天然气,能解决压缩天然气汽车所存在的一些问题,所以液化天然气作为天然气的使用方式之一,是今后的重点发展方向。

二、液化石油气

液化石油气又称液化气或压缩汽油,是炼油精制过程中产生并回收的气体在常温下经加压而成的液态产品。主要成分是丙烷、丁烷、丙烯、丁烯。主要用途是作石油化工原料,脱硫后可直接做燃料。其主要理化特性见表3-1。

液化石油气的特性有以下几点:

(1)易挥发。在常温常压下呈气态,液相的液化石油气释压后立即挥发为气体。汽化后体积膨胀250~300倍并急剧扩散漫延,也就是说1L液化石油气能挥发变成250L以上的气体。液相的液化石油气膨胀系数也较大,一般为水的10倍以上,因此储存液化石油气的钢瓶禁止加热和超量灌装,以预防爆炸。

(2)易燃、易爆。液化石油气的爆炸极限为1.5%~9.5%,其爆炸下限较低危险性也较大,可被小火星点燃引爆。

(3)相对密度大。液化石油气比空气重(相对密度是空气的1.5~2倍),容易停滞和积聚在地低洼处,一时不易被风吹散,与空气混合易形成爆炸性物质,遇火源便会爆炸。

(4)中毒性。液化石油气无色透明,具有烃类的特殊气味,在空气中的浓度低于1%时,对人体健康没有危害。但是,长时间接触浓度较高的液化石油气,会使人昏迷、呕吐,严重时可使人窒息甚至死亡。

(5)蒸发潜热高。液化石油气由液态变成气态时需要吸收很多的热量,一旦液化气罐或管道阀门发生泄漏,液化气喷出若喷溅到人身上,急剧吸热会造成冻伤。

(6)腐蚀性低。液化石油气含硫量低,一般没有腐蚀性,但能使橡胶软化。

液化石油气的用途十分广泛,可作为民用及工业用燃料;也可作为合成树脂塑料、合成橡胶、合成纤维、化肥的原料;在工农业生产中广泛用于干燥、烘烤、食品、温室采暖、孵化鸡鸭、加工饲料以及电焊切割、熔化金属、淬火退火、热弯、锻铸等。液化石油气与人们的生活密切相关,随着科学技术的发展,液化石油气的用途越来越广泛。

汽车使用液化石油气主要有以下优点:

(1)抗爆性能好。LPG 的辛烷值在 110 左右,而汽油则在 90~98,所以 LPG 具有较好的抗爆震性能。燃用 LPG 的专用发动机合理压缩比为 12,所以采取提高压缩比的方法,可大幅度提高使用 LPG 汽车的动力性和经济性。

(2)对环境污染小。LPG 氢含量大,硫、氮等杂质少,不含芳香烃,在使用时为气相,与空气混合均匀,因而燃烧完全、热值高,CO、HC 和微粒的排放极低,CO_2 的排放因含碳少而大大降低,有助于减少温室效应。加上 LPG 燃烧温度低,NO_x 生成少,大大减少了车辆尾气排放对环境的污染。

(3)延长发动机使用寿命。汽车使用汽油作为燃料时,因汽油不能完全汽化而形成液膜,稀释、冲刷了运动部件的润滑油,运动部件润滑情况变差,加快了零部件的磨损。同时,进入曲轴箱的汽油会稀释润滑油,导致润滑油黏度下降,润滑性能变差,加速了发动机摩擦部件的磨损。LPG 主要成分是丙烷等低沸点化合物,与空气混合质量好,燃烧完全、无积炭,由于呈气态,不会出现使用汽油时因形成液膜而带来的一系列危害,从而延长了发动机的使用寿命及润滑油的使用寿命。同时,LPG 具有较高的抗爆性,可使汽车运转更加平稳,进一步延长了发动机的使用寿命。

(4)低温起动性好。LPG 的主要成分丙烷的沸点为 -42℃,试验证明,在环境温度为 -30℃时,LPG 汽车无需采取特别措施仍可顺利起动。

(5)使用方便。液化石油气易于压缩,在常温条件下,约 16 个标准大气压(1 标准大气压 = 101.3kPa)就可由气体变成液体,可用中压气罐储存,LPG 以液态携带,较为方便。由于属中压储存,LPG 钢瓶壁厚不大,自重较轻,加上热值高,密度大,一次加气行程较远。

(6)经济性好。LPG 的热值比汽油高 4%~5%,加上 LPG 燃烧完全,因而 LPG 比汽油燃料消耗少约 6%,具有较好的经济性。

(7)缓解我国汽车燃料短缺的供需矛盾。我国经济正处于高速发展阶段,交通运输事业迅猛发展,对汽油资源需求量大幅度增加。大力发展车用液化石油气是保证我国石油安全的一项重要措施。以石化生产过程中副产品 LPG 精制后作为车用 LPG,既缓解了汽油供应紧张的问题又满足了环境保护的需要。

(8)发动机尾气清洁,排放物中有害物质少。液化气容易汽化,它总是以气态形式进入发动机混合室,且能与空气良好混合,接近于完全燃烧。和汽油相比,尾气中有害物质极少,且不产生柴油机黑烟。

车用液化石油气的技术指标见表3-3。

车用液化石油气技术要求　　　　　表3-3

项　目		质量指标	实验方法
密度(15℃)(kg/m³)		报告	SH/T 0221[a]
马达法辛烷值 MON	不小于	89.0	GB 19159—2012 中附录 A
二烯烃(包括1,3-丁二烯)摩尔分数(%)	不大于	0.5	SH/T 0614
硫化氢		无	SH/T 0125
钢片腐蚀(40℃,1h)(级)	不大于	1	SH/T 0232
总硫含量(含赋臭剂)[b](mg/kg)	不大于	50	ASTM D 6667[c]
蒸发残留物(mg/kg)	不大于	60	EN 15470
C5 及以上组分质量分数(%)	不大于	2.0	SH/T 0614
蒸气压(40℃,表压)(kPa)	不大于	1550	GB 19159—2012 中附录 B[d]
最低蒸气压(表压)为 150kPa 的温度(℃)[e] -10 号	不高于	-10	ISO 8973 和 GB 19159—2012 中附录 C
-5 号	不高于	-5	
0 号	不高于	0	
10 号	不高于	10	
20 号	不高于	20	
游离水[f]		通过	EN 15469
气味		体积浓度达到燃烧下限的20%时有明显异味	GB 19159—2012 中附录 E

注:a 测定方法也包括用 ISO 8973。
　　b 气味检测未通过时,需要添加赋臭剂。
　　c 试验方法也包括用 SH/T 0222,结果有争议时,以 ASTM D 6667 为仲裁方法。
　　d 试验方法也包括用 ISO 8973 和 GB 19159—2012 中附录 C,结果有争议时,以 GB 19159—2012 中附录 B 为仲裁方法。
　　e 在指定温度下,应采用 ISO 8973 和 GB 19159—2012 中附录 C 来共同确定产品分级。对于生产企业内部质量控制,可以利用 GB 19159—2012 中附录 D 提供的方法确定分级。
　　f 在 0℃和饱和蒸气压下,目测车用液化石油气不含游离水。允许加入不大于 2000mg/kg 的甲醇,但不允许加入除甲醇外的防冰剂及其他非烃化合物。

三、煤层气

煤层气是指赋存在煤层中以甲烷为主要成分、以吸附在煤基质颗粒表面为主并部分游离于煤孔隙中或溶解于煤层水中的烃类气体。由于其成分以甲烷为主,往往将其简称为煤层甲烷。

煤层气就是储存在煤层内的煤型气。煤层气常被称为"自生自储"的非常规天然气。应该从广义上理解此观点,气体在煤层内一直处于运移的动态平衡状态,现今的"煤层气"不一定就是原地生成的。

煤层气是近一二十年在国际上崛起的洁净、优质能源和化工原料,俗称"瓦斯"。其热值是通用煤的 2～5 倍,1m³ 纯煤层气的热值相当于 1.13kg 汽油、1.21kg 标准煤,其热值与天然气相当,可以与天然气混输混用,而且燃烧后很洁净,几乎不产生任何废气,是上好的工业、化工、发电和居民生活燃料。煤层气空气浓度达到 5%～16% 时,遇明火就会爆炸,这是煤矿瓦斯爆炸事故的根源。煤层气直接排放到大气中,其温室效应约为二氧化碳的 21 倍,对生态环境破坏性极强。在采煤之前如果先开采煤层气,煤矿瓦斯爆炸率将降低 70%～85%。煤层气的开发利用具有一举多得的功效:洁净能源,商业化能产生巨大的经济效益。

煤炭源于陆生高等植物,煤的原始有机物质主要是碳水化合物、木质素,成煤作用由泥炭化和煤化作用 2 个阶段完成。由植物→泥炭→褐煤→烟煤→无烟煤,是经过未成岩→成岩→变质作用→泥炭化→煤化的全过程。泥炭化阶段(成岩期前),有机质在低温(<50℃)和近地表氧化环境中,由于细菌的作用,生成少量甲烷及二氧化碳,呈水溶状态或游离状态而散失。褐煤阶段已经进入成岩阶段,属煤化作用的未变质阶段,此期是干酪根的未成熟期,地温在 50℃ 左右,镜质体反射率 $R_o \approx 0.5\%$,有机质热降解作用已经开始并且逐步加深,生物化学作用逐步减弱,主要生成甲烷及其他挥发物。烟煤阶段的长焰煤、气煤、肥煤、焦煤、瘦煤属煤化作用的低—中变质阶段,R_o 为 0.5%～2.0%,此期是干酪根的成熟期,已经进入生油门限,沉积物埋深达到 1000～4500m,地温达 50～150℃,有机质经过热降解,有重烃、轻烃、甲烷及其他挥发物产出。煤化作用的后期是高变质阶段,一般将贫煤与无烟煤划在这一阶段,$R_o > 2.0\%$,此期是干酪根过成熟期,地温 >150℃,埋深 >4500m,热降解产物主要是甲烷。

煤层气或瓦斯的热值跟甲烷(CH_4)含量有关,地面抽采的煤层气甲烷(CH_4)含量一般大于 96.5%,当甲烷含量 97.8% 时,煤层气的热值为(在 0℃,101.325kPa 下):

(1)高热值:Q_H = 38.9311MJ/Nm³(约 9299 kcal/Nm³)。

(2)低热值:Q_L = 34.5964MJ/Nm³(约 8263 kcal/Nm³)。

井下抽采的煤层气(瓦斯)一般将甲烷(CH_4)含量调整到 40.8% 后利用,此时瓦斯的热值为(在 0℃,101.325kPa 下):

(1)低热值:14.63MJ/m³(约 3494 kcal/Nm³)。

(2)高热值:16.24 MJ/m³(约 3878 kcal/Nm³)。

我国是煤炭生产大国,煤层气储量丰富。而煤层气作为一种气体燃料,具有机械杂质少、燃烧效率高、发动机低温易起动、排放污染低的特点,燃气进入汽缸后不会对润滑油产生稀释,也不会加剧发动机零部件的腐蚀和磨损。其理化特性适于作为发动机的燃料,使发动机故障减少,使用寿命长。煤层气在抽排前往往会混入一定空气,进入发动机混合器后与空气进一步混合,形成适当空燃比的均质混合气,有利于稀薄燃烧技术的实现。煤层气中的可燃成分在燃烧室内燃烧充分、完全,清洁无灰,使排气中的 CO、CH、NO_x、固体颗粒等有害成分大为减少,环保效益显著。通常情况下,燃烧 1m³ CH_4 所放出的热量相当于 1.14 kg 标准煤炭的热量,当使用瓦斯发电机组发电时,1m³ 纯煤层气(含 CH_4 100%)可发电 3.5 kW·h。一般煤矿采煤过程中抽出的瓦斯如能充分利用,其发电量不仅能够满足煤矿日常采煤生产所需,还能将部分剩余电能外供。科学合理地开发利用煤层气,不仅能排除生产隐患,还能创造可观的经济效益,使之成为一种优质洁净的能源。

四、页岩气

页岩气是指赋存于以富有机质页岩为主的储集岩系中的非常规天然气,是连续生成的生物化学成因气、热成因气或二者的混合,可以游离态存在于天然裂缝和孔隙中,以吸附态存在于干酪根、黏土颗粒表面,还有极少量以溶解状态储存于干酪根和沥青质中,游离气比例一般在20%~85%。页岩气是一种存在于致密碎屑岩中的可燃混合气,主要成分是CH_4,全球页岩气资源丰富,已经探明的页岩气储量达到456.2万亿m^3,占天然气总储量的11.7%。我国是页岩气资源大国,页岩气储量在100~144.2万亿m^3,占世界页岩气总储量的20%,位居全球之首。

页岩气的主要成分与天然气相似,主要成分是甲烷,分子中仅含有一个碳原子,分子结构简单,H/C比较高,相比与燃油汽油与柴油,完全燃烧时CO_2的排放量可以降低20%~30%,组分中硫和芳香烃的含量较低,可以降低炭烟排放。

页岩气的辛烷值较高,抗爆性较好,在发动机上应用时可以采用高压缩比和增压比,提高发动机的有效热效率。

如图3-1所示,页岩气绝大部分是以吸附气的形式赋存于页岩内有机质和黏土颗粒的表面,这与煤层气相似。吸附气量与有机碳含量、地层压力等因素有关。游离气则聚集在页岩基质孔隙或裂缝(主要为微裂缝)中,这与常规气藏中的天然气相似。此外,可能还有极少部分页岩气以溶解气形式存在于页岩孔隙束缚水或沥青中。页岩气的形成机理兼具煤层吸附气和常规天然气二者特征,为不间断充注、连续聚集成藏。

a)有机质和黏土颗粒
表面吸附与解吸

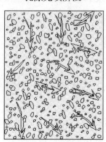
b)气体流入页岩基质孔隙

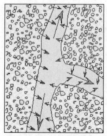
c)气体进入天然裂缝网络

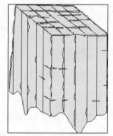
d)最终形成页岩气藏

图3-1 页岩气赋存方式与成藏过程示意图

1. 天然气、煤层气、页岩气之间的关系与相同点

专业上把天然气称为常规天然气,而把煤层气与页岩气称为非常规天然气,其本质都是"天然气",即天然形成之气,它们都是古老生物遗体埋藏于沉积地层中,通过地质作用形成的化石燃料,都是自然形成的洁净、优质能源,这是它们的共同点。

(1)常规天然气(Natual Gas)是一种多组分的混合气态化石燃料,主要成分是甲烷(CH_4),另有少量乙烷、丙烷和丁烷,成分相对复杂,相对密度约为0.65,比空气轻,具有无色、无味、无毒之特性。

(2) 煤层气(Coalbed Methane)俗称"瓦斯",主要成分是甲烷,成分较简单,是基本上未运移出煤层,以吸附、游离状态赋存于煤层及其围岩中的煤层气。其热值是通用煤的 2~5 倍,燃烧后几乎没有污染物。

(3) 岩层气(Shale Gas)是从页岩层中开采出来的天然气,成分以甲烷为主。

2. 天然气、煤层气、页岩气之间的不同点

(1) 常规天然气以游离赋存为主,蕴藏在地下多孔隙岩层中,主要存在于油田和天然气田,也有少量出于煤田。其开采时一般采用自喷方式采气、排水式采气,开采技术较简单。

(2) 煤层气赋存特点是在成煤的过程中以吸附在煤基质颗粒表面为主,部分游离于煤、围岩孔隙中或溶解于煤层水中的烃类气体。其开采一般有两种方式:一是地面钻井开采;二是井下瓦斯抽放系统抽出,相对天然气开采程度大一点。

煤层气是一种以吸附状态为主、生成并储存于煤层及其围岩中的甲烷气体,发热量大于 $8100cal/m^3$,与天然气相比主要不同点如下:

①煤层气基本不含碳二以上的重烃,产出时不含无机杂质,天然气一般含有含碳二以上的重烃,产出时含无机杂质。

②在地下存在方式不同,煤层气主要是以大分子团的吸附状态存在于煤层中,而天然气主要是以游离气体状态存在于砂岩或灰岩中。

③生产方式、产量曲线不同。煤层气是通过排水降低地层压力,使煤层气在煤层中解吸→扩散→流动采出地面,而天然气主要是靠自身的正压产出;煤层气初期产量低,但生产周期长,可达 20~30 年,天然气初期产量高,生产周期一般在 8 年左右。

④煤层气又称煤矿井斯,是煤矿生产安全的主要威胁,同时煤层气的资源量又直接与采煤相关,采煤之前如不先采气,随着采煤过程煤层气就排放到大气中。据有关统计,我国每年随煤炭开采而减少资源量 190 亿 m^3 以上,而天然气资源量受其他采矿活动影响较小,可以有计划地控制。

(3) 岩层气成藏的生烃条件及过程与常规天然气相同,页岩气藏具有自生自储的特点,页岩既是烃源岩又是储岩。其开采难道较大(因为页岩气储集层渗透率低),主要有水平井技术和多层压裂技术。

五、氢气

1. 氢气的来源

在大自然中,氢的分布很广泛。水就是氢的大"仓库",其中含有 11% 的氢。泥土里约有 1.5% 的氢,石油、煤炭、天然气、动植物体内等都含有氢。氢的主体是以化合物水的形式存在的,而地球表面约 70% 为水所覆盖,储水量很大,因此可以说,氢是"取之不尽、用之不竭"的能源。

传统的工业生产氢能的方法,包括天然气或裂解石油制氢、无二氧化碳排放制氢、煤汽化制氢、甲醇制氢及变压吸附制氢等。

2. 氢气的主要物化特性

氢气的主要物化特性见表 3-4。

氢气的主要物化特性 表 3-4

物化特性参数	数值	物化特性参数	数值
物质状态	气态	颜色	常温下为无色气体
元素在太阳中的含量	75%	熔点	14.025K（-259.125℃）
地壳中含量	1.5%	沸点	20.268 K（-252.882℃）
大气含量	0.0001 %	摩尔体积	22.4L/mol
汽化热	0.44936 kJ/mol	比热容量	14000J/（kg·℃）
熔化热	0.05868 kJ/mol	电离能(kJ/mol)	1312kJ/mol
蒸气压	209Pa（23K）	密度、硬度	0.0899 kg/m^3（273K）、NA（阿伏伽德罗常数）

3. 氢气的特点

氢是一种无色的气体。燃烧 1g 氢能释放出 142kJ 的热量，是汽油发热量的 3 倍。它燃烧的产物是水，没有灰渣和废气，不会污染环境。氢的质量特别轻，它比汽油、天然气、煤油都轻很多，因而携带、运送较不方便，但氢作为燃料仍然被认为是 21 世纪最理想的能源。氢燃料作为能源的突出特点是无污染、效率高和可循环利用。

(1) 无污染。氢燃烧时最清洁，除生成水和少量氮化氢外不会产生诸如一氧化碳、二氧化碳、碳氢化合物、铅化物和粉尘颗粒等对环境有害的污染物质，少量的氮化氢经过适当处理也不会污染环境，且燃烧生成的水还可继续制氢，反复循环使用。产物水无腐蚀性，对设备无损。

(2) 效率高。除核燃料外，氢的发热值是所有化石燃料、化工燃料和生物燃料中最高的，为 142.351kJ/kg，是汽油发热值的 3 倍。重要的是其燃烧性能好，点燃快，与空气混合时有广泛的可燃范围，而且燃点高，燃烧速度快。

(3) 来源广。在大自然中，氢的分布很广泛。水就是氢的大"仓库"，其中含有 11% 的氢。泥土里约有 1.5% 的氢；石油、煤炭、天然气、动植物体内等都含有氢。氢的主体是以化合物水的形式存在的，而地球表面约 70% 为水所覆盖，储水量很大，因此可以说，氢是"取之不尽、用之不竭"的能源。

4. 氢气在汽车发动机上的使用

近年来，以氢为燃料的"燃料电池发动机"技术取得重大突破，而"燃料电池汽车"已成为推动"氢经济"的发动机。用氢气作燃料有许多优点，首先是干净卫生，氢气燃烧后的产物是水，不会污染环境；其次是氢气在燃烧时比汽油的发热量高。1965 年，外国的科学家们就已设计出能在道路上行驶的氢能汽车；中国也在 1980 年成功地制造出第一辆氢能汽车，可乘坐 12 人，储存氢材料 90kg。氢能汽车行驶距离远，使用寿命长，最大的优点是不污染环境。

氢是可以取代石油的燃料，其燃烧产物是水和少量氮氧化合物，对空气污染很少。氢气可以从电解水、煤的汽化中大量制取，而且不需要对汽车发动机进行大的改装，因此氢能汽车具有广阔的应用前景。推广氢能汽车需要解决三个技术问题：大量制取廉价氢气的方法，传统的电解方法价格昂贵，且耗费其他资源，无法推广；解决氢气的安全储运问题;解决汽车所需的高性能、廉价的氢供给系统。目前常见的供给系统有三种,即气管定时喷射式、低压缸内喷射式和高压缸内喷射式。随着储氢材料的研究进展,可以为氢能汽车开辟全新的途径。科学家们研制出的高效率氢燃料电池,更减小了氢气损失和热量散失。

5. 氢气的储存与运输

传统储氢方法有两种,一种方法是利用高压钢瓶(氢气瓶)来储存氢气,但钢瓶储存氢气的容积小,而且还有爆炸的危险;另一种方法是储存液态氢,但液体储存箱非常庞大,需要极好的绝热装置来隔热。近年来,一种新型简便的储氢方法应运而生,即利用储氢合金(金属氢化物)来储存氢气。研究证明,在一定的温度和压力条件下,一些金属能够大量"吸收"氢气,反应生成金属氢化物,同时放出热量。其后,将这些金属氢化物加热,它们又会分解,将储存在其中的氢释放出来。这些会"吸收"氢气的金属,称为储氢合金,其储氢能力很强。单位体积储氢的密度,是相同温度、压力条件下气态氢的1000倍,也即相当于储存了1000个大气压的高压氢气。储氢合金都是固体,需要用氢时通过加热或减压使储存于其中的氢释放出来,因此是一种极其简便易行的理想储氢方法。目前研究发展中的储氢合金,主要有钛系储氢合金、锆系储氢合金、铁系储氢合金及稀土系储氢合金。

储氢合金还有将储氢过程中的化学能转换成机械能或热能的能量转换功能。储氢合金在吸氢时放热,在放氢时吸热,利用这种放热—吸热循环,可进行热的储存和传输,制造制冷或采暖设备。此外它还可以用于提纯和回收氢气,它可将氢气提纯到很高的纯度。例如,采用储氢合金,可以以很低的成本获得纯度高于99.9999%的超纯氢。储氢合金的飞速发展,给氢气的利用开辟了一条广阔的道路。目前我国已研制成功了一种氢能汽车,它使用储氢材料90kg,可行驶40km,时速超过50km/h。今后,不但汽车会采用燃料电池,飞机、舰艇、宇宙飞船等运载工具也将使用燃料电池,作为其主要或辅助能源。另外由于大量使用的镍镉电池(Ni-Cd)中的镉有毒,使废电池处理复杂,环境受到污染。镍氢电池与镍镉电池相比,具有容量大、安全无毒和使用寿命长等优点。发展用储氢合金制造的镍氢电池(Ni-MH),也是未来储氢材料应用的另一个重要领域。

氢的储运有四种方式可供选择,即气态储运、液态储运、金属氢化物储运和微球储运。

6. 氢气与传统燃料的对比

(1) 氢气的来源问题。氢气不像氮气和氧气是空气中的最主要组成因素,想得到氢气可以通过电解水,但这是个不太经济的方法,能量损失极大。从电解水开始,耗费电能,产生氢气,氢气再发电过程中会有能量损失;电解水的电现在也是以煤电为主发出来的,烧煤发电也会有能量损失。

(2) 金属铂的稀缺。在氢燃料电池发电的过程中会用到金属铂作为催化剂,成本高昂。

(3) 氢气的安全性。氢气是最轻的气体,它的扩散性极强,氢的扩散系数比空气大3.8倍,比汽油大7.5倍,由此可以证明氢比汽油安全是有根据的。所以少量的氢气泄漏,可以在空气中很快被稀释成安全的混合气。氢气的密度小,易向上逃逸,这使得事故时氢气的影响范围要小得多。

(4) 氢燃料电池汽车是环保汽车。氢燃料电池汽车零排放,且一次加氢续驶里程长,加氢时间短。

第二节 醇类燃料

一、醇类燃料的种类和发展状况

醇类燃料目前主要指甲醇和乙醇两种。目前它们都已作为汽车替代燃料投入使用,且技术和成本方面也已经达到了实用阶段。

二、醇类燃料的特点

1. 辛烷值高

醇类燃料的辛烷值与汽油的辛烷值比较,见表3-5。

醇类燃料的辛烷值与汽油的辛烷值比较　　　　　表3-5

燃料种类		MON	RON	灵敏度
甲醇		92	112	20
乙醇		92	111	19
汽油	90号	85	90	5
	93号	88	93	5
	95号	90	95	5

从表3-5中可以看出,醇类燃料的辛烷值比汽油高,所以使用醇类燃料的发动机可以通过增大压缩比来提高热效率(原理可参考《发动机原理》),从而提高其动力性和经济性。因此,醇类是汽油车良好的替代燃料。另外,醇类燃料也可以作为添加剂添加到汽油中作为高辛烷值组,进而提高汽油的抗爆能力。

从表3-5中我们还可以看出,醇类燃料的灵敏度非常大。灵敏度是利用研究法(测定条件缓和,转速为600r/min,进气为室温。这种辛烷值反映汽车在市区慢速行驶时的汽油抗爆性。对同一种汽油,其研究法辛烷值比马达法辛烷值高0~15个单位,两者之间差值称敏感性或敏感度)测定的辛烷值与利用马达法(测定条件较苛刻,发动机转速为900r/min,进气温度149°C。它反映汽车在高速、重负荷条件下行驶的汽油抗爆性)测定的辛烷值之差值,即灵敏度=RON-MON。灵敏度反映的是汽油机燃料的抗爆性能随汽油机运转工况(如转速提高等)激烈程度增加而降低的情况。对汽油机来说,灵敏度越小越好。醇类燃料的灵敏度大,说明它们在低速时的抗爆性能比中、高速时要好。

2. 蒸发潜热大

蒸发潜热是指在常压沸点下,单位质量的纯物质由液体状态变为气体状态需吸收的热量或由气体状态变为液体状态需放出的热量。

醇类燃料的蒸发潜热大,意味着醇类燃料在发动机内由液体状态变为气体状态形成可燃混合气时需要吸收的热量较多,所以醇类燃料在低温条件下起动时,往往会由于汽化所需热量不足,使形成的混合气浓度较低,从而使发动机起动困难。因此,燃烧醇类燃料的发动机需加装进气预热系统,以保证低温起动性能。

3. 着火极限宽

着火极限是指混合气可以着火的最小浓度和最大浓度之间的范围,浓度是以空气中可燃气的体积分数表示。

醇类燃料的着火极限比汽油宽得多,可以实现稀薄燃烧,能有效降低发动机在部分负荷时的能量消耗与排放污染。

4. 热值低

醇类燃料的热值比汽油低,甲醇热值约为汽油的一半,乙醇热值约为汽油的61%。但由于醇类燃料存在自供氧效应,理论空燃比比汽油低,甲醇的理论空燃比约为汽油的43%,乙醇的理论空燃比约为汽油的60%。所以,在同样的过量空气系数下混合气的热值与汽油相当,汽车使用醇类燃料时的动力性不会降低。

5. 腐蚀性大

醇类燃料的化学活性较强,对铜、铝等金属具有较强的腐蚀能力,对橡胶和塑料等非金属材料也具有较大的溶胀作用。

6. 易产生气阻

醇类燃料的沸点低,有助于形成燃料和空气的混合气。但温度高时,容易在燃油供给系统中产生气阻现象,严重时会使供油中断,发动机熄火。

7. 储存和使用方便

醇类燃料在常温下为液体状态,和传统燃料的汽油、柴油相似,所以储存和使用方便。

8. 排放污染低

醇类燃料的蒸发潜热大,甲醇的蒸发潜热约为汽油的3.7倍,乙醇的蒸发潜热约为汽油的2.9倍,所以使用醇类燃料的燃烧温度较低,对NO_x的生成有抑制作用;醇类燃料分子中没有C—C键结构,燃烧中不会有多环芳香烃通过缩合形成炭烟粒子的现象,因此排气中基本没有炭烟;醇类燃料氧含量高,且C/H值较汽油小,混合气燃烧较完全,因而排气中未燃烃类与CO含量也相应降低。但醇类燃料的排气中未燃醇类和相应醛类较多。

三、醇类燃料的理化性质

甲醇燃料和乙醇燃料的主要理化性质与汽油燃料的比较见表3-6。

醇类燃料与汽油的主要理化性质比较　　　　　表3-6

项 目	甲 醇	乙 醇	汽 油
常温下的物理状态	液态	液态	液态
密度(g/cm^3)	0.7914	0.7843	0.72~0.75
沸点(℃)	64.8	78.3	30~220
闪点(℃)	12	14	-43
自燃点(℃)	470	420	260
饱和蒸气压(kPa)	30.997	17.332	62.0~82.7
低热值(MJ/kg)	20.26	27.20	44.52
蒸发潜热(kJ/kg)	1101	862	297

续上表

项 目	甲 醇	乙 醇	汽 油
辛烷值（RON）	112	111	90、93、95
辛烷值（MON）	92	92	85、88、90
十六烷值	3	8	27
相对分子质量	32	46	100~115
着火极限（体积分数）（%）	6.7~36	4.3~19	1.3~7.6
理论空燃比（kg 空气/kg 燃料）	6.4	9.0	14.8

四、醇类燃料的质量标准

2009 年 1 月 1 日，我国首个车用燃料甲醇质量标准《车用燃料甲醇》（GB/T 23510—2009）国家标准开始实施。《车用燃料甲醇》标准规定了车用燃料甲醇的技术要求、实验方法、检验规则及标志、包装、运输、储存和安全等事项，适用于车用燃料甲醇的生产、检验和销售。《车用燃料甲醇》是把甲醇从化工产品向燃料转变的法律依据，调配各种比例的甲醇汽油时，所使用的甲醇必须符合《车用燃料甲醇》（GB/T 23510—2009）的规定。

GB/T 23510—2009 对车用燃料甲醇的技术要求见表 3-7。

对车用燃料甲醇的技术要求（GB/T 23510—2009） 表 3-7

项 目	指 标
外观	无色透明液体，无可见杂质
密度（ρ_{20}）（g/cm³）	0.791~0.793
沸程（0℃，101.3kPa，在 64~65.5℃ 范围内，包括 64.6℃±0.1℃）（℃）	≤1.0
水（质量分数）（%）	≤0.15
酸（HCOOH 计，质量分数）（%）	≤0.003
或碱（以 NH_3 计，质量分数）（%）	≤0.0008
无机氧含量（mg/L）	≤1
钠含量（mg/kg）	≤2
蒸发残渣（质量分数）（%）	≤0.003

五、醇类燃料的提取

我国是煤炭储量最多的国家之一，储量非常丰富。而且在我国煤炭资源的储量比其他能源的储量均多，因此，今后的一段时间内我国的能源消费结构依然以煤为主。所以，以甲醇为替代燃料来弥补石油供应量的不足是非常重要的措施。

我国作为农业国家，随着粮食的丰收已经出现了陈化粮长期库存积压的情况，尤其以黑龙江、吉林、河南等产粮大省库存积压量大。因此，以农作物为原料生产的乙醇作为替代燃料也是非常可行的。醇类燃料的资源比较丰富，可以从多种原料中进行提取，见表 3-8。

可提取醇类燃料的多种原料　　　　　　　　　表3-8

醇类燃料种类	提取原料
甲醇	天然气、煤、油页岩、重质燃料、木材和垃圾等
乙醇	甜菜、甘蔗、草秆、薯类、玉米等农作物

六、醇类燃料的应用

醇类燃料的辛烷值高,是良好的汽油机替代燃料,但由于其着火性差,十六烷值比柴油低得多,所以在柴油机上使用比较困难。汽油机中应用醇类燃料主要有两种方法:掺醇燃烧和纯醇燃烧。

掺醇燃烧:掺醇燃烧是指把甲醇或乙醇以不同比例掺入汽油中。甲醇、乙醇与汽油的混合燃料分别用 M(Methanol) 和 E(Ethanol) 加一数字表示,其后的数字表示混合燃料中甲醇或乙醇的体积分数,如 M15 表示甲醇体积分数为 15% 的混合燃料,E10 表示乙醇体积分数为 10% 的混合燃料。

1. 掺醇汽油的优点

掺醇汽油的优点,见表3-9。

掺醇汽油的优点　　　　　　　　　表3-9

优　点	原　因
抗爆性好	醇类燃料的辛烷值均高于汽油
尾气中 NO_x 含量低	醇类燃料的蒸发潜热高,使掺醇汽油形成的混合气燃烧温度低
尾气中烃类含量低	醇类燃料含氧,且 C/H 值较汽油小,使掺醇汽油形成的混合气燃烧也较完全
尾气中 CO 含量低	醇类燃料含氧,且 C/H 值较汽油小,使掺醇汽油形成的混合气燃烧也较完全
价格低	甲醇燃料价格低于汽油价格

2. 掺醇汽油的使用

鉴于掺醇汽油的优点突出,因而对其使用的研究也非常多。我国对低比例掺醇汽油研究较多,掺醇比例低于 15% 的低比例掺醇汽油和纯汽油燃料比较,不需要改变现有汽车发动机,不增加改动成本,不存在技术上的难度。因此,低比例掺醇汽油是比较实用的醇类能源利用形式。

2001 年我国制定了乙醇燃料发展计划,确定在吉林、河南和黑龙江三省设立燃料乙醇试点项目,并制定了《变性燃料乙醇》和《车用乙醇汽油》两项国家标准,开始推广含 10% 乙醇的车用乙醇汽油的混合燃料。《变性燃料乙醇》和《车用乙醇汽油》两项国家标准于 2001 年 4 月 15 日正式实施,见表3-10、表3-11。

变性燃料乙醇国家标准　　　　　　　　　表3-10

项　目	指　标
外观	清澈透明,无肉眼可见悬浮物和沉淀物
乙醇(体积分数)(%)	≥92.1
甲醇(体积分数)(%)	≤0.5
实际胶质[mg/100mL]	≤5.0

续上表

项　目	指　标
水分(体积分数)(%)	≤0.8
无机氯(以Cl计)(mg/L)	≤32
酸度(以乙酸计)(mg/L)	≤56
铜(mg/L)	≤0.08
pH值	6.5~9.0

注:2002年4月1日前,pH值按5.7~9.0执行。

车用乙醇汽油国家标准　　　　　　　　　　　　　　　表3-11

项　目	质量指标			试验方法
	90号	93号	95号	
抗爆性: 研究法辛烷值(RON) 抗爆指数(RON+MON)/2	 ≥90 ≥85	 ≥93 ≥88	 ≥95 ≥90	GB/T 5487 GB/T 503 GB/T 5487
铅含量(g/L)	≤0.005			GB/T 8020
馏程: 10%蒸发温度(℃) 50%蒸发温度(℃) 90%蒸发温度(℃) 终馏点(℃) 残留量(体积分数)(%)	≤70 ≤120 ≤190 ≤205 ≤2			GB/T 6536
蒸气压(kPa) 从9月16日至3月15日 从3月16日至9月15日	 ≤88 ≤74			GB/T 8017
实际胶质[mg/100mL]	≤5			GB/T 8019
诱导期(min)	≥480			GB/T 8018
硫含量(质量分数)(%)	≤0.10			GB/T 380 GB/T 11140 SH/T 0253
硫醇(需满足下列要求之一) 博士试验 硫醇硫含量(质量分数)(%)	 通过 ≤0.001			 SH/T 0174 GB/T1792
铜片腐蚀(50℃,3h)(级)	≤1			GB/T 5096
水溶性酸或碱	无			GB/T 259
机械杂质	无			目测
水分(质量分数)(%)	0.15			SH/T 0246
乙醇含量(体积分数)(%)	9.0~10.5			SH/T 0663

续上表

项　目	质量指标			试验方法
	90号	93号	95号	
其他含氧化合物(体积分数)(%)	未检出			SH/T 0663
苯含量(体积分数)(%)	≤2.5			SH/T 0693
芳香烃含量(体积分数)(%)	≤40			GB/T 11132
烯烃含量(体积分数)(%)	≤35			GB/T 11132

注：1. 锰含量，其检出限量为不大于0.018g/L。
 2. 铁不得人为加入，考虑到在炼油过程和运输、储存产品时候铁的污染，其检出限量为不大于0.01g/L。
 3. 本标准实施之日起，试点地区使用的车用乙醇汽油中都应加入有效清净剂。
 4. 本标准规定了铅含量最大限值，但不允许故意加铅。
 5. 诱导期允许用GB/T 256方法测定，仲裁试验以GB/T 8018方法测定结果为准。
 6. 硫含量允许用GB/T 11140、SH/T 0253方法测定，仲裁试验以GB/T 380试验结果为准。
 7. 为适应大城市环保的需求，从本标准实施之日起，在北京、上海和广州执行硫的质量分数不大于0.08%；从2003年1月1日起，在全国范围内执行硫的质量分数不大于0.08%。
 8. 将试样注入100mL玻璃量筒中观察，应当透明，没有悬浮和沉降的机械杂质及分层。在有异议时，以GB/T 511方法测定结果为准。
 9. 其他含氧化合物不得人为加入，但允许加入作为助溶剂的高级醇。
 10. 从本标准实施之日起，在北京、上海和广州市实施；从2003年1月1日起在全国范围内实施。

第三节　乳化燃料

一、乳化燃料的定义和发展状况

乳化燃料来源于将水掺到燃料油中改善燃烧这一设想，早在20世纪就已有人提出，到21世纪初，美国、苏联及欧洲一些工业国家，开始乳化掺水燃料油的应用研究，由于在当时的条件下，乳化燃油技术水平较低，能源问题并不突出，乳化燃料技术发展处在较低较缓慢的状态。

20世纪50年代后期，环境与发展矛盾日渐明显，石油危机开始出现，具备节能降污双重机能的燃料油掺水技术获得重视，美国、苏联、日本等都将该技术列为国家级重点项目进行开发研究，并取得积极的应用成果，1981年7月召开的国际燃烧协会第一届年会上，燃料油乳化掺水燃烧被列为三大节能措施之一。我国自50年代末起，也在该领域进行积极研究，并取得一定成果。80年代初，鉴于我国能源短缺，国家计委、国家科委、中科院联合发文，组织研究乳化燃料技术，国家相关研究机构及个人纷纷投入研究，取得了一定的实用成果。

乳化燃料的燃烧是个非常复杂的过程，大家知道水是极性化合物，石油产品是由非极性化合物烃类组成，水和油是不互溶的。要使二者成为混合液，需借助外力或加入表面活性剂，使其中一相液体均匀分散在另一相液体中，成为为相对稳定的混合液，在精细化学中，这种混合液称之为乳化液，由燃料油(煤油、汽油、柴油、重油、渣油)和水组成的乳化液就被称为乳化燃料。

乳化燃料油与通常的乳化液一样,也分为油包水型(W/O)和水包油型(O/W),在油包水型乳化燃料油中,水是以分散相均匀地悬浮在油中,被称为分散相或内相,燃料油则包在水珠的外层,成为连续相或外相。我们目前所见的大多数乳化燃料油都为油包水型乳化燃料。水包油型乳化燃料油正好与油包水型相反,由委内瑞拉石油公司开发的奥里油就属于水包油型乳化燃料油。

二、乳化燃料降污原理

乳化燃料燃烧是个复杂的过程,对其节能降污机理较为成熟的解释是乳化燃料燃烧中存在的"微爆"现象和水煤气反应,也就是从燃烧的物理过程和化学过程来解释。

乳化油燃烧过程的物理作用即所谓"微爆"作用,如图3-2所示。

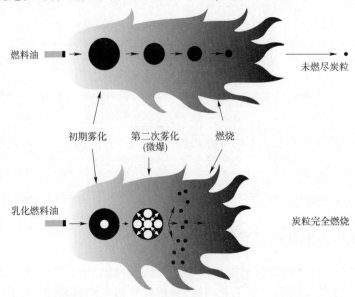

图3-2 乳化油燃烧过程的物理作用

油包水型分子基团,油是连续相,水是分散相。由于油的沸点比水高,受热后水总是先达到沸点而蒸发或沸腾。当油滴中的压力超过油的表面张力及环境压力之和时,水蒸气将冲破油膜的阻力使油滴发生爆炸,形成更细小的油滴,这就是所说的微爆或称二次雾化。爆炸后的细小油滴与空气更加充分混合,油液燃烧的更完全,使内燃机或油炉达到节能之效果。

化学作用即水煤气反应。在高温条件下,部分水分子与未完全燃烧的炽热的炭粒发生水煤气反应,形成可燃性气体,反应式如下:

$$C + H_2O = CO + H_2$$
$$C + 2H_2O = CO_2 + 2H_2$$
$$CO + H_2O = CO_2 + H_2$$
$$2H_2 + O_2 = 2H_2O$$

上述这些反应,减少了火焰中的炭粒,提高了油的燃烧程度和燃烧效率,改善了燃烧状况。在缺氧条件下,燃料中由于高温裂解产生的碳粒子,能与水蒸气反应生成CO和H_2,使碳粒子能充分燃烧,提高了燃烧率,降低了排烟中的烟尘含量,另一方面,由于乳化水的蒸发作用,均衡了燃烧时的温度场,从而抑制了 NO_x 的形成。

通过上述的微爆及水煤气反应可知,乳化油燃料具有减轻大气污染和节约能源的双重效果。

三、乳化燃料的分类

1. 乳化柴油

乳化柴油("DOE")于所有相关应用中可直接替代柴油,包括压燃式发动机(高、中、低速柴油发动机)、燃气轮机、小型熔炉和锅炉。最基本的运用是用于公路柴油发动机应用方面,如货车和巴士,以及非公路的应用,如固定发电机、建筑机械、拖拉机等。有赖于其独特的燃烧特性,乳化柴油发挥的环境效益远超柴油。广泛的测试证明了乳化柴油常见的减排幅度为:氮氧化物——10%~30%,一氧化碳——10%~60%,二氧化碳——1%~3%,颗粒物——高达60%,烟——基本上消除。

具竞争力的价格——乳化柴油不单提高制造商/分销商的边际利润,更由于政府的税务优惠或奖励政策,最终用户可以享受到成本上的节约。

提高效率——由于影响燃油效率的因素有很多,不能明确声称能将燃料效率提升哪个具体的幅度。虽然已进行的测试、试验证明柴油效率的升幅可高达10%,但实际结果会因为如发动机的机龄、型号、大小和应用等多个因素而出现差异。

2. 乳化生物柴油

乳化生物柴油("EBD")在大多数的柴油和生物柴油应用中可用作直接替代燃料,包括压燃式发动机(高、中、低速柴油发动机)、燃气轮机以及小型熔炉和锅炉。乳化生物柴油的水含量取决于其应用,以及用于与柴油混合的生物柴油的原始分量。然而,水和添加剂的总含量则与乳化柴油技术采用的相似。

生物柴油作为清洁替代燃料由可再生能源中提取而来,是唯一一种完成全面评估并根据美国清洁空气法提交予美国环保局的替代燃料,其相对于传统柴油燃料,具有减排和健康方面的效益。使用生物柴油可减少一氧化碳(CO)、碳氢化合物(HC)和颗粒物等有害物质的排放。国际汽车工程师学会(SAE)的检测报告和"概念验证"测试证实了乳化后的生物柴油可减少氮氧化物排放量至低于超低硫柴油(ULSD)的基线,如图3-3所示。

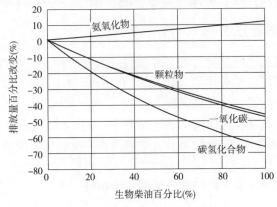

图3-3 低硫柴油(ULSD)的基线

3. 乳化重燃料油

重燃料油("HFO")是一种原油精炼过程残渣跟柴油或汽油的典型混合物。那些残渣在常温下为固态,其也称为沥青、焦油、渣油或"塔底产物",在室温下混合柴油或汽油(切割油)后会产生一种类似糖蜜的液体。重燃料油的一致性高沸点和焦油状特质令它在一般情况下,先要进行加热,才可通过油管或分配到锅炉或其他加热容器中再被燃烧。同样,"HFO"必须通常在加热状态存储。于工业锅炉及其他直接热源应用程序(例如鼓风炉和蒸汽锅炉)。重燃料油也可作为船舶和大型柴油发动机的主要燃料。

水"稀释"重燃料油("HFO")以获得稳定的乳化重燃料油("FOE"),其有以下优点:大型工业锅炉更有效率;减少氮氧化物和颗粒物的排放;更好的燃烧并提高碳效率;由于乳化重燃料油在燃烧中的"清洁剂"特性而减少维护成本和停机时间。

混浊物质(烟)和颗粒物排放一直是锅炉运营者十分关注的问题,乳化重燃料油("FOE")可有效减少颗粒物排放,并提高燃烧效率,降低浑浊度。必须注意的是,颗粒物密度及大小均下降,显示乳化重燃料油实现二次雾化和较完整的碳燃耗。料油("FOE")的设计主要实现锅炉效率的提升及基础燃油消耗的减少,也降低锅炉的混浊度、颗粒物和氮氧化物数量。

4. 乳化残余油

精炼厂使用原油作为原料生产不同的产品,如柴油、煤油和飞机燃油。由于一系列原因如高黏度,在精炼过程中产生的"剩余物"不会直接用于燃烧。为创造价值,"剩余物"通常与其他石油副产品如柴油混合来转换成可燃的重燃料油("HFO")。通常来说,"HFO"包含约35%的分割物质。

乳化残余油成本主要是水、化学添加剂和混合器,可以显著地少于传统使用的分割物质。其优势包括:在燃料罐和燃料线上减少的产品热量;在乳化程序中可使用"含硫污水";减少灰尘中未燃烧的碳含量,减少排放量(颗粒物,一氧化碳,氮氧化物)。

5. 氧化脱硫

使用乳化剂产生的催化系统利用氧气可以改变特种硫的化学构成,从而显著降低取出硫物质的难度。我们发现利用其领先的乳化技术可以生成必要的环境从而令其乳化剂可以在脱硫化学反应中稳定存在而又能达到理想的乳化分离。能够适应严格的环境保护条例所要求的柴油燃料硫含量从几百 ppm 减少到小于 15×10^{-6}。

四、乳化燃料的制备方法

燃料由烃类物质组成。烃类物质都是非极性化合物。而水是极性化合物,所以二者的互溶性很差。要使二者混合形成均匀、稳定的乳化液,配制上有一定的难度,这需要借助乳化添加剂并采用适当的配置方法才能完成。

乳化添加剂是一种具有乳化作用的表面活性剂,其化学结构由极性基和非极性基两部分构成,极性基具有亲水性质,非极性基具有亲油性质。所以可以使油与水混合比较容易且可保证稳定性。

燃料乳化的常用方法有超声波法和机械混合法两种。

1. 超声波法

超声波法是利用超声波在液体媒介中传播时会出现的机械的、热的及空化等作用机制,对传声媒质可产生一系列效应的原理进行配制乳化燃料的。其优点是设备简单、处理能力大、耗能少、乳化添加剂用量少、乳化效果好,是目前最常用的乳化方法。

2. 机械混合法

乳化燃料的配制也可采用机械法把按比例配好的油、水和乳化添加剂进行搅拌、剪切、混合和雾化,并使粒子直径达到要求。混合法设备简单,但乳化燃料的质量差,并且乳化过程的耗能也比较大。

五、前景展望

目前的乳化燃烧油国内外研究者主要集中在对车辆的内燃机的燃料的研究,对象体系也只是柴油掺水和甲醇,从能源的可再生性、可循环的绿色环保能源角度出发没有从根本上解决问题,但是为我们提供研究燃料能源的手段和方法,我们可以拓宽其应用范围和研究对象。应用范围包括工业锅炉用燃料油、中央空调用燃料油、宾馆用燃料甚至民用燃料替代现用的液化气;研究对象可以是醇类(甲醇、乙醇)和生物质油类(松节油、桐油、麻风树油、棉花油、地沟油)及合成的生物柴油。

大量研究结果表明,微乳化燃油不仅节能,而且可大大减少环境污染,是一种很有发展前途的替代燃料,越来越受到各国科研工作者的重视。但截至目前,市场前景及性能价格比均较好的微乳燃油还未见使用,这和开发的力度及技术成熟度有关,微乳化油的稳定性与乳化剂和助剂的类型及加入量、乳化、储存温度及如何控制生产成本都还需要进行更加深入的研究。

未来乳化燃油技术的发展可能会集中于以下几个方向。

(1)结合乳液形成及其破乳理论,从乳化剂分子结构考虑其亲水性和亲油性和柴油及水的结构上选择或配制柴油乳化剂,制备稳定的、色泽接近柴油近乎透明的微乳化燃油。

(2)由于生物油的可再生性、可生物降解性和其良好的排气性能,可将柴油和生物油(植物油或动物油脂)混合与水乳化。

(3)在选用乳化剂方面,可以使用乳化性能更好的但相对价格比较低廉的阳离子表面活性剂或高温下可分解的生物表面活性剂。

(4)从应用角度看应该向性质和柴油接近的微乳化燃油发展。

(5)微乳生物柴油作为一种可再生且环境友好的可替代燃料,主要存在着成本高、生产工艺不成熟等问题。因此,降低微乳生物柴油的成本,提高微乳生物柴油的经济性,将是今后首先要解决的一个问题。

(6)加强水的热裂解和光分解的催化剂的研究,在燃烧过程中以油为载体分解水以强化燃烧效率,同时也达到降低成本的目的。

? 复习思考题

1. 天然气的主要成分有哪些?
2. 液化石油气具有哪些特性?
3. 氢气的运输方式有哪些?
4. 掺醇汽油的优缺点有哪些?
5. 为什么乳化燃料具有节能降污的作用?

第四章 发动机润滑油

发动机润滑油是发动机润滑系统的液态工作介质,其主要作用是润滑、密封、冷却、清洁和防止腐蚀等。发动机润滑油处在温度变化大、压力高、活塞及发动机相应机构运动速度高等苛刻条件下工作,容易造成发动机润滑油变质,最终造成发动机需要润滑的部件异常磨损,特别是在发动机压缩比、转速、功率等不断提高的情况下,以及采用发动机润滑油净化装置,使得发动机润滑油的工作条件进一步恶化。为保证发动机润滑油发挥其特有的、正常的作用,因此,在实际运用过程中,必须对发动机润滑油的性能提出必要的要求。为使发动机润滑油能满足使用性能要求,必须在发动机润滑油中按比例加入各种添加剂,以提高其高温清净性和低温分散性及抗磨性、抗氧化性、抗腐性、抗泡性。

第一节 发动机润滑油的使用性能

发动机润滑油在实际使用过程中,其性能要求具体包含以下几个方面:在发动机润滑系统各部件处于正常工作的情况下,必须能及时、可靠的输送到各摩擦副零件表面;都能在摩擦副表面上形成足够牢固的油膜或其他形式的抗磨保护膜,从而减少摩擦及零部件的磨损;及时导出由于摩擦所产生的热量,以保证零部件正常的工作温度;能可靠地密封发动机润滑油的所有间隙;从摩擦副表面带走磨屑和其他杂质;本身不具有腐蚀性,并且能保护发动机零部件不受外界腐蚀性介质的作用,以免发动机零部件发生腐蚀或腐蚀性磨损;在发动机润滑油零件表面形成的沉淀物少;理化性质稳定,在发动机润滑油工作过程中其性质变化缓慢。

发动机润滑油能否实现以上功能要求,主要取决于发动机润滑油自身所具有的润滑性、黏温性、低温操作性、抗氧化性、抗腐性、清净分散性及抗泡性。

一、润滑性

在各种润滑条件下,发动机润滑油降低摩擦、减缓磨损和防止其金属部件在正常工作过程中烧结损坏的能力,称为发动机润滑油的润滑性。发动机润滑油应具有的良好润滑性,取决于润滑油一定的黏度和其化学性质。其黏度和化学性质,对发动机润滑油在不同润滑状态下的润滑作用有着重要的影响。

通过斯崔贝克(Stribeck)曲线(图4-1),可清楚地分析在不同润滑状态下,黏度、零件转速、油膜厚度和零件工作压力等因素,对摩擦因数 f 的综合影响。

$$f = 2\pi^2 \frac{D}{h} \frac{\eta n}{P}$$

式中:D——零件直径;

h——运动副间隙；

n——零件转速；

P——零件承受的压力；

$\dfrac{\eta n}{P}$——索莫菲尔德(Sommerfeld)准数。

索莫菲尔德(Sommerfeld)准数考虑了发动机润滑油和发动机润滑油工况两方面因素对于摩擦因数的影响,在索莫菲尔德准数中,唯一与润滑性能有关的润滑油自身因素为润滑油的黏度。

在图4-1中,自左至右包括了3种润滑状态。其中,右侧的区域为液体润滑,油膜厚度 h 大于运动副表面粗糙度 δ 时,润滑油所具有的一定黏度是形成液体润滑状态的基本条件,发动机润滑油黏度与其流动时内摩擦力的大小密切相关。在液体润滑区域,摩擦因数随润滑油黏度降低而减小。

当油膜厚度 h 小于运动副表面粗糙度 δ 时,润滑性质为图中左侧区域所示边界润滑状态。此时起润滑作用的不再是润滑油的黏度,而是由润滑油所具有的油性和极压性两

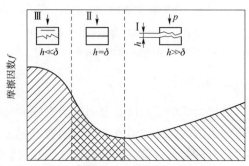

图4-1 润滑油黏度对润滑状态影响的(Stribeck)曲线

h-油膜厚度;δ-运动表面粗糙度

种化学性质决定。油性是润滑油在金属表面上的吸附性,润滑油中极性分子定向排列吸附在金属表面形成吸附膜,值得注意的是,这种吸附膜只能在中温、中速、中负荷或者更平和的摩擦情况下,才能完成边界润滑任务。当高温、高速时,油性吸附膜将从金属表面脱附,致使其承担的边界润滑功能失效,在此种苛刻的润滑条件下,边界润滑由润滑油的极压性来完成。

极压性是发动机润滑油在摩擦表面的所具有的一种化学反应性质。当润滑油中加入含有硫、磷等元素的化合物添加剂时,高温下这些化合物将分裂出硫、磷等元素与摩擦表面金属形成化学反应膜,被称之为极压膜,极压膜的熔点和剪切强度相比摩擦表面金属较低,在摩擦过程中能降低金属零件的摩擦和磨损,因剪切强度较低极压膜易于在摩擦过程中脱离摩擦金属表面,但新的极压膜会在金属摩擦表面及时生成。

当润滑油黏度低到一定程度时,油膜厚度 h 降低到运动副的粗糙度 δ 近似相等,即中间区域表征的状态,称为混合润滑状态,此时润滑油的黏度和化学性质对摩擦因数都有影响,使得摩擦因数处于相对较低状态。

发动机润滑油黏度是评定润滑性的重要指标。但是,对于边界润滑,主要是油性剂和极压剂起作用,所以发动机润滑油的润滑性还必须通过相应的发动机润滑油试验来判定。

二、低温操作性

发动机润滑油保证发动机在低温条件下容易冷起动和可靠供给发动机润滑油的性能,称为发动机润滑油的低温操作性。发动机润滑油应具有良好的低温操作性。

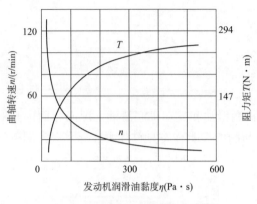

图 4-2 曲轴转速 n 和转动阻力矩 T 与润滑油黏度的关系

由于发动机润滑油黏度随气温降低而增加,使得发动机随着起动温度的降低,转动曲轴的阻力矩就会随之增加,从而使曲轴转速下降(图 4-2),造成发动机起动困难。发动机润滑油黏度增加后,由于流动困难,使润滑油提供不足,进而造成零部件磨损加剧。

综上所述,发动机润滑油的低温操作性包括有利于低温起动和降低起动磨损两方面要求。评定发动机润滑油低温操作性的主要指标是发动机润滑油的低温动力黏度、边界泵送温度和倾点等。

三、黏温性

温度对润滑油黏度有着明显的影响。即温度越高,黏度越低,温度降低,黏度增大。发动机润滑油的这种随温度的改变而使其黏度也发生改变的性质,称为润滑油的黏温性。发动机润滑油应具有良好的黏温性。良好的黏温性是指润滑油的黏度随温度的改变变化程度较小的特性。

在实际工作中,由于发动机润滑油所接触的各润滑部位的工作温度变化差别很大,因此,就要求发动机润滑油在高温工作时,也能保持一定的黏度,形成足够厚的油膜,从而确保良好的液体润滑效果。在低温工作时,黏度不至于变化太大,以保证一定的流动性,使发动机低温时容易起动并减小零部件的磨损。

在基础油中加入黏度指数改进剂可改善油品的黏温性。用低黏度的基础油和黏度指数改进剂调配而成,具有良好黏温性,能同时满足低高温使用要求的发动机油,称为多黏度级发动机油,俗称稠化机油。

四、清净分散性

发动机润滑油能抑制积炭、漆膜和油泥生成,或将已经生成的这些沉积物冲入润滑油中予以清除的性能,称为发动机润滑油的清净分散性。发动机润滑油应具有良好的清净分散性。

积炭是覆盖在汽缸盖、火花塞、喷油器、活塞顶等高温区域,厚度较大的固体炭状物。它是由于燃料燃烧不完全或是发动机润滑油窜入燃烧室在高温下分解的炭粒等物质在高温零件上沉积而形成的。

漆膜是一种坚固具有光泽的漆状薄膜,主要产生在活塞环区和活塞裙部。漆膜主要是烃类在高温和金属催化作用下,经氧化、聚合生成的胶质沥青质等高分子聚合物。

从漆膜生成机理看,漆膜和积炭都属于高温沉积物。影响高温沉积物生成的因素一方面是发动机的设计和工作条件;另一方面是燃料和发动机润滑油的性质。发动机具有废气增压系统,冷却液和润滑油温度高,燃料的馏分重,铅含量和硫含量大等,都是漆膜和积炭生成的促进因素。

发动机润滑油重质馏分或添加剂的金属元素含量多,也会促进积炭和漆膜的生成。油泥是一种比较稳定的油水乳状体与多种杂质的凝聚物。与漆膜和积炭相比,油泥属于低温沉积物。城市中行驶的汽车时停时开,发动机长时间处于低温条件下运行,易在油底壳中产生油泥。影响油泥生成的因素主要是发动机的操作不当,以及燃料和发动机润滑油的性质。

由于油泥是在较低温度下形成的,因此,与影响积炭、漆膜生成的因素相反,冷却液和润滑油温度越低,越容易形成油泥。当汽车处于时开时停或发动机处于怠速状态时,发动机润滑油温度较低,燃烧后形成的水蒸气、CO、CO_2、NO_x、炭末以及燃料的重质馏分等落入油底壳,加速了对发动机润滑油的氧化并使之乳化,生产不溶的油泥。如曲轴箱窜气量越多,越容易生成油泥。

发动机润滑油本身是不具备清净分散性的,而是通过添加清净剂和分散剂而获得的。现代发动机的性能逐渐强化,工作条件越加苛刻。从一定意义上说,发动机润滑油使用性能高低,表现在清净剂和分散剂的性能和添加量上。

我国新的发动机润滑油分类中已废除了使用性能较低的发动机润滑油,所以发动机润滑油的清净分散性主要通过相应的发动机润滑油试验来评定。

五、抗氧化性

在一定的条件下,发动机润滑油抵抗氧化变质的能力,称为发动机油的抗氧性。发动机润滑油应具有良好的抗氧性。发动机润滑油在一定条件下便会发生化学反应,由于氧化使颜色变深、黏度增加、酸性增大,并析出沉积物。发动机润滑油的氧化是发动机沉积物生成、发动机润滑油变质的前提,抗氧性也是发动机润滑油的重要性质。它决定发动机润滑油在使用中是否容易变质、对零件腐蚀和生成沉积物的倾向,是决定发动机润滑油使用期限的重要因素。发动机润滑油的氧化过程分两个阶段:

(1)轻度氧化。在这个阶段里烃类的化合物被氧化生成不同类别的酸性产物。

(2)深度氧化。某些酸性产物再度缩合沉淀形成胶质和油焦质等。

依据发动机润滑油发生氧化时,润滑油所处发动机润滑系统中的工作位置,发动机润滑油的氧化又可分为以下有两种形式:

(1)厚油层氧化。油底壳中的发动机润滑油处在后油层和低压低温的情况下,不具备深度氧化的条件,所以它的氧化反应属于轻度氧化,其反应物主要是各种酸性物质。

(2)薄油层氧化。在发动机润滑油所处的活塞与汽缸壁部位,发动机润滑油处在薄油层,在高温高压和有金属催化作用的影响下,发动机润滑油发生的氧化为深度氧化,反应所生成的物质是胶质沉淀物。

从油品方面减缓发动机油的氧化变质的途径主要有:选择合适的馏分、合理精制;添加抗氧化剂或抗氧抗腐剂。

六、抗腐性

发动机润滑油抵抗腐蚀性物质对金属腐蚀的能力称为发动机润滑油的抗腐性。发动机润滑油应具有良好的抗腐性。

发动机润滑油在使用过程中不可避免地被氧化而生成各种有机酸,这些有机酸将对金属产生腐蚀作用。腐蚀机理是:金属先与氧化产物作用,生成金属氧化物,金属氧化物与有机酸反应生成金属盐。特别是高速柴油机使用的铜铅、银镉轴承,抗腐蚀性差,在发动机润滑油中即使只有微量的酸性物质也会引起严重腐蚀,使轴承出现斑点、麻坑、甚至整块金属剥落。

七、抗泡性

发动机润滑油消除泡沫的性质,称为发动机润滑油的抗泡性。发动机润滑油应具有良好的抗泡性。当油底壳中发动机润滑油受到激烈搅动,势必会有空气混入油中,就会在润滑油中产生泡沫。泡沫如果不及时消除,将会产生气阻,导致供油不足等故障。评定发动机润滑油抗泡性的指标是生成泡沫倾向和泡沫稳定性。

八、发动机润滑油使用性能的评定指标

发动机润滑油使用性能的评定,应掌握发动机润滑油使用性能的评定指标,以及发动机润滑油性能指标所包含的评定试验方法、评定标准等两个方面的内容。

1. 低温动力黏度

任何液体当其一部分相对于另一部分发生相对运动时都要产生内部阻力,这种阻力是液体分子或其他微粒间摩擦的结果,黏度就是液体流动时内摩擦力的度量指标。

黏度就是液体流动时内摩擦力的度量指标。黏度的基本表示方法分为绝对黏度和相对黏度,其中绝对黏度又可分为动力黏度和运动黏度。动力黏度表示液体在一定切应力作用下流动时内摩擦力的量度,而运动黏度则表示液体在重力作用下流动时内摩擦力的量度。相对黏度又称为条件黏度,指工业上的某种液体通过各种特定仪器计量的黏度。

我们通常所说的黏度是指牛顿液体的黏度,其含义是指作用于液体上的剪应力与剪切速率之比。在任何切应力和剪切速率下都显示出恒定黏度的液体,称为牛顿液体。其黏度在一定温度时为常数,不随油层间的剪切速率而变化,如图4-3a)所示。

发动机润滑油在低温下的黏度并不具有与温度成比例的变化关系,它在很大程度上与剪切速率有关,在不同的剪切速率下黏度不为常数,如图4-3b)所示。即在同一温度下,剪切速率不同,黏度也不同,有这种黏度特性的液体,称为非牛顿液体。

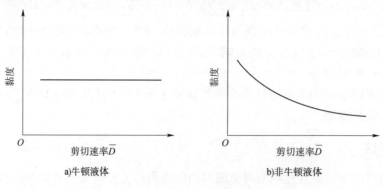

图4-3 液体低温动力黏度与液体剪切速率的关系

2. 边界泵送温度

能将发动机润滑油连续和充分地供给发动机润滑系统机油泵入口的最低温度,称为边界泵送温度。它是衡量在起动阶段发动机润滑油是否易于流到机油泵入口并提供足够压力的性能。边界泵送温度也是划分冬用发动机润滑油黏度级号的依据之一。

发动机润滑油边界泵送温度的测定按照《发动机油边界泵送温度测定法》(GB 9171—1988)的规定,采用发动机油边界泵送温度测定仪进行测定。

3. 倾点

在规定冷却条件下试验时,某种润滑油能够流动的最低温度,称为该油品的倾点。在相同试验条件下,同一润滑油的凝点比倾点略低。现行发动机润滑油规格中,均采用倾点作为评定发动机润滑油低温操作性的指标之一。

4. 黏度指数

在一定的试验条件下,将某种发动机润滑油的黏温性与标准润滑油的黏温性进行比较所得出的相对数值,称为黏度指数(Viscosity Index)。黏度指数一般用 VI 表示。黏度指数的概念,如图 4-4 所示试验曲线予以具体说明。

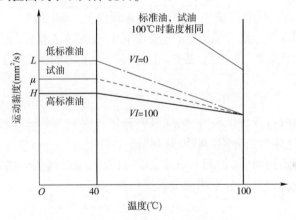

图 4-4 黏度指数试验曲线

把某种发动机润滑油的试油,与在 100℃ 和试油黏度相同,但黏温性截然不同(高标准油 $VI=100$;低标准油 $VI=0$)的两种标准油进行对比试验,比较其在 40℃ 时的运动黏度坐标值,与两种标准油运动黏度坐标值的相对位置,越接近高标准油,则黏度指数越高。

对于黏度指数小于 100 的润滑油,黏度指数按下式计算:

$$VI = 100 \times \frac{L - \mu}{L - H}$$

式中:VI——黏度指数;

L——黏度指数为 0 的低标准油在 40℃ 的运动黏度(该种油在 100℃ 时的运动黏度与试油相同);

μ——试油在 40℃ 时的运动黏度;

H——黏度指数为 100 的高标准油在 40℃ 时的运动黏度。

黏度指数可根据《石油产品黏度指数计算法》(GB/T 1995—1998)或《石油产品黏度指数算表》(GB/T 2541—1981)来计算。

5. 中和值或酸值

中和值或酸值是评定发动机润滑油抗腐性的指标。中和1g试验用某种润滑油中含有的酸性或碱性组分所需的碱量，称为中和值，单位用mgKOH/g表示。

中和值表示发动机润滑油在使用期间，经过一定的氧化作用以后，酸碱值的相对变化。酸值是中和1g试验用某种润滑油中的酸所需氢氧化钾的mg数，单位用mgKOH/g表示。碱值是中和1g试验用某种润滑油中含有碱性组分所需的酸量，换算为相当的碱量。

中和值的测定按照《石油产品酸值的测定电位滴定法》（GB/T 7304—2014）的规定，采用电位滴定仪进行。

6. 残炭

油品在试验条件下，受热蒸发或燃烧后残余的炭渣，称为残炭。

根据残炭量的大小，可以大致判断发动机润滑油在发动机中工作时积炭的倾向。一般深度精制的基础油，残炭量小。发动机润滑油中，含氧、硫或氧化物较多时，残炭量也增大。发动机润滑油中添加有灰型清净剂和分散剂后，残炭量增大，在发动机润滑油规格中是限制加入添加剂前的残炭。

残炭的测定标准是《石油产品残炭测定法（康氏法）》（GB 268—1987），测定原理：将一定质量的试样放入坩埚中加热升温，使最里层坩埚中的试样达600℃温度左右，在空气进不去的条件下严格控制预热期、燃烧期、强热期三个阶段的不同加热程度，使试样全部蒸发及分解燃烧而形成残炭。

7. 硫酸盐灰分

润滑油在进行硫酸盐灰分试验时，燃烧以后灰化之前加入少量的浓硫酸，使产生的金属化合物成为硫酸盐，这样的灰分称为硫酸盐灰分。

硫酸盐灰分的测定按照《添加剂和含添加剂润滑油硫酸盐灰分测定法》（GB/T 2433—2001）的规定，采用石油产品灰分专用测定器进行测定。

8. 泡沫性

泡沫性是指油品生成泡沫的倾向和生成泡沫的稳定性能。泡沫性的标识与其测定方法有关，泡沫性测定方法是在100mL量筒中注入试油190mL，以（94±5）mL/min的流量用特制的气体扩散头将空气通入被测试的油品中，经过5min后记下量筒中泡沫的体积，即为泡沫倾向，量筒静止5min后，再记下泡沫体积，即为泡沫稳定性。试验温度为24℃、93.5℃再冷却到24℃后重做一次。泡沫性用分数形式表示，分子是泡沫倾向，分母是泡沫稳定性。

泡沫性的测定按照《润滑油泡沫特性测定法》（GB/T 12579—2002）的规定，采用润滑油泡沫特性专用测定器进行测定。

第二节 发动机润滑油的分类与规格

发动机润滑油是在以精制的矿物油、合成油为基础油，加入金属清净剂、无灰分散剂、抗氧抗腐剂、黏度指数改进剂、降凝剂、抗泡剂、缓蚀剂等各类添加剂而制成的，其品种、规格是按照基础油的性能和各种添加剂所含的数量来划分。目前，美国润滑油的API性能分类法和SAE黏度分类法已被世界各国所公认和广泛采用，我国也参照这两种润滑油的分类方法制定了《内燃机油分类》(GB/T 28772—2012)和《内燃机油黏度分类》(GB/T 14906—2018)两项国家标准,相应制定了我国内燃机润滑油的质量分类法和黏度分类法。

发动机润滑油的分类,应该包括国外发动机润滑油和我国发动机润滑油两个不同的分类体系。但其均以发动机润滑油的黏度和使用性能作为分类基本要素,即发动机润滑油分类包括按黏度分类和按使用性能分类两个方面。

一、国外发动机润滑油的分类

国际上广泛采用美国汽车工程师协会(SAE)的黏度分类法和美国石油协会(API)的使用性能分类法。上述分类方法与汽车发动机润滑油各发展阶段的结构、性能和使用要求有着紧密的联系。

1. 国外发动机润滑油的 SAE 黏度分类

1911 年,美国汽车工程师协会(Society of Automotive Engineers,SAE)制定了发动机润滑油黏度分类法,中间曾几次修改,目前执行的是《发动机润滑油黏度分类》(SAE J300—2015),见表 4-1。本标准采用含字母 W 和不含字母 W 两组系列黏度等级号划分,前者以最大低温黏度、最高边界泵送温度和 100℃时的最小运动黏度划分,后者仅以 100℃时的运动黏度划分。冬用的发动机润滑油黏度等级以 6 个含 W 的低温黏度级号(0W、5W、10W、15W、20W 和 25W)表示;根据润滑油 100℃运动黏度对春、夏、秋季用油进行分类,分为 8、12、16、20、30、40、50 和 60 八个牌号。

美国汽车工程学会(SAE)发动机油黏度等级分类(SAE J300—2015)　　表 4-1

SAE 黏度等级	低温黏度(mPa·s)		高温黏度		
	低温起动最大黏度	边界泵送温度下的最大黏度	100℃、低剪切率下的运动黏度(mm²/s)		150℃、高剪切率下黏度(mPa·s)
			最小	最大	最小
0W	6250(-35℃)	6000(-40℃)	3.8		
5W	6600(-30℃)	6000(-35℃)	3.8		
10W	7000(-25℃)	6000(-30℃)	4.1		
15W	7000(-20℃)	6000(-25℃)	5.6		
20W	9500(-15℃)	6000(-20℃)	5.6		
25W	13000(-10℃)	6000(-15℃)	9.3		
8			4.0	6.1	1.7
12			5.0	7.1	2.0
16			6.1	8.2	2.3
20			6.9	<9.3	2.6
30			9.3	<12.5	2.9

续上表

SAE 黏度等级	低温黏度(mPa·s)		高温黏度		
	低温起动最大黏度	边界泵送温度下的最大黏度	100℃、低剪切率下的运动黏度(mm²/s)		150℃、高剪切率下黏度(mPa·s)
			最小	最大	最小
40			12.5	<16.3	2.9 (0W/40,5W/40,10W/40) 3.7 (15W/40,20W/40,25W/40)
50			16.3	<21.9	3.7
60			21.9	<26.1	3.7
试验方法	ASTM D5293	ASTM D4684	ASTM D455		ASTM D4683 ASTM D4741 CEC-L-36-A-90

按美国汽车工程师协会(SAE)的黏度分类体系,发动机润滑油还有单黏度级和多黏度级(稠化机油)之分。只能满足低温或高温一种黏度级别要求的发动机润滑油,称为单黏度级发动机润滑油。既能满足低温工作时黏度级别要求,又能满足高温工作时黏度级别要求的发动机润滑油,称为多黏度级发动机润滑油,其级号由低温黏度级号与高温黏度级号组合来表示。多级油是在一些经黏度指数改进剂调配,具有多黏度等级的内燃润滑油,这种润滑油低温黏度小,100℃运动黏度较高。目前多级油主要有 5W/20、5W/30、10W/30、15W/40、20W/40 等牌号,牌号标记的分子 5W、10W、15W、20W 等表示低温黏度等级,牌号标记的分母 20、30、40 等表示 100℃时的运动黏度等级。例如 5W/30,其含义是一种多黏度级发动机润滑油,这种油在低温使用时符合 SAE 5W 黏度级;在高温使用时符合 100℃时运动黏度 SAE 30 黏度级。可见多级油可以四季通用。

2. 国外发动机润滑油 API 使用性能分类

发动机润滑油的使用性能分类,是根据发动机润滑油在发动机润滑油试验评定中所表现的抗磨性、清净分散性和抗氧化腐蚀性等确定的。

1952 年的 API 使用性能分类,将汽油发动机润滑油分为 ML、MM 和 MS(相当于以后新分类的 SA、SC 或 SD)等 3 个级别,将柴油发动机润滑油分为 DC、DM 和 DS(相当于以后新分类的 CA 或 CC 和 CD)等 3 个级别。

1970 年美国石油协会(American Petroleum Institute,API)、美国汽车工程师协会(SAE)和美国材料试验协会(American Society for Testing and Material,ASTM)共同提出了发动机润滑油的使用性能必须通过规定的发动机试验来确定,即 API 使用性能分类法。该分类将汽油发动机润滑油规定为 S 系列(Service Station Classification,即加油站分类);将柴油发动机润滑油规定为 C 系列(Commercial Classification,即工商业分类)。在 S 系列中又细分为 SA、SB、SC、SD、SE、SF、SG、SH、SJ、SL、SM 和 SN 等级别,在 C 系列中又细分为 CA、CB、CC、CD、CD-Ⅱ、CE、CF-4、CG-4、CI-4 和 CJ-4 等级别。其宗旨是按发动机润滑油强化程度和工作条件的苛刻程度来划分发动机润滑油的等级,以保证润滑油的使用性能。API 使用性能分类法以后将随着发动机技术和发动机润滑油技术的发展,循序渐进地增加新级别的油品。

二、我国发动机润滑油的分类

依据国外发动机润滑油的分类原则,我国发动机润滑油的分类,也包括按黏度分类和按使用性能分类两个系列。

1. 按黏度分类

我国发动机润滑油的级别过去是按发动机润滑油在100℃时运动黏度数值大小来区分确定的,如汽油发动机润滑油有8、11、14、18等牌号。目前我国发动机润滑油黏度分类是参照美国汽车工程师协会《发动机润滑油黏度分类》(SAE J300—1987)的标准确定,表4-2所示为国产发动机润滑油的黏度等级分类。该分类标准包括含字母"W"和不含字母"W"两组黏度等级系列,含字母"W"等级系列与低温起动有关,着重于发动机润滑油的最低泵送温度及低于0℃时的黏度,不含字母"W"等级系列则只表示在100℃的运动黏度,以及高温剪切黏度。

我国发动机润滑油的黏度分类(GB/T 14906—2018)　　　表4-2

黏度等级	低温起动黏度 (mPa·s) 不大于	低温泵送黏度 (无屈服应力时, mPa·s)不大于	运动黏度 (100℃,mm²/s) 不小于	运动黏度 (100℃,mm²/s) 小于	高温高剪切黏度 (150℃,mPa·s) 不小于
试验方法	GB/T 6538	NB/SH/T 0562	GB/T 265	GB/T 265	SH/T 0751[a]
0W	6200(-35℃)	60000(-40℃)	3.8	—	—
5W	6600(-30℃)	60000(-35℃)	3.8	—	—
10W	7000(-25℃)	60000(-30℃)	4.1	—	—
15W	7000(-20℃)	60000(-25℃)	5.6	—	—
20W	9500(-15℃)	60000(-20℃)	5.6	—	—
25W	13000(-10℃)	60000(-15℃)	9.3	—	—
8	—	—	4.0	6.1	1.7
12	—	—	5.0	7.1	2.0
16	—	—	6.1	8.2	2.3
20	—	—	6.9	9.3	2.6
30	—	—	9.3	12.5	2.9
40	—	—	12.5	16.3	3.5(0W-40、5W-40 和10W-40等级)
40	—	—	12.5	16.3	3.7(15W-40、20W-40、 25W-40和40等级)
50	—	—	16.3	21.9	3.7
60	—	—	21.9	26.1	3.7

注:a 也可采用SH/T 0618,SH/T 0703方法,有争议时,以SH/T 0751为准。

由于分类只标出低温黏度范围的上限,故此"W"级别低的润滑油能符合任何"W"级别较高的润滑油的黏度要求,即"10W"润滑油可满足"15W""20W"或"25W"润滑油的黏度要求。

我国发动机润滑油也有单级油和多级油之分。任何一种具有牛顿液体性质的润滑油标为单级油。一些经过添加黏度指数改进剂调配后的发动机润滑油,具有非牛顿液体性质的多黏度等级特征,应标注适当的多黏度等级。一个多黏度级发动机润滑油,其低温黏度和边界泵送温度满足系列中一个 W 级的需要,同时 100℃ 运动黏度属于系列中的一个非 W 级分类规定的黏度范围,即含 W 的低温黏度级和 100℃ 运动黏度级,并且两黏度级号之差至少等于 15。例如,一个多级油可标为 10W/30 或 20W/40,不可标为 10W/20 或 20W/20。某一油品可能同时符合多个 W 级,所标记的含 W 级号或多黏度等级号只取最低 W 级号。例如,一个多级油同时符合 10W、15W、20W、25W 和 30 级号,黏度牌号只能标为 10W/30。

2. 按使用性能分类

《内燃机油分类》(GB/T 28772—2012)是我国参考美国《发动机润滑油性能及发动机油使用分类》(SAE J183—1991)标准而制定的。该标准规定了汽车用及 813 道路用内燃机润滑油(汽油机油、柴油机油和农用柴油机油)的代号说明及详细分类,该标准不适用于铁路内燃机车柴油机油和船用柴油机油的分类。

四冲程发动机润滑油的详细分类是根据产品特性、使用场合和使用对象确定的。汽油发动机润滑油第一个字母用 S 表示,具体分类见表 4-3。柴油发动机润滑油第一个字母用 C 表示,具体分类见表 4-4。

表 4-3 我国汽油发动机润滑油详细分类

品种代号	特性与使用场合
SA(废止)	用于运行条件非常温和的老式发动机,该油品不含添加剂,对使用性能无特殊要求
SB(废止)	用于缓和条件下工作的货车、客车或其他汽油机,也可用于要求使用 APISB 级油的汽油机。仅具有抗擦伤、抗氧化和抗轴承腐蚀性能
SC(废止)	用于货车、客车或其他汽油机以及要求使用 API SC 级油的汽油机,可控制汽油机高低温沉积物及磨损、锈蚀和腐蚀
SD(废止)	用于货车、客车和某些轿车的汽油机以及要求使用 API SD、SC 级油的汽油机。此种油品控制汽油机高低温沉积物及磨损、锈蚀和腐蚀的性能优于 SC
SE	用于轿车和某些货车的汽油机以及要求使用 APISE、SD 级油的汽油机。此种油品的抗氧化及控制汽油机高低温沉积物、锈蚀和腐蚀的性能优于 SD 或 SC
SF	用于轿车和某些货车的汽油机以及要求使用 APISF、SE 级油的汽油机。此种油品的抗氧化和抗磨损性优于 SE,同时还具有控制汽油机沉积物、锈蚀和腐蚀的性能优于 SE,并代替 SE
SG	用于轿车、货车的汽油机以及要求使用 APISG 级油的汽油机。SG 级质量还包含 CC 或 CD 的使用性能。此种油品改进了 SF 级油控制发动机沉积物、磨损和油的氧化性能,同时还具有抗锈蚀和腐蚀的性能,并可代替 SF、SF/CD、SE 或 SE/CC
SH、GF-1	用于轿车、货车和轻型货车的汽油机以及要求使用 APISH 级油的汽油机。此种油品在控制发动机沉积物、油的氧化、磨损、锈蚀和腐蚀等方面的性能优于 SG,并可代替 SG GF-1 与 SH 相比,增加了对燃料经济性的要求
SJ、GF-2	用于轿车、运动型多用途汽车、货车的汽油机以及要求使用 APISJ 级油的汽油机。此种油品在挥发性、过滤性、高温泡沫性和高温沉积物控制等方面的性能优于 SH。可代替 SH,并可在 SH 以前的"S"系列等级中使用 GF-2 与 SJ 相比,增加了对燃料经济性的要求,GF-2 可代替 GF-1

续上表

品种代号	特性与使用场合
SL、GF-3	用于轿车、运动型多用途汽车、货车的汽油机以及要求使用APISL级油的汽油机。此种油品在挥发性、过滤性、高温泡沫性和高温沉积物控制等方面的性能优于SJ。可代替SJ,并可在SJ以前的"S"系列等级中使用 　　GF-3与SL相比,增加了对燃料经济性的要求,GF-3可代替GF-2
SM、GF-4	用于轿车、运动型多用途汽车、货车的汽油机以及要求使用APISM级油的汽油机。此种油品在高温氧化和清净性能、高温磨损性能以及高温沉积物控制等方面的性能优于SL。可代替SL,并可在SL以前的"S"系列等级中使用 　　GF-4与SM相比,增加了对燃料经济性的要求,GF-4可代替GF-3
SN、GF-5	用于轿车、运动型多用途汽车、货车的汽油机以及要求使用APISN级油的汽油机。此种油品在高温氧化和清净性能、低温油泥以及高温沉积物控制等方面的性能优于SM。可代替SM,并可在SM以前的"S"系列等级中使用 　　对于资源节约型SN油品,除具有上述性能外,强调燃料经济性、对排放系统和涡轮增压器的保护以及与含乙醇高达85%的燃料的兼容性能 　　GF-5与资源节约型SN相比,性能基本一致,GF-5可代替GF-4

我国柴油发动机润滑油详细分类　　　　　表4-4

品种代号	特性与使用场合
CA(废止)	用于使用优质燃料、在轻到中负荷下运行的柴油机以及要求使用API CA级油的发动机。有时也用于运行条件温和的汽油机。具有一定的高温清净性和抗氧抗腐性
CB(废止)	用于燃料质量较低、在轻到中负荷下运行的柴油机以及要求使用API CB级油的发动机。有时也用于运行条件温和的汽油机。具有控制发动机高温沉积物和轴承腐蚀的性能
CC	用于中负荷及重负荷下运行的自然吸气、涡轮增压和机械增压式柴油机以及一些重负荷汽油机。对于柴油机具有控制高温沉积物和轴瓦腐蚀的性能,对于汽油机具有控锈蚀、腐蚀和高温沉积物的性能
CD＝Ⅱ（废止）	用于要求高效控制磨损和沉积物的重负荷二冲程柴油机以及要求使用API CD＝Ⅱ级滑油的发动机,同时也满足CD级油性能要求
CD	用于需要高效控制磨损及沉积物或使用包括高硫燃料自然吸气、涡轮增压和机械增压式柴油机以及要求使用API CD级油的柴油机。具有控制轴承腐蚀和高温沉积物的性能,并可代替CC
CE(废止)	用于在低速高负荷和高速高负荷条件下运行低增压和增压式重负荷柴油机以及要求使用API CE级油的发动机,同时也满足CD级油的性能要求
CF	用于非道路间喷射式柴油发动机和其他柴油发动机,也可用于需有效控制活塞沉积物、磨损和含铜轴瓦腐蚀的自然吸气、涡轮增压和机械增压式柴油机。能够使用硫的质量分数大于0.5%的高硫柴油燃料,并可替代CD
CF-2	用于需高效控制汽缸、环表面胶合和沉积物的二冲程柴油发动机,并可代替CD＝Ⅱ
CF-4	用于高速、四冲程柴油发动机以及要求使用API CF-4级油的柴油机,特别适用于高速公路形式的重负荷货车。此种油品在机油消耗和活塞沉积物控制方面的性能优于CE,并可代替CE、CD和CC
CG-4	用于可在高速公路和非道路使用的高速、四冲程柴油发动机。能够使用硫的质量分数小于0.05%的柴油燃料。此种油品可有效控制高温活塞沉积物、磨损、腐蚀、泡沫、氧化和烟炱的累计,并可代替CF-4、CE、CD、和CC

续上表

品种代号	特性与使用场合
CH-4	用于高速、四冲程柴油发动机。能够使用硫的质量分数不大于0.5%的柴油燃料。即使在不利的应用场合,此种油品可凭借其在磨损控制、高温稳定性和烟炱控制等方面的特性有效地保持发动机的耐久性;对于非铁金属的腐蚀、氧化和不溶物的增稠、泡沫性以及由于剪切所造成的黏度损失可提供最佳的保护。其性能优于CG-4,并可代替CG-4、CF-4、CE、CD和CC
CI-4	用于高速、四冲程柴油发动机。能够使用硫的质量分数不大于0.5%的柴油燃料。此种油品在装有废气再循环装置的系统里使用可保持发动机的耐久性。对于腐蚀性和与烟炱有关的磨损倾向、活塞沉积物以及由于烟炱累计所引起的黏温性变差、氧化增稠、机油消耗、泡沫性、密封材料的适应性降低和由于剪切所造成的黏度损失可提供最佳的保护。其性能优于CH-4,并可代替CH-4、CG-4、CF-4、CE、CD和CC
CJ-4	用于高速、四冲程柴油发动机。能够使用硫的质量分数不大于0.05%的柴油燃料。对于使用废气后处理系统的发动机,如使用硫的质量分数大于0.0015%的柴油,可能会影响废气后处理系统的耐久性和(或)机油的换油期。此种油品在装有微粒过滤器和其他后处理系统里使用可特别有效地保持排放控制系统的耐久性,对于催化剂中毒的控制、微粒过滤器的堵塞、发动机磨损、活塞沉积物、高低温稳定性、烟炱处理特性、氧化增稠、泡沫性和由于剪切所造成的黏度损失可提供最佳的保护。其性能优于CI-4,并可代替CI-4、CH-4、CG-4、CF-4、CE、CD和CC

发动机润滑油的命名和标记,应包括使用性能级别代号和黏度级别代号两部分。

例如,一个确定的汽油发动机润滑油产品可命名为SE30;一个确定的柴油发动机润滑油产品可命名为CC 10W/30;一个确定的汽油/柴油发动机通用润滑油产品可命名为SJ/CF-4 15W/40或CF-4/SJ 15W/40,前者表示其配方首先满足SJ汽油机油要求,后者表示其配方首先满足CF-4柴油机油要求,两者均需同时符合标准中SJ汽油机油和CF-4柴油机油的全部质量指标。

三、发动机润滑油的规格

在我国现行的国家标准《汽油机油》(GB 11121—2006)中,规定了SE、SF、SG、SH、GF-1、SJ、GF-2、SL、GF-3等9个级别的汽油发动机机油的规格。《柴油机油》(GB 11122—2006)中,规定了CC、CD、CF、CF-4、CH-4、CI-4等6个级别的柴油机油规格。

1.汽油发动机润滑油的规格

(1)汽油发动机润滑油使用性能级别及其黏度等级。《汽油机油》(GB 11121—2006)中,规定了汽油机润滑油黏温性能要求,见表4-5和表4-6。

SE、SF汽油机润滑油黏温性能要求　　　　　　　表4-5

项　目	低温动力黏度 (mPa·s) 不大于	边界泵送 温度(℃) 不大于	运动黏度 (100℃) (mm²/s)	黏度指数 不小于	倾点(℃) 不高于
试验方法	GB/T6538	GB/T9171	GB/T265	GB/T1995、GB/T2541	GB/T3535

续上表

项 目		低温动力黏度 （mPa·s） 不大于	边界泵送 温度（℃） 不大于	运动黏度 （100℃） （mm²/s）	黏度指数 不小于	倾点（℃） 不高于
质量等级	黏度等级	—	—	—	—	—
SE、SF	0W-20	3250（-30℃）	-35	5.6~9.3	—	-40
	0W-30	3250（-30℃）	-35	9.3~12.5	—	
	5W-20	3500（-25℃）	-30	5.6~9.3	—	-35
	5W-30	3500（-25℃）	-30	9.3~12.5	—	
	5W-40	3500（-25℃）	-30	12.5~16.3	—	
	5W-50	3500（-25℃）	-30	16.3~21.9	—	
	10W-30	3500（-20℃）	-25	9.3~12.5	—	-30
	10W-40	3500（-20℃）	-25	12.5~16.3	—	
	10W-50	3500（-20℃）	-25	16.3~21.9	—	
	15W-30	3500（-15℃）	-20	9.3~12.5	—	-23
	15W-40	3500（-15℃）	-20	12.5~16.3	—	
	15W-50	3500（-15℃）	-20	16.3~21.9	—	
	20W-40	4500（-10℃）	-15	12.5~16.3	—	-18
	20W-50	4500（-10℃）	-15	16.3~21.9	—	
	30			9.3~12.5	75	-15
	40			12.5~16.3	80	-10
	50			16.3~21.9	80	-5

SG、SH、GF-1、SJ、GF-2、SL、GF-3 汽油机润滑油黏温性能能要求   表4-6

项 目		低温动力黏度 （mPa·s） 不大于	低温泵送黏度 （mPa·s） 在无屈服应力时， 不大于	运动黏度 （100℃） （mm²/s）	高温高剪切黏度 （150℃,10⁶/s） （mPa·s） 不小于	黏度指数 不小于	倾点（℃） 不高于
试验方法		GB/T6538	SH/T0562	GB/T265	SH/T0618[3] SH/T0703 SH/T0751	GB/T1995、 GB/T2541	GB/T3535
质量等级	黏度等级	—	—	—	—	—	—
SG、SH、 GF-1[1]、 SJ、GF-2[2]、 SL、GF-3	0W-20	6200（-35℃）	60000（-40℃）	5.6~<9.3	2.6		-40
	0W-30	6200（-35℃）	60000（-40℃）	9.3~<12.5	2.9		
	5W-20	6600（-30℃）	60000（-35℃）	5.6~<9.3	2.6		-35
	5W-30	6600（-30℃）	60000（-35℃）	9.3~<12.5	2.9		
	5W-40	6600（-30℃）	60000（-35℃）	12.5~<16.3	2.9		
	5W-50	6600（-30℃）	60000（-35℃）	16.3~21.9	3.7		

续上表

项　目		低温动力黏度（mPa·s）不大于	低温泵送黏度（mPa·s）在无屈服应力时，不大于	运动黏度（100℃）（mm²/s）	高温高剪切黏度（150℃，10⁶/s）(mPa·s)不小于	黏度指数不小于	倾点(℃)不高于
质量等级	黏度等级	—	—	—	—	—	—
SG、SH、GF-1①、SJ、GF-2②、SL、GF-3	10W-30	7000(-25℃)	60000(-30℃)	9.3~<12.5	2.9		-30
	10W-40	7000(-25℃)	60000(-30℃)	12.5~<16.3	2.9		
	10W-50	7000(-25℃)	60000(-30℃)	16.3~<21.9	3.7		
	15W-30	7000(-20℃)	60000(-25℃)	9.3~<12.5	2.9		-23
	15W-40	7000(-20℃)	60000(-25℃)	12.5~<16.3	3.7		
	15W-50	7000(-20℃)	60000(-25℃)	16.3~<21.9	3.7		
	20W-40	9500(-15℃)	60000(-20℃)	12.5~<16.3	3.7		-18
	20W-50	9500(-15℃)	60000(-20℃)	16.3~<21.9	3.7		
	30			9.3~<12.5		75	-15
	40			12.5~<16.3		80	-10
	50			16.3~<21.9		80	-5

注：①10W 黏度等级低温动力黏度和低温泵送黏度的试验温度均升高5℃，指标分别为：不大于3500mPa·s 和30000mPa·s。

②10W 黏度等级低温动力黏度的试验温度升高5℃，指标为：不大于3500mPa·s。

③为仲裁方法。

(2) 汽油发动机润滑油技术要求　汽油发动机润滑油的技术要求，包括理化性能要求和发动机试验要求两个方面。

根据国家现行标准 GB 11121—2006 规定，表4-7 和表4-8 分别列出 SE、SF、SG、SH、GF-1、GF-2、SL、GF3 等汽油发动机润滑油产品的模拟性能和理化性能要求，表4-9 分别列出了 SE、SF、SG、SH、GF-1、SJ、GF-2、SL、GF-3 等汽油发动机润滑油产品的发动机试验要求。

汽油机润滑油模拟性能和理化性能要求　　　　表4-7

项　目		质　量　指　标								试验方法
		SE	SF	SG	SH	GF-1	SJ	GF-2	SL、GF-3	
水分(体积分数)(%) 不大于		痕迹								GB/T260
泡沫性(泡沫倾向/泡沫稳定性)/(mL/mL)										
24℃	不大于	25/0		10/0			10/0		10/0	GB/T 12579①
93.5℃	不大于	150/0		50/0			50/0		50/0	SH/T 0722②
24℃	不大于	25/0		10/0			10/0		10/0	
150℃	不大于	—		报告			200/50		100/0	

续上表

项　　目	质量指标								试验方法
	SE	SF	SG	SH	GF-1	SJ	GF-2	SL、GF-3	
蒸发损失③(质量分数)(%) 不大于		5W-30	10W-30	15W-40	0W 所有和5W 其他多级油	0W-20 5W-20 5W-30 10W-30	所有其他多级油		
诺亚克法(250℃,1h)或气相色谱法(371℃馏出量)	—	25	20	18	25　　20	22　　20	22	15	SH/T0059
方法1	—	20	17	15	20　　17	—　　—	—		SH/T0558
方法2	—					17　　15	17		SH/T0695
方法3	—					17　　15	17	10	ASTM D6417
过滤性(%) 不大于		5W-30 10W-30	15W-40						
EOFT 流量减少	—	50	无要求		50	50	50	50	ASTM D6795
EOWTT 流量减少									ASTM D6794
用0.6% H_2O	—				—	报告		50	
用1.0% H_2O	—				—	报告		50	
用2.0% H_2O	—				—	报告		50	
用3.0% H_2O	—				—	报告		50	
均匀性和混合性	—				与SAE参比油混合均匀				ASTM D6922
高温沉积物(mg) 不大于									
TEOST	—				—	60	60	—	SH/T0750
TEOST MHT	—				—	—	—	45	ASTM D7097
凝胶指数 不大于	—				—	12 无要求	12④	12④	SH/T 0732
机械杂质(质量分数)(%) 不大于					0.01				GB/T511
闪点(开口)(℃)(黏度等级) 不低于					200(0W、5W多级油);205(10W多级油);215(15W、20W多级油);220(30);225(40);230(50)				GB/T3536
磷(质量分数)(%) 不大于	见表4-9	0.12⑤			0.12	0.10⑥	0.10	0.10⑦	GB/T17476⑧ SH/T0296 SH/T0631 SH/T0749

注:①对于SG、SH、GF-1、SJ、GF-2、SL和GF-3,需首先进行步骤A(GB11121—2006)试验。
②为1min后测定稳定体积。对于SL和GF-3可根据需要确定是否首先进行步骤A(GB 11121—2006)试验。
③对于SF、SG和SH,除规定了指标的5W/30、10W/30和15W/40之外的所有其他多级油均为"报告"。
④对于GF-2和GF-3,凝胶指数试验是从-5℃开始降温直到黏度达到40000mPa·s(40000cP)时的温度或温度达到-40℃时试验结束,任何一个结果先出现即视为试验结束。
⑤仅适用于5W-30和10W-30黏度等级。
⑥仅适用于0W-20、5W-20、5W-30和10W-30黏度等级。
⑦仅适用于0W-20、5W-20、0W-30、5W-30和10W-30黏度等级。
⑧仲裁方法。

汽油机润滑油理化性能要求 表 4-8

项 目	质 量 指 标		试 验 方 法
	SE、SF	SG、SH、GF-1、SJ、GF-2、SL、GF-3	
碱值[①](以 KOH 计)(mg/g)	报告		SH/T0251
硫酸盐灰分[①](质量分数)(%)	报告		GB/T2433
硫[①](质量分数)(%)	报告		GB/T387、GB/T388 GB/T11140、GB/T17040 GB/T17476、SH/T0172 SH/T0631、SH/T0749
磷[①](质量分数)(%)	报告	见表 4-8	GB/T17476、SH/T0296 SH/T0631、SH/T0749
氮[①](质量分数)(%)	报告		GB/T9170、SH/T0656 SH/T0704

注:①生产者在每批产品出厂时要向使用者或经销者报告该项目的实测值,有争议时以发动机台架实验结果为准。

CC、CD 柴油机润滑油黏温性能要求 表 4-9

质量等级	黏度等级	低温动力黏度(mPa·s) 不大于	边界泵送温度(℃) 不高于	运动黏度(100℃)(mm²/s)	高温高剪切黏度(150℃,10⁶/s)(mPa·s) 不小于	黏度指数 不小于	倾点(℃) 不高于
试验方法		GB/T6538	GB/T9171	GB/T265	SH/T0618 SH/T0703 SH/T0751	GB/T1995 GB/T2541	GB/T3535
质量等级	黏度等级	—	—	—			—
CC*、CD	0W-20	3250(-30℃)	-35	5.6 ~ <9.3	2.6		-40
	0W-30	3250(-30℃)	-35	9.3 ~ <12.5	2.9		-40
	0W-40	3250(-30℃)	-35	12.5 ~ <16.3	2.9		
	5W-20	3500(-25℃)	-30	5.6 ~ <9.3	2.6		-35
	5W-30	3500(-25℃)	-30	9.3 ~ <12.5	2.9		
	5W-40	3500(-25℃)	-30	12.5 ~ <16.3	2.9		
	5W-50	3500(-25℃)	-30	16.3 ~ <21.9	3.7		
	10W-30	3500(-20℃)	-25	9.3 ~ <12.5	2.9		-30
	10W-40	3500(-20℃)	-25	12.5 ~ <16.3	2.9		
	10W-50	3500(-20℃)	-25	16.3 ~ <21.9	3.7		
	15W-30	3500(-15℃)	-20	9.3 ~ <12.5	2.9		-23
	15W-40	3500(-15℃)	-20	12.5 ~ <16.3	3.7		
	15W-50	3500(-15℃)	-20	16.3 ~ <21.9	3.7		

续上表

项　目		低温动力黏度（mPa·s）不大于	边界泵送温度（℃）不高于	运动黏度（100℃）(mm²/s)	高温高剪切黏度（150℃,10⁶/s）(mPa·s)不小于	黏度指数不小于	倾点(℃)不高于
质量等级	黏度等级	—	—	—			
CC[①]、CD	20W-40	4500(-10℃)	-15	12.5~<16.3	3.7		-18
	20W-50	4500(-10℃)	-15	16.3~<21.9	3.7		
	20W-60	4500(-10℃)	-15	21.9~<26.1	3.7		
	30			9.3~<12.5	—	75	-15
	40			12.5~<16.3	—	80	-10
	50			16.3~<21.9	—	80	-5
	60			21.9~<26.1	—	80	-5

注：* CC 不要求测定高温高剪切黏度。

2. 柴油发动机润滑油的规格

（1）柴油发动机润滑油使用性能级别及其黏度等级。《柴油机油》(GB 11122—2006) 中规定了 CC、CD、CF、CF-4、CH-4、CI-4 等柴油发动机润滑油的使用性能级别及其黏度等级，详见表 4-10 和表 4-11。

CF、CF-4、CH-4、CI-4 柴油机润滑油黏温性能要求 表 4-10

项　目		低温动力黏度（mPa·s）不大于	低温泵送黏度（mPa·s）在无屈服应力时，不大于	运动黏度（100℃）(mm²/s)	高温高剪切黏度（150℃,10⁶/s）(mPa·s)不小于	黏度指数不小于	倾点(℃)不高于
试验方法		GB/T6538	SH/T0562	GB/T265	SH/T0618 SH/T0703 SH/T0751	GB/T1995 GB/T2541	GB/T3535
质量等级	黏度等级	—	—	—		—	—
CF、CF-4、CH-4、CI-4	0W-20	6200(-35℃)	60000(-40℃)	5.6~<9.3	2.6		-40
	0W-30	6200(-35℃)	60000(-40℃)	9.3~<12.5	2.9		
	0W-40	6200(-35℃)	60000(-40℃)	12.5~<16.3	2.9		
	5W-20	6600(-30℃)	60000(-35℃)	5.6~<9.3	2.6		-35
	5W-30	6600(-30℃)	60000(-35℃)	9.3~<12.5	2.9		
	5W-40	6600(-30℃)	60000(-35℃)	12.5~<16.3	2.9		
	5W-50	6600(-30℃)	60000(-35℃)	16.3~<21.9	3.7		
	10W-30	7000(-25℃)	60000(-30℃)	9.3~<12.5	2.9		-30
	10W-40	7000(-25℃)	60000(-30℃)	12.5~<16.3	2.9		
	10W-50	7000(-25℃)	60000(-30℃)	16.3~<21.9	3.7		

续上表

项目		低温动力黏度 （mPa·s） 不大于	低温泵送黏度 （mPa·s） 在无屈服应力时， 不大于	运动黏度 （100℃） （mm²/s）	高温高剪切黏度 （150℃，10^6/s） （mPa·s） 不小于	黏度指数 不小于	倾点（℃） 不高于
质量等级	黏度等级	—	—	—	—	—	—
CF、CF-4、 CH-4、CI-4	15W-30	7000（-20℃）	60000（-25℃）	9.3～<12.5	2.9		-25
	15W-40	7000（-20℃）	60000（-25℃）	12.5～<16.3	3.7		
	15W-50	7000（-20℃）	60000（-25℃）	16.3～<21.9	3.7		
	20W-40	9500（-15℃）	60000（-20℃）	12.5～<16.3	3.7		-20
	20W-50	9500（-15℃）	60000（-20℃）	16.3～<21.9	3.7		
	20W-60	9500（-15℃）	60000（-20℃）	21.9～<26.1	3.7		
	30	—	—	9.3～<12.5	—	75	-15
	40	—	—	12.5～<16.3	—	80	-10
	50	—	—	16.3～<21.9	—	80	-5
	60	—	—	21.9～<26.1	—	80	-5

柴油机润滑油理化性能要求　　　　表4-11

项 目	质量指标				试验方法
	CC CD	CF CF-4	CH-4	CI-4	
水分（体积分数）（%）　不大于	痕迹	痕迹	痕迹	痕迹	GB/T 260
泡沫型（泡沫倾向、泡沫稳定性）、（mL/mL） 24℃　　　　　　　　　　　　　　不大于 93.5℃　　　　　　　　　　　　　不大于 后24℃　　　　　　　　　　　　　不大于	25/0 150/0 25/0	20/0 50/0 20/0	10/0 20/0 10/0	10/0 20/0 10/0	GB/T 12579[①]
蒸发损失（质量分数）（%）　不大于 诺亚克法（250℃　1h） 或气相色谱法（371℃馏出量）	— —	— —	10W-30 20 17	15W-40 18 15	15	SH/T 0059 ASTM D6417
机械杂质（质量分数）（%）　不大于	0.01				GB/T 511
闪点（开口）（℃）（黏度等级）　不低于	200（0W、5W 多级油）； 205（10W 多级油）； 215（15W、20W 多级油）； 220（30）； 225（40）； 230（50）； 240（60）				GB/T 3536

续上表

项 目	质量指标				试验方法
	CC CD	CF CF-4	CH-4	CI-4	
碱值(以 KOH 计)[①] (mg/g)	报告				SH/T 0251
硫酸盐灰分[①](质量分数)(%)	报告				GB/T2433
硫[②](质量分数)(%)	报告				GB/T387、GB/T388、 GB/T11140、GB/T17040、 GB/T17476、SH/T0172、 SH/T0631、SH/T0749
磷[②](质量分数)(%)	报告				GB/T17476、SH/T0296、 SH/T0631、SH/T0749
氮[②](质量分数)(%)	报告				GB/T9170、SH/T0656、 SH/T0704

注：①CH-4、CI-4 不允许使用步骤 A。
②产者在每批产品出厂时要向使用者或经销者报告该项目的实测值，有争议时以发动机台架实验结果为准。

（2）柴油发动机润滑油技术要求。同样，柴油发动机润滑油的技术要求，包括理化性能要求和发动机试验要求两个方面。

根据国家现行标准 GB 11122—2006 的规定，表 4-12 和表 4-13 分别列出了 CC、CD、CF、CF-4、CH-4、CI-4 等柴油发动机润滑油产品的理化性能要求和使用性能要求。

四、汽油机/柴油机通用润滑油的规格

通用内燃机油可根据需要在《汽油机油》(GB 11121—2006)所属 9 个汽油机油品种和《柴油机油》(GB 11122—2006)所属 6 个柴油机油品种中进行组合。任何一个通用内燃机油都应同时满足其汽油机油品种和柴油机油品种的所有指标要求。

第三节 发动机润滑油的选择

良好、可靠的润滑条件是汽车发动机正常工作的前提和保障，而选择和使用与发动机工作状态相适应的润滑油是确保发动机工作时能得到可靠润滑的首要条件。

发动机润滑油是发动机的"血液"，只有正确选择和使用润滑油，才能保证汽车发动机正常工作，减轻零部件磨损、降低燃油消耗、延长发动机乃至整车的使用寿命。

使用者应了解发动机润滑油的作用、规格牌号，并能正确掌握其使用方法，确保充分发挥发动机润滑油的润滑作用，提高发动机及整车的运行经济性。

一、发动机润滑油的选择

选择合适的发动机润滑油是保证发动机正常工作、延长其使用寿命的重要条件。发动机润滑油的选择应遵循一定的原则，即应兼顾使用性能级别和黏度级别两个方面。首先应

根据发动机结构特点、发动机工况和技术状况，确定其合适的使用性能级别，然后再根据发动机使用的外部环境温度，选择该质量等级中的黏度等级。

1. 使用性能级别的选择

发动机润滑油使用性能级别，主要根据发动机的结构特性、工作条件和燃料品质来选择。

汽油发动机润滑油的使用性能选择时，应注意汽油发动机工况的苛刻程度和进排气系统中的附加装置及生产年代。汽油发动机润滑油使用性能级别的选择一般应考虑如下具体因素：

(1) 发动机压缩比、排量、最大功率、最大转矩。

(2) 发动机润滑油负荷，即发动机润滑油功率(kW)与曲轴箱机油容量(L)之比。

(3) 曲轴箱强制通风、废气再循环等排气净化装置的采用对发动机润滑油的影响。

(4) 城市汽车时开、时停等运行工况对生成沉积物和发动机润滑油氧化的影响等。

表4-12 列出了 SC、SD、SE、SF、SG 和 SH 等级别润滑油的使用特性及在有关车型上的应用情况。

部分汽油车发动机的技术特征和要求的汽油机油规格　　　表4-12

汽油发动机油使用性能级别	性能特点	应用车型
SC	可控制高低温沉积物及磨损、腐蚀和锈蚀	用于国产货车、客车，如以492QC为动力的各类汽车
SD	控制高低温沉积物、磨损、腐蚀和锈蚀的性能优于SC	用于货车、客车和某些轿车，如解放CA1091、东风EQ1091等车型
SE	具有抗氧化性能及可控制高温沉积物、腐蚀和锈蚀的性能	用于轿车、某些货车，如天津夏利、大发、昌河、拉达等车型
SF	抗氧化性能优于SE，还具有控制沉积物、腐蚀和锈蚀的性能	用于轿车、某些货车，如一汽奥迪、桑塔纳、捷达、红旗、标致、富康等车型
SG、SH	具有可控制沉积物、磨损和油的氧化性能，并具有抗腐蚀和锈蚀的性能	用于高档轿车、新型电控发动机，如红旗CA7220AE等车型

柴油发动机润滑油使用性能级别的选择主要依据发动机润滑油的平均有效压力、活塞平均速度、机油负荷、使用条件和柴油含硫量等因素。

发动机的平均有效压力、活塞平均速度等反映发动机的强化程度，用强化系数 K_ϕ 表示。柴油发动机润滑油的质量等级应根据柴油发动机的强化系数来确定，公示为：

$$K_\phi = 5 p_{me} C_m$$

式中：K_ϕ——强化系数；

P_{me}——发动机的平均有效压力，MPa；

C_m——活塞平均速度，m/s。

$$p_{me} = \frac{30 N_e \tau}{V}$$

式中：N_e——发动机有效功率；

τ——发动机冲程数;
V——发动机排量,L。

$$C_m = \frac{Sn}{30}$$

式中:S——活塞行程,m;
n——发动机转速,r/min。

如果使用含硫量高的柴油或车辆运行条件苛刻时,选用的柴油机润滑油使用性能级别也要相应提高。例如 CA1091K2 型载货汽车使用的 CA6110A 型柴油机,其强化系数为 36,在 30~50 之间,可选用 CC 级柴油机润滑油。

强化系数与柴油发动机润滑油使用性能级别的关系见表 4-13。

柴油机的强化程度对柴油发动机润滑油使用性能级别的要求　　表 4-13

柴油机的强化程度	强 化 系 数	要求的柴油发动机润滑油使用性能级别
高强化	大于 50	CD 或 CE
中强化	30~50	CC
低强化	小于 30	CA(废除)或 CB(废除)

表 4-14 列出了 CC、CD、CE 和 CF-4 等级油品的使用特性以及在部分车型上的应用情况。

柴油车发动机润滑油使用性能选择参考表　　表 4-14

柴油发动机润滑油使用性能级别	柴油发动机平均有效压力(kPa)	发动机强化系数	燃油含硫量	应 用 机 型
CC	784~980	35~50	<0.4	玉柴、扬柴、朝柴 4102、4105、6102,锡柴、大柴 6110、日野 ZM400、五铃 4BD1、4BG1 等柴油机
CD	980~1470	50~80		康明斯、斯太尔、依维柯、索菲姆等增压柴油机
CE	1470 以上	80 以上		用于在低速高负荷和高速高负荷条件下运行的低增压和增压式重负荷柴油机
CF-4	—	—		用于高速四冲程柴油机,特别适用于高速公路行驶的重负荷货车

总体来讲,高使用性能级别的发动机润滑油,可以替代低等级的发动机润滑油;但低等级的润滑油不能替代高等级的发动机润滑油。但从经济上考虑,高等级的发动机润滑油替代低等级的发动机润滑油不划算,因此,在具体的等级选用上,应尽量按照发动机使用说明书所规定的要求去选用。

2. 黏度等级的选用

黏度是评价发动机润滑油品质的一个重要指标。它的大小直接影响发动机润滑油的减摩、降温、清洁、除锈、防尘、吸收振动和密封等作用。发动机润滑油黏度越小,其流动性越好,能够充分发挥润滑油的清洁、冷却的作用,但在发动机处于高温状态时,所形成的油膜容易受到破坏,使得润滑效果变差。发动机润滑油黏度越大,油膜厚度、密封等方面效果较好,但当发动机处于低温起动时,各摩擦副之间上油较慢,使得摩擦副之间出现干摩擦或半流体摩擦,不利于发挥润滑油的清洁、冷却的作用。因此,发动机润滑油黏度选用要适当,一般要遵循以下原则：

(1) 润滑油黏度的选择主要是根据工作地区的环境温度、发动机负荷、转速等技术状况，选用黏度等级适宜的发动机润滑油，以保证发动机各零部件的正常润滑。

(2) 应尽量选用黏温特性好、黏度指数高的多级润滑油。多级润滑油使用温度范围比单级润滑油宽，具有高温和低温润滑油的双重黏度特性。如 5W/30 润滑油同时具有 5W 和 30 两种单级润滑油的特性，其使用温度区间由 5W 级润滑油的 -30~10℃ 和 30 级润滑油的 0~40℃ 组合成 -30~40℃，与单级润滑油相比，极大地扩大了润滑油的使用范围。这样的黏度等级的润滑油，既能保证发动机在低温条件下容易起动，又能保证发动机在高温状态下各零部件的正常润滑，而且可以最大限度地减少发动机润滑油的浪费。

(3) 润滑油黏度的选择与发动机的技术状况有关。新发动机应选择黏度较小的润滑油；磨损严重的发动机应选择黏度较大的润滑油。

选择发动机润滑油的黏度级别主要是根据气温、工况和发动机润滑油的技术状况。在我国南方地区，由于夏季气温较高，对重负荷、长距离运输、工况较差的汽车应选用黏度较大的发动机润滑油；而北方地区由于冬季气温较低，所以应选用黏度较低的发动机润滑油，以保证发动机在低温时便于起动，减少零部件的磨损。

总之，发动机润滑油的黏度既要保证发动机在低温时易于起动，而在发动机温度升高后又能维持足够的黏度确保具有正常的润滑效果。从工况方面考虑，重载低速高温下，应选择黏度较大的发动机润滑油；轻载高速的汽车发动机应选择黏度较小的发动机润滑油。

发动机润滑油黏度等级号可参考表 4-15 进行选择。

SAE 发动机润滑油黏度等级号与适用气温对照表　　　　　　　　　表 4-15

SAE 发动机润滑油黏度等级	适用温度
5W/30	-30~30℃
10W/30	-25~30℃
15W/30	-20~30℃
15W/40	-20~40℃
20W/20	-15~20℃
30	-10~30℃
40	-5~40℃

二、发动机润滑油的使用

依据发动机润滑油的使用性能和黏度等级，对发动机润滑油作出合理的选择以后，还必须依据生产厂家给出的车辆维护手册对其加以合理的使用，避免陷入常见的使用误区，才能确保发动机润滑油充分发挥作用。

(1) 对发动机润滑油作出合理选择后，必须依据规定对其加以正确使用。在使用中应注意以下几个方面的问题：

① 使用中要注意润滑油颜色、气味的变化，有条件者可以定期检查润滑油的各项性能指标，一旦发现颜色、气味以及性能指标有较大变化，应及时更换，不应教条地照搬换油期限。

② 换油时应采用热机放油方法。即在更换发动机润滑油时，应先使发动机运行一段时

间,待发动机走热以后,趁热放出发动机内润滑油,以便使润滑油所产生的油泥、污物尽可能地随润滑油一起排出。

③加注发动机润滑油要注意适量。油量不足会加速润滑油的变质,而且会因缺油引起发动机相关零部件的烧损;当发动机润滑油量加注过多,则会增大润滑油的消耗,而且过多的润滑油易窜入燃烧室内,恶化混合气的燃烧。

④要定期检查、更换或清洗发动机润滑油滤清器,清理油底壳中的脏杂物,确保油底壳内清洁、干净、无污物。

⑤要避免不同牌号的发动机润滑油混用,以免相互起化学反应。

⑥选购时,应尽可能地购买有影响、有知名度的正规厂家的发动机润滑油,要特别注意辨别真假,确保润滑油的品质。

(2) 对汽车发动机润滑油的使用应注意以下几个主要问题:

①合理选择润滑油的黏度,切勿选用黏度偏高的润滑油。许多人错误地认为,黏度越高的润滑油能形成较厚的油膜,从而增强润滑效果,减少磨损。其实不然,高黏度的润滑油低温起动性和泵送性差,发动机起动后上油速度较慢,这样一来,反而会加剧发动机摩擦副之间的磨损。相关试验表面,发动机的磨损约有 2/3 发生在起动时的非完全流体润滑的过程中。因此,为保证可靠的润滑效果,要选用黏度合适的润滑油。

②切勿随意选择代用油品。代用油品的正确选择关系到发动机的动力性、经济性和磨损情况,直接关系发动机的使用寿命。目前,有许多用户在代用用品的选择上随意性很大,应遵循一定的规则谨慎选择:一是黏度等级相同的油品,质量等级高的可替代质量等级低的油品;二是质量等级相同时,使用温度宽的可替代使用温度窄的油品。如要求用 30SC 油时,可用 10W/30SC 油代替;要求 30SD、40SD 或 20W/40SD 油时,可用 15W/40SD 油代替。总之,用户应尽量根据维修手册或生产厂家的要求,选用规定型号、品牌的润滑油,使用代用油品时应经常检查发动机润滑油的工作情况。

③切勿使用中只添不换。润滑油在使用过程中,由于污染、氧化等原因,其质量会逐渐下降,同时也会有一些消耗,数量也会减少。如果只是不断向润滑系统中添加新的润滑油,只能弥补数量上的不足,而不能完全弥补润滑油性能的损失,随着时间的延长,润滑油的性能会越来越差,以至于给发动机带来更严重的后果。因此,为了保证发动机能长期正常的工作,降低其磨损,必须在发动机润滑油达到报废标准时及时更换润滑系统中的全部润滑油。

④切勿简单地把润滑油颜色变黑作为更换润滑油的主要依据。在日常检查润滑油时,如果看到润滑油的颜色变黑,就认为油品已严重变质而将其更换,造成浪费。如果在润滑油中未添加清净分散剂,在使用中发现颜色变黑,则的确是油品已严重变质的表现;但现代汽车使用的润滑油一般都添加有清净分散剂,其作用是将黏附在活塞上的胶膜和黑色积炭洗涤下来,并分散在油中,减少发动机高温沉淀物的生成,故发动机润滑油在使用一段时间后颜色容易变黑,但此时的油品并未完全变质。使用中润滑油是否严重变质、是否需要更换,应主要根据润滑油的理化指标是否到达报废标准来判断。由于目前多数维修企业都缺少油品化验设备和化验人员,因此,维修人员或车辆用户在油品使用接近换油期时可采用一些简易快速的检测方法,如滤纸斑点试验法来判断油品质量的变化情况。

⑤切勿润滑油加注量过多。如果发动机加注的润滑油量过多,会对发动机的工作造成

以下影响：一是过多的润滑油就会从活塞与汽缸的间隙中窜入燃烧室燃烧，在活塞顶部形成积炭。由于积炭的存在，无形中提高了发动机的压缩比，增加了发动机产生爆燃的可能性，同时，由于积炭在汽缸内呈现红热状态，还容易引起发动机的早燃；二是会增加曲柄连杆的搅拌阻力，使燃油消耗增大。试验表明：加油量超过标准的1%时，燃油消耗量会增加1.2%。因此，除了新车初试期内为保证可靠的冷却、清洗作用，而可以略微多加一些润滑油之外，其他情况下，一律不得超过规定的油尺最高的刻度。

⑥切忌不了解发动机的结构特点选择润滑油。发动机的结构特点决定了发动机工况的苛刻程度，这对发动机润滑油质量等级的选用起着决定性的影响。如汽油发动机的进、排气系统中有附加装置，将使润滑油的工作条件变得更加恶化，必须选用质量等级较高的润滑油。例如，没有PCV（曲轴箱正压通风）装置的汽油发动机要选用SC级油，而安装了PCV装置后，则应选用SD级油；同样，安装了EGR（废气再循环）装置和三元催化转换器的发动机，选用的润滑油都要比没有安装这类装置的发动机至少提高一个质量等级。

⑦切勿储存、使用中混入水分。如果润滑油中混入水分，不仅会锈蚀零部件妨碍润滑，还会降低润滑油油膜的强度，引起润滑油起泡和乳化变质，严重时会使油中的添加剂分解沉淀以致失效。因此，在储存和使用过程应严防水分混入，尤其是冬季采用蒸汽加热润滑油的车辆，需特别注意经常检查加热设备，保持其完好，以防水蒸气窜入油中。

⑧切勿选用劣质品牌润滑油。由于劣质冒牌润滑油其性能指标达不到规定的指标要求，轻者降低润滑效果，加剧零件磨损，增大燃油消耗；重者会引发机械事故（如烧瓦、拉缸等）。因此，一旦发现使用了劣质润滑油，应立即停用，并清洗润滑油油道。

第四节　在用车辆发动机润滑油的质量与更换

前面讲到对发动机润滑油依据相关标准进行合理选择十分重要，但对于在用车辆发动机而言，根据使用时间的变化，判断润滑油质量的变化以便及时更换也同样十分重要。因此，对发动机润滑油的及时更换，是正确选择及使用的最后环节。

一、在用车辆发动机润滑油的质量

发动机润滑油在使用过程中，影响其质量变化的因素主要体现在：由于自身在工作环境下的氧化，各种添加剂的自然消耗，燃烧产物的不利影响，外部尘埃不良成分的混入等方面，从而使发动机润滑油的质量在正常或不正常的使用过程中，都会随着时间的推移而逐渐恶化。随着发动机润滑油质量的下降，发动机润滑系统中沉淀物增多，润滑油的流通性及润滑性能下降，从而导致各摩擦副之间非正常磨损、相关零部件非正常腐蚀，因此，对在用发动机润滑油进行适时更换显得尤为重要。

润滑油的质量直接关系发动机润滑油使用时间的长短，不仅与其使用性能有关，还与其技术状况，以及发动机的维护质量密切相关。因此，为减缓发动机润滑油变质的时限，使其尽可能在一个良好的质量指标下较长时间的工作，延缓其换油期，必须对使用者提出以下有关基本要求：

（1）应根据发动机润滑油型号及其工作的环境温度，选择合适的使用性能等级和黏度等级的润滑油。

（2）保证发动机润滑油技术状况和使用情况正常。

（3）根据相关规定对汽车进行定期维护和强制维护。

发动机润滑油的质量的高低很大程度上取决于其自身具有的产品质量，具有市场竞争力的品牌发动机润滑油，其高质量的基础油和添加剂决定产品的内在质量，并显示到其使用过程中。因此，选用车型所指定的发动机润滑油或品牌发动机润滑油，是保证或提高其使用质量、延缓换油周期的较佳措施。

二、在用车辆发动机润滑油的更换

对在用车辆发动机而言，过早更换发动机润滑油，势必会造成润滑油的浪费，过迟又会增大发动机相关零部件的磨损，从而缩短发动机的维修周期和使用时限，车辆使用者一般会按照车辆使用说明书上规定的期限进行发动机润滑油的更换。但造成发动机润滑油的变质的原因与汽车技术性能、维修技术、驾驶水平、长期运行的道路情况、气候条件及润滑油自身的质量等有很大的关系。所以，统一规定换油时限其实并不完全合理。

一般来讲，更换发动机润滑油应依据以下的三种原则。

（1）按照车辆维修手册所规定的汽车的行驶里程进行更换，称为定期更换；

（2）根据发动机润滑油的使用性能降低程度，称为按质更换；

（3）可以采用在发动机润滑油油质监测下的定期更换。

1. 发动机润滑油的定期更换

定期换油就是按汽车的行驶里程或使用时间发动机润滑油使用性能变化的影响规律来换油。发动机润滑油性能的下降和质量的劣化，尤其是润滑油成分组元之间发生的化学变化，主要取决于使用时间的影响，换油期依据发动机润滑油使用性能变化的影响规律来确定，与发动机润滑油使用性能级别、发动机技术状况及运行条件有关。

2. 发动机润滑油的按质更换

按质换油是依据对能够反映在用发动机润滑油质量的一些有代表性理化指标的测试评定，从而做出是否换油的决定。在用发动机润滑油有其中一项指标达到换油指标时就应更换新的润滑油。现行的在用发动机润滑油换油指标的国家标准为《汽油机油换油指标》（GB/T 8028—2010）和《柴油机油换油指标》（GB/T 7607—2010）的技术要求和试验方法，见表4-16和表4-17。

汽油机油换油指标的技术要求和试验方法　　　　表4-16

项　目	换油指标		试验方法
	SE、SF	SC、SH、SJ（SJ/GF-2）、SL（SL/GF-3）	
运动黏度变化率（100℃）（%）超过	±25	±20	GB/T265 或 GB/T1137 和本标准的3.2
闪点（闭口）（℃）小于	100		GB/T261

续上表

项 目		换油指标		试验方法
		SE、SF	SC、SH、SJ(SJ/GF-2)、SL(SL/GF-3)	
(碱值—酸值)(以KOH计)(mg/g)	小于	—	0.5	SH/T0251 GB/T7304
燃油稀释(质量分数)(%)	大于	—	5.0	SH/T0474
酸值增加值(以KOH计)(mg/g)	大于	2.0		GB/T7304
正戊烷不溶物(质量分数)(%)	大于	1.5		GB/T8926B法
水分(质量分数)(%)	大于	0.2		GB/T260
铁含量(μg/g)	大于	150	70	GB/T17476① SH/T0077 ASTMD6595
铜含量(增加值)(μg/g)	大于	—	40	GB/T17476
铝含量(μg/g)	大于	—	30	GB/T17476
硅含量(增加值)(μg/g)	大于	—	30	GB/T17476

注：①此方法为仲裁方法,执行本标准的汽油发动机技术状况和使用情况正常。

柴油机油换油指标的技术要求和试验方法　　　　表4-17

项 目		换油指标			试验方法
		CC	CD、SF/CD	CF-4	CH-4	
运动黏度变化率(100℃)(%)	超过	±25		±20		GB/T1137和本标准的3.2
闪点(闭口)(℃)	小于	130				GB/T261
(碱值—酸值)(以KOH计)(mg/g)	小于	50①				SH/T0251② SH/T0688和本标准3.3
燃油稀释(质量分数)(%)	大于	2.5				GB/T7304
酸值增加值(以KOH计)(mg/g)	大于	2.0				GB/T8926B法
正戊烷不溶物(质量分数)(%)	大于	0.20				GB/T260
水分(质量分数)(%)	大于	0.2				GB/T260
铁含量(μg/g)	大于	200 100③	150 100③	150		GB/T17476② SH/T0077 ASTMD6595
铜含量(μg/g)	大于	—		50		GB/T17476
铝含量(μg/g)	大于	—		30		GB/T17476
硅含量(μg/g)(增加值)	大于	—		30		GB/T17476

注：执行本标准的柴油发动机技术状况和使用情况正常。
　　①采用同一检测方法。
　　②此方法为仲裁方法。
　　③适合于固定式柴油发动机。

上表中100℃运动黏度变化率 $\Delta\mu(\%)$ 按下式计算：

$$\Delta\mu = \frac{\mu_1 - \mu_2}{\mu_2} \times 100\%$$

式中：μ_1——使用中油的100℃运动黏度，mm^2/s；

μ_2——新油的100℃运动黏度实测值，mm^2/s。

3. 在油质监控下的定期换油

这种方法在规定了发动机润滑油换油期的同时，也监测在用润滑油的综合指标，必要时可提前报废。

对在用发动机润滑油换油期的规定，目前国内多采用第一种准则。这主要是因为汽车已成为一种非常普遍的交通工具，拥有量大。而每辆汽车的发动机润滑油用量很少，油样化验费用高，定期换油较经济。在美国，单独测定发动机润滑油黏度的费用相当于小型发动机润滑油曲轴箱一次换油的费用，一个油样的常规分析费用相当于全年用发动机润滑油的总费用。

原来我国多采用滤纸斑点试验法和润滑油质量检测仪。但由于滤纸斑点试验法主观判断成分较大，加之现在润滑油成分和性质的改变，滤纸斑点试验法已经不宜使用，相关的《润滑油现场检验法》(GB/T 8030—1987)也已废止。现在主要采用润滑油质量检测仪检测。这类仪器一般不是直接测定油品指标，而是选择有变化规律且能反映油品质量的某一参数作为测定参数。

润滑油质量检测仪的基本原理是，通过测定在用发动机润滑油的介电系数反映其污染程度。发动机润滑油的电介质，具有一定的介电系数。发动机润滑油的介电系数值取决于发动机润滑油中的添加剂或污染物。发动机润滑油劣化时，过氧化物、酸和其他原子团在粒子上形成，从而引起油粒子极性变化（一端变正、一端变负）。当一些极化了的粒子逐渐增多时，发动机润滑油的介电系数会随之增大。也就是说，发动机润滑油污染越严重，介电系数越大。通过对新旧发动机润滑油介电系数变化的测定，来分析发动机润滑油的污染程度。

用下列公式进一步说明：

$$\Delta c = \frac{(\varepsilon_1 - \varepsilon_2)S}{\delta} = \frac{\Delta\varepsilon S}{\delta}$$

式中：Δc——电容量差值，F；

ε_1——在用发动机润滑油介电系数，F/m；

ε_2——新用发动机润滑油介电系数，F/m；

$\Delta\varepsilon$——新旧发动机润滑油介电系数差值，F/m；

S——电容器极板面积，m^2；

δ——电容器极板距离，m。

由上式中可知，当 S、δ 一定时，电容器的变化 Δc 与发动机润滑油介质电系数变化量 $\Delta\varepsilon$ 成正比，于是可用电容器测定出新旧发动机润滑油介电系数的变化。限值的确定是以换油指标为基准，通过对比试验确定的。发动机润滑油的污染程度用发动机润滑油污染指数评定。发动机润滑油污染指数表示发动机润滑油被污染程度，即发动机润滑油中各种污染物引起的介电系数相对新油的变化值。评定技术要求是：SRZ-1 型润滑油质量测定仪，污染指数小于 2.3；使用 RZJ-2 型润滑油质量测定仪，污染指数小于 4.7。

复习思考题

1. 更换发动机润滑油时应依据的原则有哪些？
2. 发动机润滑油的主要作用是什么？
3. 什么是发动机润滑油的黏温特性？其评定指标有哪些？黏温特性对发动机的工作性能有何影响？
4. 发动机润滑油使用性能的评定指标有哪些？
5. 汽车发动机润滑油的使用应注意的主要问题有哪些？
6. 汽油发动机润滑油使用性能级别的选择一般应考虑哪些具体的因素？
7. 什么是发动机润滑油的清净分散性？
8. 在我国现行的有关标准中，分别规定了汽油发动机润滑油、柴油发动机润滑油多少个等级？

第五章 车辆齿轮油

车辆齿轮油用于汽车等车辆机械式变速器驱动桥和转向器的齿轮、轴承及轴等零件的润滑。车辆齿轮传动装置(特别是准双曲面齿轮)在工作过程中承受的载荷大,因而对车辆齿轮油的性能要求也比较高。

第一节 车辆齿轮油的使用性能

车辆齿轮油和其他润滑油一样,主要功能是减少齿轮及轴承的摩擦与磨损,加强摩擦表面的散热,防止机件发生腐蚀和锈蚀。

准双曲面齿轮工作过程中齿面接触压力极高,啮合齿面间相对滑动速度大,齿轮油工作温度一般高达 120~130℃,最高可达 180℃,所以准双曲面齿轮传动的工作条件极为苛刻,对车辆齿轮油的使用性能要求非常高,须使用加有高活性极压剂的齿轮油。

车辆齿轮油除了要求有较好的热稳定性、氧安定性、缓蚀性、抗泡性、低温性能和储存稳定性之外,还应具备以下各种功能:

(1)减少摩擦,提高机械设备的效率。
(2)减少磨损、擦伤以及金属的表面疲劳。
(3)使热量散失。
(4)减少齿轮间的振动、冲击和噪声。
(5)从金属接触区域去掉污染物质。
(6)防止腐蚀。

综上所述,为了保证齿轮传动的正常运行,满足各种使用条件的要求,使齿轮得到良好润滑的目的,应对车辆齿轮油的使用性能提出一定的要求。

一、润滑性和极压性

车辆齿轮油应具有合适的运动黏度,黏度不能过低,以保证形成油膜,实现液体润滑状态。黏度是齿轮油的重要使用性能之一,对油膜的形成影响很大。一般而言,高黏度的齿轮油可有效防止齿轮及轴承损伤,减少机械运转噪声和减少漏油;低黏度的齿轮油在提高机械效率、加强冷却和清洗作用等方面有明显的优点。为带走摩擦产生的热量和保证低温时迅速供油,齿轮油的黏度又不能过大。

车辆齿轮油的极压性是指齿轮油中的极压抗磨剂在高压、高速、高温的苛刻工作条件下,能在齿面上与金属发生化学反应生成反应膜,防止齿面发生擦伤或烧结的性质,有时又称承载能力和抗胶合性。车辆齿轮多处于混合润滑和边界润滑状态下工作,所承受的压力、润滑速度和局部温度都很高,所以对车辆齿轮油的极压抗磨性要求较高,尤其是准双曲面齿轮。因此,对齿轮油来说,极压性是其最主要的基本性能。

一般油性添加剂形成的边界油膜,在极压条件下会从吸附状态变为自由运动状态而从摩擦表面脱附,不再起保护金属表面的作用。因此,提高车辆齿轮油的极压性要依靠添加极压抗磨剂来实现,以有效防止在高负荷条件下的齿面擦伤及咬合。极压剂主要是含有化学性活泼的元素硫、磷、氯的有机化合物。当齿面在高压接触时,表面间的凹凸相啮合,将产生局部高温,此时齿轮油中的极压剂与金属表面发生化学反应,形成剪切强度小、熔点低的固体铁膜,把金属表面隔开,阻止金属间发生胶合。

二、低温操作性和黏温性

车辆齿轮油应具有良好的低温操作性和黏温性。

车辆齿轮油同发动机润滑油一样要求在低温下保持必要的流动性,以保证轴承和齿轮等零件的润滑。车辆齿轮油的工作温度范围也较宽,因此,不但要求车辆齿轮油低温流动性好,而且要求高温时黏度不能太小,即有良好的黏温性。各种齿轮油的黏度均随着温度的升高而下降,其下降的幅度越小,齿轮油的黏温性越好。

为了保证车辆齿轮油具有良好的低温操作性,除规定了倾点、成沟点和黏度指数等指标外,还特别采用了"表观黏度达 150Pa·s 时的温度"这一指标。

成沟点是指在规定的试验条件下,试油成沟的最高温度。把容器内的试验油样在规定温度下放置 18h,然后用金属片把油切成一条沟,10s 后观察油的流动情况。若 10s 内试油流回并完全覆盖试油容器底部,则报告试样不成沟,反之则报告试样成沟。

试验证明,对准双曲面齿轮式主减速器,齿轮油表观黏度小于 150Pa·s,能在汽车起步后 15s 内流进小齿轮轴承而保证其正常润滑,这个黏度为汽车低温起动的极限黏度。因此,车辆齿轮油规格中均规定了"黏度达到 150Pa·s 时的最高温度"这一指标。"黏度达到 150Pa·s 时的最高温度"是车辆齿轮油 SAE 黏度分类的依据之一。

三、热氧化安定性

车辆齿轮油的热氧化安定性是指齿轮油在空气、水分、金属的催化作用和热的作用下抵抗氧化变质的能力。齿轮油氧化后会使油的黏度增加,生成油泥,影响油的流动,降低油的使用期,并且氧化产生腐蚀性的物质,会加速金属的腐蚀和锈蚀。

齿轮油氧化后生成的沉淀物是极性物质,油中的添加剂也大多是极性化合物,添加剂容易吸附在沉淀物上,随沉淀物一起从油中析出。沉淀还会影响密封件,使其硬化,沉淀覆盖在零件表面形成有机薄膜,影响散热。所以车辆齿轮油应具有良好的热氧化安定性。热氧化安定性好,齿轮油就可以延长使用期,并可降低对金属的腐蚀或磨损,提高齿轮油热氧化安定性的一个主要途径是加抗氧化添加剂。

评定车辆齿轮油热氧化安定性的试验方法是 CRC L-60 和 CRC L-60-1 台架,CRC L-60 台架主要评定车辆齿轮油氧化后的黏度增长及不溶物含量;CRC L-60-1 台架主要用来评价车辆齿轮油氧化后的积炭、漆膜及油泥情况。

四、抗腐性和缓蚀性

车辆齿轮油抗腐性是指齿轮油在金属表面形成保护膜,以防止腐蚀性物质侵蚀金属的能力;齿轮油的缓蚀性是指齿轮油保护齿轮不受锈蚀,保证齿轮的使用性能和延长齿轮使用寿命的能力。

齿轮传动装置内可能会从外界渗入水分,工况变化、冷热交替也可能出现冷凝水分。齿轮油内的水分和氧化产生的酸性产物,是齿轮和轴承腐蚀、生锈的主要原因。此外,齿轮油内极压抗磨剂的作用实际上是一种控制性的腐蚀现象,对金属有一定的腐蚀作用。腐蚀和生锈加速磨损,使材料强度降低。因此,齿轮油中应加入适当的极压抗磨剂、抗腐剂和缓蚀剂,使车辆齿轮油具有良好的抗腐性和缓蚀性。

五、抗泡性

齿轮油工作时,在空气存在的情况下受到剧烈的搅拌,会产生许多小气泡,它们上升到液面,若能很快消失就不会影响使用,但若形成安定的泡沫则会发生溢流和磨损等现象。在齿轮油中,泡沫一旦形成,油和空气会一起到达润滑部位,油就不能充分供给,必然导致齿轮磨损和胶合等被破坏,因此齿轮油应具有良好的抗泡性,以保证在齿轮剧烈搅拌过程中产生的泡沫少并易于消失。为减少泡沫,一方面要破坏已产生的泡沫,另一方面要抑制泡沫的产生,前者可用醇类达到这个目的,后者一般是采用在齿轮油中添加抗泡剂来达到目的,常用的抗泡剂是硅油。

六、极压性评定

极压性评定试验有四球法试验和台架试验两种方法。

1. 四球法试验

四球法是在四球极压试验机(图5-1)上测定润滑剂承载能力的一种方法。按照《润滑剂承载能力测定法(四球法)》(GB/T 12583—1998),在四球极压试验机上按等边四面体排列着4个钢球,上球以1400~1500r/min旋转,下面3个钢球用油盆固定在一起,通过杠杆或液压系统由下而上对钢球施加负荷。在试验过程中,4个钢球的接触点都浸没在润滑剂里。每一级负荷每次试验时间为10s,试验后测量油盒内任何一个钢球的磨痕直径。按照规定的程序反复试验,直到求出代表润滑剂承载能力的指标,包括:最大无卡咬负荷 P_B、烧结负荷 P_D 等。

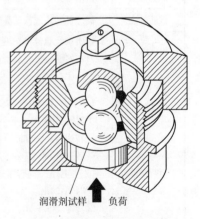

图5-1 四球极压试验机工作示意图

在四球法试验中,由不同负荷下钢球的平均磨痕直径所作出的一条曲线,称为磨损—负荷曲线,如图5-2所示。

在图5-2的磨损—负荷曲线中,曲线AB段表示摩擦面间的油膜没有破裂,吸附膜起着润滑作用,控制磨损,机械能正常工作,此段称为无卡咬区域。在试验条件下,不发生卡咬的最高负荷 P_B 称为最大无卡咬负荷,它表示油膜强度,在此负荷下摩擦表面间能保持完整的油膜。BC段表示超过最大卡咬负荷后,油膜开始破裂,磨损增大,但此时摩擦表面间温度上升还不太高,还不足以使润滑油中的极压抗磨添加剂发挥作用,此段称为延迟卡咬区。超过C点以后,摩擦面间的局部温度已升高到足以使润滑油中的极压抗磨添加剂的活性元素与

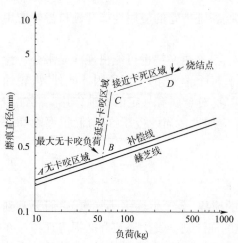

图 5-2 磨损—负荷曲线

摩擦表面作用而生成反应膜，因而仍能在更高的负荷下工作，CD 段为接近卡死区。超过 D 点后，负荷超过了反应膜所能承受的范围，摩擦表面间金属直接接触，出现烧结现象。在试验条件下，使钢球发生烧结的最低负荷 P_D 称为烧结负荷，它表示润滑剂的极限工作能力。

2. 台架试验

车辆齿轮油极压性的评定虽可在极压试验机上进行，但对使用性能级别较高的车辆齿轮油的极压性须采用汽车后桥传动装置在试验台上进行评定。

目前国际上使用较广泛的评定 GL-5 车辆齿轮油极压性的台架试验方法有两种，即 CRC L-37 法和 CRC L-42 法。前者是评价低速高转矩（相当于汽车满载爬坡的情况）下的极压性。后者是评价高速和冲击载荷（相当于汽车紧急制动时的情形）下的极压性。表 5-1 列出了 CRC L-37 和 CRC L-42 的试验规范。我国的相应标准是《车辆齿轮油承载能力测定法（L-37 法）》(SH/T 0518—2016) 和《车辆齿轮油抗擦伤性能评定法（L-42 法）》(SH/T 0519—1992)。

车辆齿轮油极压性评定方法和试验规范　　　　表 5-1

试验方法	CRC L-37	CRC L-42
试验特点	高速低转矩或低速高转矩	高速冲击载荷
试验装置	用雪佛兰载货汽车发动机驱动道奇 3/4t 军用载货汽车双曲线齿轮后桥（传动比 5.83∶1）	用雪佛兰 V8 型发动机驱动斯帕思尔 44-1 型双曲线齿轮后桥（传动比 4∶1）
运行条件	(1) 程序Ⅰ　高速试验： ①时间：100min； ②转速：440r/min； ③转矩：1069N·m。 (2) 程序Ⅱ　高转矩试验： ①时间：24h； ②转速：80r/min； ③转矩：4722N·m； ④油温：135℃±15℃	(1) 程序Ⅰ磨合； (2) 程序Ⅱ高速： ①转速：在 500~1100 r/min 间急加速和急减速运行，循环 4 次以上； ②油温：93.3℃； (3) 程序Ⅲ磨合； (4) 程序Ⅳ冲击试验： ①转速：在 550~650r/min 急加速和急减速运行，循环 9 次以上； ②转矩：1778 N·m； ③油温：137.8℃

七、氧化安定性评定

评定 GL-5 车辆齿轮油热氧化安定性的代表性试验方法是 CRC-60 法，主要评定车辆齿轮油氧化后的黏度增长及不溶物含量。此方法是在用圆柱齿轮和轴承组成的齿轮箱模型中放入 0.12L 试油，以 1725 r/min 的转速旋转，在 162℃ 的高温下，以 1.11L/h 的流量通入空气，并以铜作为催化剂，经强制氧化 50h 后测定正戊烷不溶物、苯不溶物、酸值和运动黏度等,来评定车辆齿轮油的热氧化安定性。我国的相应标准是《车辆齿轮油热氧化安定性的评定法》(SH/T 0520—1992)。

八、腐性和缓蚀性评定

对车辆齿轮油的抗腐性多采用《石油产品铜片腐蚀试验法》(GB/T 5096—2017)评定。车辆齿轮油缓蚀性多采用 CRC L-33-1 缓蚀性法,我国相应标准为《车辆齿轮油锈蚀性评定 L-33-1 法》(SH/T 0517—2014)。

第二节 车辆齿轮油的分类与规格

一、车辆齿轮油的分类

目前世界上广泛采用美国汽车工程学会(SAE)的车辆齿轮油黏度分类法和美国石油学会(API)的车辆齿轮油使用性能分类法对车辆齿轮油进行分类。

1. SAE 车辆齿轮油黏度分类

《驱动桥和手动变速器润滑油黏度分类》(SAE J306—1991)的规定见表 5-2。该标准采用含有尾缀字母 W 和不含尾缀字母 W 的两种黏度等级系列。黏度等级代号由一组数字和字母 W (70W、75W、80W、85W)或一组数字(90、140、250)组成,共 7 种。含有尾缀字母 W 是冬用齿轮油,是根据齿轮油黏度达到 150Pa·s 的最高温度和 100℃时的最小运动黏度划分的。不带尾缀 W 的是夏用齿轮油,是以 100℃的运动黏度范围划分的。

表 5-2　SAE 车辆齿轮油黏度分类

黏度等级	黏度达 150Pa·s 时的最高温度(℃)	100℃时的运动黏度(mm²/s)	
		最低	最高
70W	-55	4.1	—
75W	-40	4.1	—
80W	-26	7.0	—
85W	-12	11.0	—
90	—	13.5	<24
140	—	24	<41
250	—	41	—

车辆齿轮油的黏度等级不同于发动机润滑油的黏度等级。当车辆齿轮油与发动机润滑油有相同的黏度时,根据两黏度分类规定的黏度等级相差很大。例如,70W 车辆齿轮油与 10W 的发动机润滑油具有相同的黏度,90 的车辆齿轮油与 40、50 的发动机润滑油黏度相当,但黏度等级号不同。

车辆齿轮油的黏度等级也有单黏度等级和多黏度等级之分,一个多黏度等级的车辆齿轮油,其低温黏度满足表 5-2 中一个含 W 级的要求,并且 100℃运动黏度在一个不含 W 级规定的黏度范围之内。例如 80W/90,它满足 80W 的低温性能并且在 90 的高温性能规定范围之内。

2. API 车辆齿轮油使用性能分类

世界上广泛采用美国石油学会（API）的车辆齿轮油使用性能分类法，根据齿轮的形式和负载情况对车辆齿轮油进行质量等级分类，该分类将车辆齿轮油共分为 GL-1、GL-2、GL-3、GL-4、GL-5、GL-6 六级，其分类使用说明及用途见表 5-3。

车辆齿轮油 API 使用性能分类　　　　　　　　　　表 5-3

分类	使用说明	用途
GL-1	低齿面压力、低滑动速度下的汽车弧齿锥齿轮、蜗轮式驱动桥以及各种手动变速器规定用 GL-1 齿轮油。直馏矿油能满足这类情况的要求，可以加入抗氧剂、防锈剂和消泡剂改善其性能，但不加摩擦改进剂和极压剂	汽车手动变速器，包括拖拉机和载货汽车手动变速器
GL-2	汽车蜗轮式驱动桥，由于其负荷、温度和滑动速度的状况，用 GL-1 齿轮油不能满足要求，规定用 GL-2 齿轮油	蜗杆传动装置
GL-3	速度和负荷比较苛刻的汽车手动变速器和弧齿锥齿轮后桥规定用 GL-3 类油，这种使用条件要求润滑油的负荷能力比 GL-1 和 GL-2 级油高，但比 GL-4 级油要低	苛刻条件下的手动变速器和弧齿锥齿轮驱动桥
GL-4	在低速高转矩、高速低转矩下操作的各种齿轮，特别是客车和其他各种车用的准双曲面齿轮规定用 GL-4 级齿轮油。适用于其抗擦伤性能等于或优于 CRC RGO-105 参考油。该级油已作过各种试验证明具有 1972 年 4 月 ASTM STP 说明的性能水平 1	手动变速器、弧齿锥齿轮和使用条件不太苛刻的准双曲面齿轮
GL-5	在高速冲击载货、低速高转矩、高速低转矩下操作的各种齿轮，特别是客车和其他车用的准双曲面齿轮规定用 GL-5 级齿轮油。适用于其抗擦伤性能等于或优于 CRC RGO-110 参考油。该级油已作过各种试验证明具有 1972 年 4 月 ASTM STP 说明的性能水平	操作条件缓和或苛刻的准双曲面齿轮及其他各种齿轮、手动变速器
GL-6	在高速冲击条件下运转的轿车和其他车辆的各种齿轮，特别是大偏移距的准双曲面齿轮，偏移距大于 50mm 或接近大齿轮直径的 25%，规定用 GL-6 级齿轮油。其抗擦伤性能等于或优于参考油 L-1000。该级油已作过各种试验证明具有 1972 年 4 月 ASTM STP 说明的性能水平	

3. 我国车辆齿轮油的分类

目前我国车辆齿轮油的黏度分类是根据标准《汽车齿轮润滑剂黏度分类》（GB/T 17477—2012），其方法与 SAE 黏度分类相同，而车辆齿轮油的使用性能只分为 CLC、CLD、CLEE 三类，其中 CLC 相当于普通车辆齿轮油，CLD 相当于中负荷车辆齿轮油，CLE 相当于重负荷车辆齿轮油，分别与 API（美国石油学会）的车辆齿轮油使用性能分类中的 GL-3、GL-4、GL-5 相对应。其详细分类见表 5-4。

我国车辆齿轮油详细分类　　　　　　　　　　表 5-4

代号	组成、特性和使用说明	使用部位
CLC	精制矿物油加抗氧剂、防锈剂、抗泡剂和少量极压剂等制成。适用于中等速度和负荷比较苛刻的手动变速器和弧齿锥齿轮驱动桥	手动变速器和弧齿锥齿轮驱动桥

续上表

代号	组成、特性和使用说明	使用部位
CLD	精制矿物油加抗氧剂、防锈剂、抗泡剂和极压剂等制成。适用于低速高转矩和高速低转矩下操作的各种齿轮,特别是客车和其他各种车辆用的准双曲面齿轮	手动变速器和弧齿锥齿轮驱动桥和使用条件不太苛刻的准双曲面齿轮驱动桥
CLE	精制矿物油加抗氧剂、防锈剂、抗泡剂和极压剂等制成。适用于在高速冲击载荷、低速高转矩和高速低转矩下操作的各种齿轮,特别是客车和其他各种车辆用的准双曲面齿轮	操作条件缓和或苛刻的准双曲面齿轮及其他各种齿轮的驱动桥,也可用于手动变速器

参照 SAE 黏度分类,我国车辆齿轮油按黏度为 150Pa·s 时的最高温度和 100℃ 时的运动黏度分为 7 个黏度牌号(表6-2),其中包括 4 个低温黏度牌号(冬季用油)和 3 个高温黏度牌号(春、夏、秋季用油)。凡满足冬季用油要求又符合春、夏、秋季用油要求的润滑油,称为多级油。常见的多级油有 80W/90、85W/90 等。

二、我国车辆齿轮油的规格

我国现行的车辆齿轮油的规格或安全使用技术条件有:《普通车辆齿轮油换油指标》(SH/T 0475—1992);《中负荷车辆齿轮油》(JT/T 224—2008)和《重负荷车辆齿轮油(GL-5)》(GB 13895—2018)。

1. 普通车辆齿轮油(GL-3)

普通车辆齿轮油分为 80W/90、85W/90 和 90 三个黏度牌号,主要由精制矿物油加抗氧剂、缓蚀剂、抗泡剂和少量极压剂等制成。适用于中等速度和负荷、比较苛刻的手动变速器和弧齿锥齿轮的驱动桥。其具体规格见表5-5。

普通车辆齿轮油(GL-3)　　　　表5-5

项目		质量指标			试验方法
		80W/90	85W/90	90	
运动黏度100℃(mm²/s)		15~19	15~19	15~19	GB/T 265
表观黏度150Pa·s时的温度(℃)	不高于	-26	12		GB/T 11145
黏度指数				90	GB/T 1995 或 GB/T 2541
倾点(℃)		-28	-18	-10	GB/T 3535
闪点(开口)(℃)		170	180	190	GB/T 267
水分(%)		痕迹			GB/T 260
锈蚀试验15号钢棒A法		无锈			GB/T 1143
起泡性(mL/mL) 24℃±0.5℃ 93℃±0.5℃ 24℃±0.5℃	不大于	100/10 100/10 100/10			GB/T 12579
铜片腐蚀试验(100℃,3h)(级)	不大于	1			GB/T 5096
最大无卡咬负荷(P_B)(N)	不小于	784			GB/T 3142
糠醛或酚含量(未加剂)		无			SH/T 0076 或 SH/T 0120

续上表

项　　目		质量指标			试验方法
		80W/90	85W/90	90	
机械杂质(%)	不大于	0.05	0.02	0.02	GB/T 511
残炭(未加剂)(%)		报告			GB/T 268
酸值(未加剂)(mgKOH/g)		报告			GB/T 4945
氯含量(%)		报告			GB/T 0160
锌含量(%)		报告			GB/T 0226
硫酸盐灰分(%)		报告			GB/T 2433

2. 中负荷车辆齿轮油(GL-4)

中负荷车辆齿轮油分为80W/90、85W/90和90三个黏度牌号，由精制矿物油加抗氧剂、缓蚀剂、抗泡剂和极压剂等制成。适用于在低速高转矩、高速低转矩下操作的各种齿轮，特别是客车和其他车辆的准双曲面齿轮。其安全使用技术条件见表5-6

中负荷车辆齿轮油(GL-4)　　　　　表5-6

项　　目		质量指标			试验方法
		80W/90	85W/90	90	
运动黏度100℃(mm²/s)		13.5~24	13.5~24	13.5~24	GB/T265
表观黏度150Pa·s时的温度(℃)	不大于	-26	-12		GB/T 11145
黏度指数	不小于			75	GB/T 2541
倾点(℃)	不大于	-30	-15	10	GB/T3535
闪点(开口)(℃)	不小于	180			GB/T 267
水分(%)	不大于	痕迹			GB/T 260
锈蚀试验45号钢棒		无锈			GB/T 1143
起泡性(mL/mL)	不大于				GB/T 12579
24℃±0.5℃		100/0			
93℃±0.5℃		100/0			
后24℃±0.5℃		100/0			
铜片腐蚀试验(121℃,3h)(级)	不大于	36			GB/T 5096
最大无卡咬负荷(P_B)(N)	不小于	883			GB/T 3142
机械杂质(%)	不大于	0.05			GB/T 511
磷含量(%)		报告			SH/T 0296
硫含量(%)		报告			GB/T 387
锌含量(μg/g)		10			GB/T 0309
齿轮台架		通过			JT224—2008

3. 重负荷车辆齿轮油

重负荷车辆齿轮油分为75W、80W/90、85W/90、85W/140、90和140号六个牌号，由精制矿物油加抗氧剂、防锈剂、抗泡剂和极压剂等制成。适用于在高速冲击负荷、高速低转矩、低速高转矩下操作的各种齿轮，特别是客车和其他车辆的准双曲面齿轮。其规格见表5-7。

表 5-7 重负荷车辆齿轮油（GL-5）质量指标

分析项目	75W-90	80W-90	80W-110	80W-140	85W-90	85W-110	85W-140	90	110	140	试验方法
黏度等级											
运动黏度（100℃）[（mm²/s）]	13.5~<18.5	<13.5~<18.5	18.5~<24.0	24.0~<32.5	13.5~<18.5	18.5~<24.0	24.0~<32.5	13.5~<18.5	18.5~<24.0	24.0~<32.5	GB/T 265
黏度指数			报告					不小于 90			GB/T 1995[a]
KRL 剪切安定性（20h）剪切后100℃运动黏度[（mm²/s）]				在黏度等级范围内							NB/SH/T 0845
倾点（℃）不高于	报告	报告	报告	报告	报告	报告	报告	-12	-9	-6	GB/T 3535
表观黏度（-40℃）[（mPa·s）] 不大于	150000							—	—	—	GB/T 11145
表观黏度（-26℃）[（mPa·s）] 不大于	—	150000	150000	15000				—	—	—	GB/T 11145
表观黏度（-12℃）[（mPa·s）] 不大于	—	—	—	—	150000	150000	150000	—	—	—	GB/T 11145
闪点（开口）（℃）不低于	170	180	180	180	180	180	180	180	180	200	GB/T 3536
泡沫性（泡沫倾向）（mL）不大于 24℃ / 93.5℃ / 后24℃					20 / 50 / 20						GB/T 12579
铜片腐蚀（121℃, 3h）（级）不大于					3						GB/T 5096
机械杂质（质量分数）（%）不大于					0.05						GB/T 511
水分（质量分数）（%）不大于					痕迹						GB/T 260
戊烷不溶物（质量分数）（%）					报告						GB/T 8926A 法
硫酸盐灰分（质量分数）（%）					报告						GB/T 2433
硫（质量分数）（%）					报告						GB/T 17040[b]
磷（质量分数）（%）					报告						GB/T 17476[c]

续上表

分析项目	质量指标	试验方法
氮（质量分数）(%)	报告	NB/SH/T 0704[d]
钙（质量分数）(%)	报告	GB/T 17476[e]
储存稳定性		
液体沉淀物（体积分数）(%) 不大于	0.5	SH/T 0037
固体沉淀物（质量分数）(%) 不大于	0.25	
锈蚀性试验		
最终锈蚀性能评价 不小于	9.0	NB/SH/T 0517
承载能力试验[f]		
驱动小齿轮和环形齿轮		NB/SH/T 0518
螺脊 不小于	8	
波纹 不小于	8	
磨损 不大于	5	
点蚀/剥落 不小于	9.3	
擦伤 不小于	10	
抗擦伤试验[f]	优于参比油或与参比油性能相当	SH/T 0519
热氧化稳定性		
100℃运动黏度增长(%) 不大于	100	SH/T 0520[g]
戊烷不溶物（质量分数）(%) 不大于	3	GB/T 265
甲苯不溶物（质量分数）(%) 不大于	2	GB/T 8926A 法
		GB/T 8926A 法

注：a 也可采用 GB/T 2541 方法进行，结果有争议时以 GB/T 1995 为仲裁方法。
b 也可采用 GB/T 11140，SH/T 0303 方法进行，结果有争议时以 GB/T 17040 为仲裁方法。
c 也可采用 SH/T 0296，NB/SH/T 0822 方法进行，结果有争议时以 GB/T 17476 为仲裁方法。
d 也可采用 GB/T 17674，SH/T 0224，NB/SH/T 0822 方法进行，结果有争议时以 NB/SH/T 0704 为仲裁方法。
e 也可采用 SH/T 0270，NB/SH/T 0822 方法进行，结果有争议时以 GB/T 17476 为仲裁方法。
f 75W-90 黏度等级需同时满足标准版和加拿大版的承载能力试验和抗擦伤试验。
g 也可采用 SH/T 0755 方法进行，结果有争议时以 SH/T 0520 为仲裁方法。

第三节　车辆齿轮油的选择

车辆齿轮油的选择包含齿轮油使用等级的选择和黏度等级的选择两个方面。一方面要根据使用环境最低温度和传动装置的运行最高温度来确定最低等级,另一方面要根据齿轮类型和工作条件来确定齿轮油的质量档次。

一、使用性能级别的选择

车辆齿轮油使用级别的选择,要严格按照汽车使用说明书中规定的齿轮油使用级,或根据传动机构工作条件的苛刻程度选择齿轮油。工作条件主要根据齿面压力、滑动速度和油温等工作条件,而这些工作条件又取决于传动装置的齿轮类型,所以车辆齿轮油使用级别一般按齿轮类型和传动装置的功能来选。

一般来说,在汽车传动机构中后桥主减速器的工作条件较为苛刻,特别是准双曲面齿轮式主减速器工作时不仅负荷重、速度快,而且齿面侧向滑动,在负荷下运转时主要靠油内极压抗磨剂的作用来减少摩擦和磨损。所以对准双曲面齿轮式主减速器或工作条件苛刻的其他齿轮式主减速器一定要选择 GL-4 以上的齿轮油。

手动变速器的齿轮均为圆柱形直齿轮或斜齿轮,负荷一般低于 200MPa,转速较快,容易形成流体(轻负荷)或弹性流体(重负荷)润滑膜;各挡齿轮交替工作,其工作条件比主减速器齿轮(尤其是准双曲面齿轮)温和,所以普通车辆齿轮油就可以满足其润滑要求。但为了减少用油级别,方便管理,在汽车各传动装置对齿轮油使用性能级别要求相差不太大的情况下,手动变速器和后桥可以选用同一级别使用性能的齿轮油。

二、黏度级别的选择

车辆齿轮油的黏度最低黏度级别的选择,主要根据最低气温和最高油温,并同时考虑车辆齿轮油换油周期较长的因素。

车辆齿轮油的黏度应既能保证低温下的车辆起步,又能满足油温升高后的润滑要求。车辆齿轮油以表观黏度 150Pa·s 作为低温流动性极限,所以在 SAE 黏度分类中表观黏度达 50Pa·s 时的最高温度,就是保证低温操作性能的最低温度。则由表 6-7 可知,黏度为 75W、80W 和 85W 的准双曲面齿轮油的最低使用温度分别为 -40℃、-26℃、-12℃。即车辆使用地区的最低温度不应低于所选齿轮油的上述温度。

黏度等级选择可按最低使用温度(表 5-8),或按小齿轮转速及工作温度来选择 100℃ 运动黏度。

最低使用温度与黏度牌号　　　　　　　　　　表 5-8

最低使用温度(℃)	SAE 黏度等级	最低使用温度(℃)	SAE 黏度等级
-40	75W/90	-20	85W/90
-30	80W/90	-10	90

由于我国幅员广阔,南北气候相差很大,不能按同一模式来选择车辆齿轮油的黏度。我国南方冬季温度很少低于 -10℃,所以可全年使用 SAE90 和 SAE140 车辆齿轮

油;而在北方地区,为适当延长换油期,避免季节换油造成浪费,可以选用冬夏通用的多级油。黄河以南地区可选用 85 W/140 车辆齿轮油;寒区及严寒地区可选用 75 W/90 车辆齿轮油。

三、车辆齿轮油选用的注意事项

(1) 等级低的齿轮油不能用在要求较高的车辆上,等级高的齿轮油可降级使用,但降级过多则在经济上不合算。

(2) 齿轮油的黏度应以能保证润滑为宜,尽可能选用合适的多级齿轮油,如果黏度过高,会使燃料消耗显著增加。

(3) 不同等级的车辆齿轮油不能混用。

第四节 在用车辆齿轮油的质量与更换

车辆齿轮油在使用过程中不仅有量的消耗,而且还有质的变化。车辆齿轮油会逐渐老化,其理化性质和使用性能逐渐变差,这就同发动机润滑油一样会存在着质量控制的问题。

当使用到一定时间后,随着质量、性能变差,为确保润滑条件,必须及时更换齿轮油。如果车辆齿轮油的质量水平高,则使用中油品老化速度慢,油品寿命就长。

一、磨合期换油

新齿轮组的加工和装配,都不可避免地有加工条绞和误差。齿轮组运转时,开始只是在齿面的一些凸起地方接触,如果此时突然加大负荷,接触部分会受到极大压力,磨损会突增,容易产生胶合,造成齿面损伤,缩短使用寿命,因此,应选用极压性好的齿轮油。另外,由于新配合部件各部分间隙较小,在磨合期应选用黏度较低的齿轮油使摩擦表面得到良好的润滑。由于磨合期零件表面及润滑油的温度都很高,并有较多磨损下来的金属屑,很容易使齿轮油氧化变质,所以,在使用时应按磨合期维护规定及时更换齿轮油。

二、车辆齿轮油的更换

车辆齿轮油在使用过程中同样存在着质量变质和质量控制问题。车辆齿轮油的换油标准主要有定期换油、按质换油和定期换油同时控制油的指标三种。

定期换油是根据车辆的传动结构特性、运行条件和润滑油的质量,由汽车制造厂家推荐或用户自行确定固定的换油周期(时间或里程)。但采用定期换油的方法会出现不该换的齿轮油被换了,浪费了油料;或者该换时没换的情况,使润滑条件无法保证。虽然定期换油不尽合理,但由于定期换油不需要对齿轮油的质量进行鉴定、化验,操作简单、方便,所以目前国内对车辆齿轮油的更换多是采用定期换油。

按质换油就是按齿轮油的质量更换齿轮油,是确定在用车辆齿轮油更换周期的发展方向。随着在用润滑油化验技术的进步,按质换油正在逐步取代按期换油,但是按质换油必须配备一定数量、具有监测化验能力的技术人员和必要的化验设备。

复习思考题

1. 车用齿轮油的使用性能包含哪些?如何评定?
2. 车用齿轮油是如何进行分类的?
3. 选用车辆齿轮油时,应注意哪些事项?
4. 车辆齿轮油的更换标准有哪些?

第六章　车用润滑脂

润滑脂是将稠化剂分散于液体润滑剂中所形成的一种稳定的固体或半固体产品,其中可以加入旨在改善润滑脂某种特性的添加剂及填料。润滑脂在常温下可附着于垂直表面不流失,并能在敞开或密封不良的摩擦部位工作,具有其他润滑剂所不可替代的特点。因此,在汽车和工程机械上的许多部位都使用润滑脂作为润滑材料。

第一节　润滑脂的组成、分类和使用特点

一、润滑脂的基本组成

润滑脂主要是由稠化剂、基础油和添加剂三部分组成。一般润滑脂中基础油含量为75%~90%,稠化剂含量为10%~20%,添加剂及填料的含量在5%以下。

1. 基础油

基础油是润滑脂分散体系中的分散介质,它对润滑脂的性能有较大影响。一般润滑脂多采用中等黏度及高黏度的石油润滑油作为基础油,也有一些为适应在苛刻条件下工作的机械润滑及密封的需要,采用合成润滑油作为基础油,如酯类油、硅油、聚α烯烃油等。

2. 稠化剂

稠化剂是润滑脂的重要组分,稠化剂分散在基础油中并形成润滑脂的结构骨架,使基础油被吸附和固定在结构骨架中。润滑脂的抗水性及耐热性主要由稠化剂所决定。用于制备润滑脂的稠化剂有两大类:皂基稠化剂(即脂肪酸金属盐)和非皂基稠化剂(烃类、无机类和有机类)。

皂基稠化剂分为单皂基(如钙基脂)、混合皂基(如钙钠基脂)和复合皂基(如复合钙基脂)三种。90%的润滑脂是用皂基稠化剂制成的。

3. 添加剂与填料

一类添加剂是润滑脂所特有的,称为胶溶剂,它使油皂结合更加稳定,如甘油与水等。钙基润滑脂一旦失去水,其结构就完全被破坏,不能成脂,如甘油在钠基润滑脂中可以调节脂的稠度。另一类添加剂和润滑油中的一样,如抗氧、抗磨和缓蚀剂等,但用量一般较润滑油中为多。有时,为了提高润滑脂抵抗流动和增强润滑的能力,常添加一些石墨、二硫化钼和炭黑等作为填料。图6-1所示为制备皂基润滑脂的工艺过程,其主要工序过程是皂化、成脂、冷却和研磨。

二、润滑脂的分类

润滑脂品种复杂,牌号繁多,可按组成和用途来进行分类,如图6-2所示。原先采用的

按稠化剂进行分类的 GB 501—1965 已不能适应润滑脂发展及使用要求,并于 1988 年 4 月 1 日宣布废止。GB 7631.8—1990 规定按使用要求对润滑脂进行分类,这个分类体系等效地采用了 ISO 的分类方法,代替了 GB 501—1965。但目前生产销售与使用的润滑脂尚未完全纳入新的分类体系之中,因而,为了说明新旧分类体系的具体不同,有必要对新旧分类体系进行比较对照。

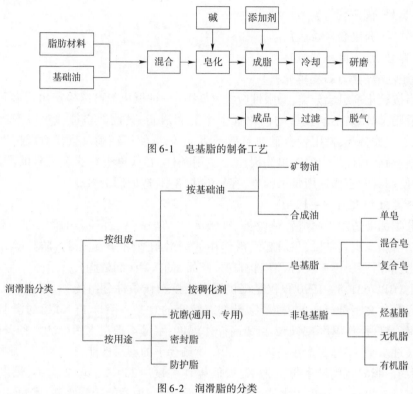

图 6-1　皂基脂的制备工艺

图 6-2　润滑脂的分类

1. 旧分类(GB 501—1965)

GB 501—1965 是按稠化剂组成分类的,即分为皂基脂、烃基脂、无机脂与有机脂四类。

皂基脂按所含皂类稠化剂的不同又分为:单一皂基脂、混合皂基脂和复合皂基脂。常见单一皂基脂有钙基脂、钠基脂、锂基脂、铝基脂、钡基脂、铅基脂等;常见混合皂基脂有钙钠基脂、钙铝基脂、铅钡基脂、铝钡基脂等;常见复合皂基脂有复合钙基脂、复合铝基脂等。

同组的各种润滑脂按用途又分工业、船用等若干小组。旧分类中润滑脂的命名按下列顺序进行:

牌号—尾注—组别或级别名称—类别。

例:1 号　合成钙基　润滑脂(代号为 ZG-1H)。

其中,

1 号——牌号(锥入度系列号);

合成——尾注(合成脂肪酸);

钙基——组别(稠化剂);

润滑脂——类别(润滑脂)。
润滑脂的代号按以下排列顺序表示：
类号—组号—级号—牌号—尾注号。

例：ZJ-4S(4号石墨烃基润滑脂)。

其中，

Z——类号(固定代号)；

J——组号(稠化剂为烃基)；

4——牌号(锥入度系列号)；

S——尾注号(含有石墨填充料)。

润滑脂按稠化剂组成分类，局限性较大，使用同一种稠化剂可以生产出许多种具有不同性能的润滑脂，即使是不同类型的稠化剂生产的润滑脂，其性能也往往难以准确区分。所以，以稠化剂组成分类，使用者会感到混淆不清，不依据使用经验及查找对应标准就难以选用。从分组、命名和代号中看不出润滑脂的使用条件，必须再查找这个代号的润滑脂标准。因此，会给使用者的正确选用带来困难，容易发生错用，造成润滑事故。

2. 新分类(GB 7631.8—1990)

这个分类标准适用于润滑各种设备、机械部件、车辆等所有种类的润滑脂，不适用于特殊用途的润滑脂。也就是说，只对起润滑作用的润滑脂适用，对起密封、防护等作用的专用脂均不适用，润滑脂属于L类(润滑剂和有关产品)的X组(润滑脂)。

实际上，GB 7631.8—1990仅仅是提供润滑脂按操作条件分组的一个代号，而这个代号是由5个大写英文字母组成的，每个字母都有特定的意义。字母1(X)指润滑脂的组别代号；字母2指最低操作温度；字母3指最高操作温度；字母4指在水污染的操作条件下，其抗水性能和缓蚀水平；字母5指在高负荷或低负荷场合下的润滑性能，见表6-1。例如，通用锂基润滑脂，润滑脂固定代号字母1为X；最低操作温度－20℃，字母2为B；最高操作温度＋120℃，字母3为C；水污染为水淋流失量不大于10%，说明能经受水洗，字母4为H；负荷条件为低负荷，即不具有极压性，字母5为A；稠度等级：1号、2号、3号。故通用锂基润滑脂的分类代号为 L-XBCHA1、2、3。

3. 两种分类标准的对比

这两种分类标准本无对比性，但是GB 501—1965由于使用时间很长，加之目前润滑脂的生产销售尚未完全纳入新体系之中。为了能更加清楚地说明问题及加深对新标准体系的认识，作以下简单对比。

(1)分类原则：GB 501—1965是按稠化剂来分类的，并用皂基脂的拼音首字母作为符号分组。

GB 7631.8—1990是按润滑脂应用时的操作条件进行分类的。

(2)命名与代号：GB 501—1965的命名与代号规定得很详细，从命名可以知道润滑脂稠化剂的类型，但专用润滑脂类有时看不出稠化剂类型。代号中也可以反映出稠化剂类型和牌号。

GB 7631.8—1990只反映了润滑脂的代号。它是用5个英文字母组成，从代号中看不出稠化剂类型，但能反映出稠度牌号。

X 组的分类(GB 7631.8—1990)　　　　　　表 6-1

代号字母(字母1)	总的用途	使用要求							标记	备注
		操作温度范围			水污染	负荷EP	字母5	稠度		
		最低温度①(℃)	字母2	最高温度②(℃)	字母3					
X	用润滑脂的场合	0 −20 −30 −40 <−40	A B C D E	60 90 120 140 160 180 >180	A B C D E F G	在水污染的条件下,润滑脂的润滑性、抗水性和缓蚀性	A B C D E F G H I	在高负荷或低负荷下,表示润滑脂的润滑性和极压性,用A表示非极压性脂,用B表示极压性脂	A B	可选用如下稠度号 000 00 0 1 2 3 4 5 6	一种润滑脂的标记是由代号字母X与其他4个字母及稠度等级号联系在一起来标记的	包含在这个分类体系范围里的所有润滑脂彼此相容是不可能的。而由于缺乏相容性,可能导致润滑脂性能水平的剧烈降低。因此,在允许不同的润滑脂相接触之前,应和产销部门协商

注:①设备起动或运转时,或者泵送润滑脂时,所经历的最低温度。
②使用时,被润滑部件的最高温度。

(3)适用范围：GB 501—1965 可以适用于所有润滑脂,不管是润滑,还是密封、防护等用途。一种润滑脂按此命名、代号、分类,原则上就可以给出一个分组、命名和代号。因此,用 GB 501—1965 分组、命名和代号的润滑脂越多,用户越难选用。

GB 7631.8—1990 只适用于以润滑为主的润滑脂,其他用途的润滑脂不适用于此标准。

(4)选用效果：GB 501—1965 命名的润滑脂品种繁多,有一个润滑脂就有一个命名,使用者从命名、代号中看不出使用条件,如果仅知道使用条件来选用润滑脂就很困难,必须看润滑脂的标准和根据经验才能确定。

GB 7631.8—1990 是以润滑脂使用的操作条件进行分类的,只要记住分类表,根据分类就可以选用润滑脂。同时,使用者可以根据实际需要进行选择,因为符合该使用条件的润滑脂有好几个,不同稠化剂制成的润滑脂只要符合这个操作条件都归入该分类,供使用者充分选择。

(5)简化品种命名：GB 501—1965 不能简化品种命名,而且只会越来越多。

三、润滑脂的使用特点

润滑脂与润滑油相比具有以下优点：

(1)在金属表面具有良好的黏附性,不易流;在不易密封的部位使用,可简化润滑系统的结构。

(2)抗碾压,在高负荷及冲击负荷作用下,仍有良好的润滑能力。

(3)润滑周期长,不需经常补充、更换,且对金属部件具有一定的缓蚀性,相对地降低了维护费用。

(4)适用的温度范围较宽,适用的工作条件也较宽。

所以,车辆上不宜用液体润滑剂的部位如轴承、传动轴花键等,均使用润滑脂。但润滑脂有黏滞性大、运转阻力大、流动性差、冷却和清洗作用差、固体杂质混入后不易清除以及加脂、换脂比较困难等缺点。所以,使用润滑脂的部位也受到一定限制。

第二节　润滑脂的使用性能指标

润滑脂的使用范围很广,工作条件也千差万别。不同的机械设备对润滑脂性能要求各不相同。润滑脂性能是润滑脂组成及其制备工艺的综合体现。润滑脂性能的评价,不但在生产上和研究工作上有决定性的意义,而且在使用部门对润滑脂的选择和检验上也是必不可少的。根据汽车及工程机械用脂部位的具体情况,对润滑脂的基本要求是:适当的稠度,良好的高低温性能,良好的极压、抗磨性,良好的抗水、防腐和安定性等。

一、稠度

在规定的剪切力或剪切速率下,测定润滑脂结构体系变形程度以表达体系的结构性,即为稠度的概念。它是一个与润滑脂在所润滑部位上的保持能力和密封性能,以及与润滑脂的泵送和加注方式有关的重要性能指标。某些润滑点之所以要使用润滑脂,就是因为其有一定的稠度,从而使其具有一定的抵抗流失的能力。不同稠度的润滑脂所适用的机械转速、负荷和环境温度等工作条件不同,因此,稠度是润滑脂的一个重要指标。

润滑脂的稠度等级可用锥入度来表示。润滑脂的锥入度是指在规定时间、温度条件下,规定质量的标准锥体穿入润滑脂试样的深度,以 1/10mm 表示。润滑脂的锥入度测定可按《润滑脂锥入度测定法》(GB/T 269—1991)规定的方法进行。润滑脂锥入度通常包括不工作、工作、延长工作三种。不工作锥入度一般不像工作锥入度那样能有效地代表使用中润滑脂的稠度,通常检验润滑脂时最好用工作锥入度。延长工作锥入度适用于工作超过60次所测定的锥入度。润滑脂锥入度测定方法:在25℃条件下将锥体组合件从锥入计上释数,使锥体沉入试样 5s 的深度来分别测定润滑脂的上述四种锥入度。

锥入度反映了润滑脂在低剪切速率条件下变形与流动性能。锥入度值越高,脂越软,即稠度越小,越易变形和流动;锥入度值越低,则脂越硬,即稠度越大,越不易变形和流动。由此可见,锥入度可有效地表示润滑脂的稠度,是选用润滑脂的重要依据。我国用锥入度范围来划分润滑脂的稠度牌号。GB/T 7631.1—2008 等同采用《润滑剂、工业用油和有关产品(L类)的分类第99部分:总分组》(ISO 6743—99:2002)(英文版)。

二、高温性能

温度对于润滑脂的流动性具有很大影响,温度升高,润滑脂变软,使得润滑脂附着性能降低而易于流失。另外,在较高温度条件下还易使润滑脂的蒸发损失增大,氧化变质与凝缩分油现象严重。润滑脂失效的主要原因,大多是由于凝胶的萎缩和基础油的蒸发损失所致,即润滑脂失效过程的快慢与其使用温度有关。高温性能好的润滑脂可以在较高的使用温度下保持其附着性能,其变质失效过程也较缓慢。润滑脂的高温性能可用滴点、蒸发度和轴承漏失量等指标进行评定。

润滑脂的滴点是指其在规定条件下达到一定流动性时的最低温度,以℃表示。滴点没有绝对的物理意义,它的数值因设备与加热速率不同而异。润滑脂的滴点主要取决于稠化剂的种类与含量,润滑脂的滴点可大致反映其使用温度的上限。显然,润滑脂达到滴点时其已丧失对金属表面的黏附能力。一般而言,润滑脂应在滴点以下20~30℃或更低的温度条件下使用。

润滑脂的滴点可按《润滑脂滴点测定法》(GB/T 4929—1985)进行测定。方法为:将润滑脂装入滴点计的脂杯中,在规定的标准条件下,记录润滑脂在试验过程中达到规定流动性时的温度。该标准与ISO/DP2176等效。GB/T 3498—2008是润滑脂宽温度范围滴点测定法。

润滑脂的蒸发度是指在规定条件下蒸发后,润滑脂的损失量所占的质量分数。润滑脂的蒸发度主要取决于所采用的基础油的种类、馏分组成和分子量。高温、宽温度条件下使用的润滑脂,其蒸发度的测定尤为重要,蒸发度可以定性地表示润滑脂上限使用温度。润滑脂基础油蒸发损失,会使润滑脂中的皂基稠化剂含量相对增大,导致脂的稠度发生变化,使用中会造成内摩擦增大,影响润滑脂的使用寿命。因而,蒸发度指标可以从一定程度上表明润滑脂的高温使用性能。

SH/T 0337—1992是皿式法测定润滑脂蒸发度的方法。GB/T 7325—1987是测定润滑脂和润滑油蒸发损失的方法,方法为:把放在蒸发器里的润滑脂试样置于规定温度的恒温浴中,热空气通过试样表面22h,根据试样失重计算蒸发损失。

为了更好地评价车辆及工程机械所用润滑脂的高温性能,还要通过模拟试验,测定高温条件下轴承的工作特性及测定轴承漏失量。

据统计,绝大部分滚动轴承润滑都采用润滑脂,因此,采用润滑脂的轴承使用寿命是一项极其重要的性能指标。润滑脂在高温轴承寿命试验机上的评定,可以模拟润滑脂在一定的高温、负荷、转速条件下的工作性能,因此,测得的结果对实际使用具有一定的参考价值。一般是在试验机上观测,当润滑脂达到使用寿命时,脂膜破坏,出现破坏力矩的峰值,试验自动停车,还会伴随出现轴承温升记录指示值剧升和干摩擦噪声,若经反复起动仍不能转动,则表示润滑脂膜已遭破坏,试验结束,试验所进行的时间就是润滑脂的高温轴承寿命。一般而言,润滑脂的轴承寿命越长,表示其使用期也越长。

三、低温性能

汽车与工程机械起步时的温度与环境温度近乎一致,在寒冷地区使用时,要求润滑脂在低温条件下仍能保持良好的润滑性能,它取决于润滑脂低温条件下的相似黏度及低温转矩。

我们知道润滑油的黏度随温度的升高而减小,所以同一种润滑油,由于温度不同,黏度也不同,这种特性称之为黏温特性。润滑脂的黏温特性则要比润滑油复杂,因为润滑脂结构体系的黏温特性还要随切应力的变化而改变。

润滑脂在一定温度条件下的黏度是随着剪切速率而变化的变量,这种黏度称之为相似黏度,单位为Pa·s。润滑脂中相似黏度随着剪切速率的增高而降低,但当剪切速率继续增加，润滑脂的相似黏度接近其基础油的黏度后便不再变化。润滑脂相似黏度与剪切速率的变化规律称为黏度—速度特性。黏度随剪切速率变化越显著，其能量损失越大。一般可以根据低温条件下润滑脂相似黏度的允许值来确定润滑脂的低温使用极限。

润滑脂的相似黏度也随温度上升而下降，但仅为基础油的几百甚至几千分之一，所以，润滑脂的黏温特性比润滑油好。

SH/T 0048—1991 规定了润滑脂相似黏度的测定方法，采用的是非恒定流量毛细管黏度计。

低温转矩是表示润滑脂在低温条件下使用时阻滞低速滚珠轴承转动的程度。低温转矩可以表示润滑脂的低温使用性能，用 9.8×10^{-2} N·m 转矩测出使轴承在 1min 内转动一周时的最低温度，作为润滑脂的最低使用温度。

润滑脂的低温转矩除了与基础油的低温黏度有关以外，还与润滑脂的强度极限有关。《滚珠轴承润滑脂低温转矩测定法》(SH/T 0338—1992) 规定了起动与运转转矩的测定方法，该方法可测在 -20℃ 条件下滚珠轴承润滑脂的起动与运转转矩，作为评价润滑脂在低温条件下运转阻力大小的评定指标。

四、极压性与抗磨性

涂在相互接触的金属表面间的润滑脂所形成的脂膜，能承受来自轴向与径向的负荷，脂膜具有的承受负荷的特性就称作润滑脂的极压性。一般而言，在基础油中添加了皂基稠化剂后，润滑脂的极压性就增强了。在苛刻条件下使用的润滑脂，常添加有极压剂，以增强其极压性。目前普遍采用四球试验机来测定润滑脂的脂膜强度。《润滑脂极压性能测定法（四球机法）》(SH/T 0202—1992) 规定了润滑脂极压性能的测定方法，该方法用综合磨损值和烧结点来表示。综合磨损值也称负荷—磨损指数，是用四球法测定润滑剂极压性能时，在规定条件下得到的若干次修正负荷的平均值。烧结点也称烧结负荷，指在规定条件下使钢球发生烧结的最低负荷(N)。《润滑脂承载能力的测定 梯姆肯法》(NB/SH/T 0203—2014) 用 OK 值（即最大合用值）来表示润滑脂的极压性能。所谓 OK 值，是指在用梯姆肯法测定润滑剂承载能力的过程中，出现刮伤或卡咬现象时所加负荷的最小值(N)。

润滑脂通过保持在运动部件表面间的油膜，防止金属与金属相接触而磨损的能力称为抗磨性。润滑脂的稠化剂本身就是油性剂，具有较好的抗磨性。在苛刻条件下使用的润滑脂，添加有二硫化钼、石墨等减摩剂和极压剂，因而具有比普通润滑脂更强的抗磨性，这种润滑脂被称为极压型润滑脂。

《润滑脂齿轮磨损测定法》(SH/T 0427—1992) 是用齿轮磨损试验机测定润滑脂耐磨性的方法。

五、抗水性

润滑脂的抗水性表示润滑脂在大气湿度条件下的吸水性能，要求润滑脂在储存和使用中不具有吸收水分的能力。润滑脂吸收水分后，会使稠化剂溶解而致滴点降低，引起腐蚀，从而降低保护作用。有些润滑脂，如复合钙基脂，吸收大气中的水分还会导致变硬，逐步丧失润滑能力。润滑脂的抗水性主要取决于稠化剂的抗水性与乳化性。汽车与工程机械在使用过程中,底盘各摩擦点可能与水接触,这就要求润滑脂具有良好的抗水性。抗水性差的润滑脂吸收大气中水分或遇水后往往造成稠度降低甚至乳化而流失。

SH/T 0109—2004 规定了用抗水淋性能测定法测定润滑脂抗水性的方法。方法为:在规定条件下,将已知量的试样加入试验机轴承中,在运转中受水喷淋,根据试验前后轴承中试样质量差值,得出因水喷淋面损失的润滑脂量。也可用测定润滑脂溶水性能的方法测定其抗水性。方法为:在试样中逐次加入定量的水分,测其 10 万次延长工作锥入度,再与试验前 60 次工作锥入度相比较,其差值大小可评定该试样的溶水性能。

六、防腐性

防腐性是润滑脂阻止与其相接触金属被腐蚀的能力。润滑脂的稠化剂和基础油本身是不会腐蚀金属的,使润滑脂产生腐蚀性的原因很多,主要是由于氧化产生酸性物质所致。一般而言,过多的游离有机酸、碱都会引起腐蚀。腐蚀试验就是检测润滑脂是否对金属有腐蚀作用,测定的方法有几种,试验条件也各异,但都是在一定温度和试验时间下通过观察金属片上的变色或产生斑点等现象来判断润滑脂腐蚀性的大小。《润滑脂腐蚀试验法》(SH/T 0331—1992),采用 100℃,3h,铜片、钢片进行测定。《润滑脂铜片腐蚀试验》(GB/T 7326—1987)规定了润滑脂对铜部件防腐蚀性的测定方法,采用 100℃,24h,铜片进行测定,分甲法与乙法。甲法是将试验铜片与铜片腐蚀标准色板进行比较,确定腐蚀级别;乙法是检查试验铜片有无变色。

《润滑脂防腐蚀性试验法》(GB/T 5018—2008)规定了润滑脂防腐蚀性试验方法。方法为:将涂有试样的新轴承,在轻的推力负荷下运转 60s±3s,使润滑脂按使用情况那样分布。轴承在 52℃±1℃,100% 相对湿度条件下存放 48h±0.5h,然后清洗并检查轴承外圈滚道的腐蚀迹象。本方法中的腐蚀是指轴承外圈滚道的任何表面损坏(包括麻点、刻蚀、锈蚀等)或黑色污渍。该方法可以评定在潮湿条件下润滑脂阻止与其相接触金属产生锈蚀及其他形式腐蚀的能力。

七、胶体安定性

胶体安定性是指润滑脂在储存和使用时避免胶体分解,防止液体润滑油析出的能力。润滑脂发生皂油分离的倾向性大则说明其胶体安定性不好,将直接导致润滑脂稠度改变。评定润滑脂胶体安定性可采用分油试验进行。

《润滑脂压力分油测定法》(GB/T 392—1977)通过测定润滑脂的分油量来评定润滑脂的胶体安定性。方法为:用加压分油器将油从润滑脂中压出,然后测定压出的油量。《润滑脂分油的测定 锥网法》(NB/SH/T 0324—2010)规定用锥网分油法测定润滑脂分油量的方法,适用于测定润滑脂在温度升高条件下的分油倾向。

八、氧化安定性

润滑脂在储存与使用时抵抗大气的作用而保持其性质不发生永久变化的能力称为氧化安定性。润滑脂的氧化与其组分,即稠化剂、添加剂及基础油有关。润滑脂中的稠化剂和基础油,在储存或长期处于高温的情况下很容易被氧化。氧化的结果是产生腐蚀性产物、胶质和破坏润滑结构的物质,这些物质均易引起金属部件的腐蚀和降低润滑脂的使用寿命。由于润滑脂中的金属(特别是锂皂)或其他化合物对基础油的氧化具有促进作用,所以,润滑脂的氧化安定性很大程度上取决于基础油的氧化安定性,且其氧化安定性要比其基础油差,因此润滑脂中普遍加入抗氧剂。

SH/T 0325—1992规定了润滑脂氧化安定性的测定方法。方法为:在100℃,氧压为0.80MPa下通入氧气,100h后观察氧气的压力下降,以不大于0.3MPa为合格。SH/T 0335—1992规定了润滑脂的化学安定性测定方法。

第三节　常用润滑脂的使用性能和特点

汽车常用润滑脂有钙基润滑脂、石墨钙基润滑脂、无水钙基润滑脂、复合钙基润滑脂、钠基润滑脂、钙钠基润滑脂、通用锂基润滑脂、汽车通用锂基润滑脂、合成锂基润滑脂、二硫化钼极压锂基润滑脂等,其主要使用性能和使用范围见表6-2。

润滑脂的主要使用性能及选用范围　　　　表6-2

油　品	牌　号	主要使用性能	选用范围	使用温度(℃)
钙基润滑脂(GB/T491—2008)	ZG-1	主要用于拖拉机、纺织等工农业机械的滚动轴承和易与水或潮气接触部位的润滑。使用温度为-10~60℃,转速在3000r/min以下的滚动轴承,一般都可以使用。主要特征是耐水性强,耐热性差	适用于集中供脂系统和汽车底盘	≤55
	ZG-2		适用于一般中转速、轻负荷的中小型机械(如电动机,水泵,鼓风机)的滚动轴承,汽车、拖拉机的轮毂轴承,离合器轴承和各种农业机械的润滑部位	≤60
	ZG-3		适用于一般中转速、中负荷的中型机械的轴承	≤65
	ZG-4		适用于一般低转速、重负荷的重型机械设备	≤70
石墨钙基润滑脂(SH/T 0369—1992)	ZG-S	抗磨极压,抗水性好,耐热性差。含10%的鳞片状石墨	适用于工作温度在60℃以下的汽车弹簧钢板,起重机齿轮转盘,矿山机械,绞车齿轮,钢丝索,升降机的滑板及其他粗糙、重负荷的摩擦部位	≤60
无水钙基润滑脂	—	具有优异的机械安定性和抗水性,以及较好的胶体安定性,其抗吸湿性和抗热硬化性均优于复合钙基脂,使用温度比钙脂高30℃	适用于寒区、严寒区汽车,拖拉机的轮毂轴承、底盘和水泵轴承,以及电动车和风机轴承等摩擦部位的润滑。其中A型使用温度范围为-50~110℃,B型使用温度范围为-45~100℃	—
复合钙基润滑脂(SH/T 0370—1995)	ZFG-1	滴点高,耐热性好,耐低温,可在-40℃以下工作。有一定的抗水性,可在潮湿环境或与水接触的工作部位	适用于汽车轮毂轴承,水泵轴承。将2%的二硫化钼加入复合钙基润滑脂中,事宜于南方炎热、潮湿地区使用	120~150
	ZFG-2			
	ZFG-3			
	ZFG-4			

续上表

油 品	牌 号	主要使用性能	选用范围	使用温度（℃）
钠基润滑脂（GB 492—1989）	NV-2	耐热性好,耐水性差,只适用于工作温度较高,又不易于与水接触的工作部位	适用于汽车、拖拉机的轮毂轴承	≤120
	NV-3		适用于中型电动机和发电机轴承及其他机械摩擦部位	≤120
钙钠基润滑脂（SH/T 0368—1992）	ZGN-1	抗水性优于钠基,耐热性优于钙基,介于钙基脂和钠基脂之间,适用于工作温度较高的部位。但不适用于低温条件和与水直接接触的部位	适用于各种类型电动机、发电机、鼓风机、汽车、拖拉机和其他机械设备轴承的润滑,如汽车水泵、离合器、传动轴和轮毂轴承	≤85
	ZGN-2			≤100
通用锂基润滑脂（SH/T 7324—2010）	ZL-1	属于长寿命、多用途的润滑脂。具有良好的抗水性,缓蚀性,可用在潮湿和与水接触的部位。具有良好的机械安定性和胶体稳定性。耐热性好,滴点高,可在较高温度下使用。是钙基、钠基、钙钠基脂的替代产品	适用于集中供脂系统	−20~120
	ZL-2		适用于中转速,中负荷的机械设备。如汽车、拖拉机轮毂轴承及中小型电动机,水泵和鼓风机等	
	ZL-3		适用于矿山机械、重型汽车、大型拖拉机轮毂及大中型电动机等	
汽车通用锂基润滑脂（GB/T 5671—2014）	L-XCCHA2	具有良好的高低温性能。具有良好的抗水性和缓蚀性,可用在潮湿和与水接触的部位。具有良好的机械安定性和胶体稳定性。在高温运转下,不会变质、流失,并保持良好的润滑性能	适用于汽车轮毂轴承、底盘和水泵轴承,也可用于坦克的支重轮和引导轮轴承	−30~120
合成锂基润滑脂	ZL-1H	具有耐热、耐水性能,能长期在120℃左右环境中使用,可取代钙基、钠基及钙钠基脂	适用于集中供脂系统	−20~120
	ZL-2H		适用于中转速、中负荷的机械设备。如汽车、拖拉机轮毂轴承及中小型电动机,水泵和鼓风机等	
	ZL-3H		适用于矿山机械、汽车、拖拉机轮毂轴承及大中型电动机等设备	
	ZL-4H		适用于润滑容易流失的重负荷、低转速的滑动轴承	
二硫化钼极压锂基润滑脂	1号	具有良好的高低温性能。具有良好的抗水性和缓蚀性,可用在潮湿和与水接触的部位。具有良好的机械安定性和胶体稳定性,并具有突出的极压抗磨性能	适用于冶金机械、矿山机械、重型机械以及汽车等重负荷齿轮和轴承的润滑。也可用于冲击负荷的重载部位,能有效防止卡咬和烧结	−30~120
	2号			
	3号			

一、钙基润滑脂

1. 钙基润滑脂

钙基润滑脂是由动植物脂肪与石灰制成的钙皂稠化矿物润滑油,并以水作为胶溶剂而制成的。钙基润滑脂按锥入度分为1、2、3、4四个牌号。适用于冶金、纺织等机械设备和拖拉机等农用机械的润滑和防护,使用温度范围为-10~60℃。由于其耐热性差,因此它的最高使用温度较低。钙基润滑脂的水化物在100℃左右便水解,使脂在超过100℃时丧失稠度,滴点为80~95℃,此外,还有使用寿命短的缺点。但它的抗水性好,遇水不易乳化,容易黏附于金属表面,胶体安定性好,是20世纪30年代的老产品,长期以来使用钙基润滑脂润滑汽车轮毂轴承、底盘拉杆球节、水泵轴承和分电器凸轮等。钙基润滑脂的规格见表6-3。

钙基润滑脂的规格(GB/T 491—2008)　　　表6-3

项 目		质量指标				试验方法
		1号	2号	3号	4号	
外观		淡黄色至暗褐色均匀油膏				目测
工作锥入度(0.1mm)		310~340	265~295	220~250	175~205	GB 269
滴点(℃)	不低于	80	85	90	95	GB 4929
腐蚀(T2铜片,室温,24h)		铜片上没有绿色或黑色变化				GB 7326 乙法
水分(质量分数)(%)	不大于	1.5	2.0	2.5	3.0	GB 512
灰分(质量分数)(%)	不大于	3.0	3.5	4.0	4.5	SH/T 0327
铜网分油(60℃,24h)(质量分数)(%)	不大于	—	12	8	6	SH/T 0324
延长工作锥入度(1万次)与工作锥入度差值(0.1mm)	不大于	—	30	35	40	GB 269
水淋流失量(38℃,1h)(质量分数)(%)	不大于	—	10	10	10	SH/T 3109

1号适用于集中给脂系统和汽车底盘摩擦槽,最高使用温度为55℃。2号适用于一般中转速、轻负荷中小型机械(如电动机、水泵、鼓风机)的滚动轴承,汽车、拖拉机的轮毂轴承及离合器轴承等润滑部位和各种农业机械的相应润滑部位,最高使用温度为60℃。3号适用于中负荷、中转速的各种中型机械的轴承上,最高使用温度为65℃。4号适用于重负荷、低转速的重型机械设备,最高使用温度为70℃。对于极压设备的润滑,往往在钙基脂中添加5%的二硫化钼,即成二硫化钼钙基脂。

钙基润滑脂的主要性能为:

(1)耐水性好,遇水不易乳化变质,能在潮湿环境或与水接触的情况下使用。

(2)具有良好的剪切安定性与触变安定性,储存中分油量少。

(3)具有较好的可泵送性。

(4)合成钙基润滑脂性能与天然钙基润滑脂相似,但应注意合成脂肪酸的质量具有不稳定性,若用含低碳酸多的原料制成的脂,往往会出现表皮硬化现象。

使用中应该注意,钙基润滑脂的耐热性差,因为它是以水为稳定剂的,钙基的水化物在

100℃左右便水解,使润滑脂超过100℃时便丧失稠度。所以应注意不要超过规定的使用温度,以免失水,破坏结构,引起油皂分离,失去润滑作用。使用要求比较高的精密轴承不应选用钙基润滑脂而应选用锂基润滑脂。电动机轴承腔装润滑脂时,一般只装1/3~1/2即可。装润滑脂过多,会增加摩擦阻力,使轴承发热,增大耗电量。更换润滑脂时,要将轴承洗净擦干。钙基润滑脂不要露天存放,防止日晒雨淋,灰砂侵入,最好放在阴凉干燥的地方,并应优先入库存放。包装容器应清洁,不允许砂粒、灰尘、水等杂质混入润滑脂内,并力求装满,留5%左右的空隙。桶盖要盖好,受污染的润滑脂,应刮出另行收集存放。不要用木制或纸制的包装直接盛润滑脂,因木、纸易吸油,会使润滑脂变硬,且因封盖不严,灰砂、水等杂质易进入润滑脂内。

2. 石墨钙基润滑脂

石墨钙基脂是由动植物油钙皂稠化中等黏度的矿物油,并加入质量分数为10%的鳞片状石墨制成。石墨钙基润滑脂的规格见表6-4。

石墨钙基润滑脂的规格 表6-4

项　　目	质量指标	试验方法
外观	黑色均匀油膏	目测
滴点(℃)　　　　　　不低于	80	GB 4929
腐蚀(钢片,100℃,3h)	合格	SY 2710
安定性	合格	
水分(质量分数)(%)　　不大于	2	GB 512

石墨是一种良好的润滑剂和填充剂,抗水性好,对金属表面的黏附性也较好,因而石墨钙基润滑脂适用于工作温度在60℃以下的压延机人字齿轮、汽车钢板弹簧、吊车、起重机齿轮转盘、矿山机械、绞车齿轮、钢丝绳索、升降机的滑板及其他粗糙、重负荷的摩擦部位。

石墨钙基润滑脂主要性能为:

(1)较好的极压抗磨性,能适应重负荷、粗糙摩擦面的润滑。

(2)具有较好的抗水性,能适应与水或潮气接触设备的润滑。

石墨钙基润滑脂使用时应注意,该润滑脂不适用于滚动轴承和较精密的机件。石墨钙基润滑脂缺少时,可用2号钙基润滑脂调入10%石墨来代替。在配制时加热温度不应高于60℃,以免失去水分破坏钙基润滑脂的结构,影响润滑效能。另外,钙基润滑脂注意的方面该润滑脂也应注意。

3. 无水钙基润滑脂

无水钙基润滑脂是由12—羟基硬脂酸钙稠化低黏度、低凝点矿物油,并加有抗氧添加剂和缓蚀剂而制成。由于所选用的基础油不同,产品分为A型与B型两种。严寒区汽车通用无水钙基润滑脂,用于汽车轮毂轴承、底盘、水泵轴承以及电动机和风机轴承等摩擦部位的润滑。其中,A型严寒区汽车通用无水钙基润滑脂使用温度范围为-50~110℃,B型严寒区汽车通用无水钙基润滑脂的使用温度范围为-45~100℃。

无水钙基润滑脂的主要性能为:

(1)使用温度比一般钙基润滑脂高30℃以上。

(2)有优异的机械安定性和抗水性以及较好的胶体安定性。

(3)抗吸湿性和抗热硬化性均优于复合钙基润滑脂。

无水钙基润滑脂使用中应注意,使用时要洗净轴承,干燥后将润滑脂填充到轴承内滚道和滚动体里,以保证良好的润滑。包装容器应清洁,储存于干燥避光处。启用后应及时将容器盖严,以防灰尘、砂粒等杂质混入,影响使用效果。

4. 复合钙基润滑脂

复合钙基润滑脂是由乙酸钙复合的高级脂肪酸钙皂稠化中等黏度的矿物油制成。按其锥入度分为 ZFG-1、ZFG-2、ZFG-3 与 ZFG-4 四个牌号。

复合钙基润滑脂适用于工作温度为 120～150℃ 的摩擦部件润滑,适合于车辆轮毂轴承及水泵轴承的润滑,不少地区将3%的二硫化钼加到复合钙基润滑脂中,可取得良好效果,特别是在南方炎热、潮湿地区使用更为适宜。可根据设备的负荷选用相应牌号的润滑脂,一般常用的是2号或3号。

复合钙基润滑脂主要性能为:

(1)滴点高、耐热性好。复合钙基润滑脂比钙基润滑脂能承受更高的温度,因复合钙基润滑脂不以水为稳定剂,因而避免了钙基润滑脂不耐高温的缺点。

(2)有一定的抗水性,可在潮湿环境或与水接触的情况下工作。

(3)有较好的机械安定性和胶体安定性,可用于较高速的滚动轴承上。

使用中应注意,复合钙基润滑脂的缺点是有表面硬化的趋势,不宜长期储存。其他方面与钙基润滑脂注意事项一致。

二、钠基润滑脂

钠基润滑脂是以动植物脂肪酸钠皂稠化矿物润滑油制得的耐高温但不耐水的普通润滑脂。有2号和3号两个稠度牌号。由于钠皂熔点很高,润滑脂的滴点可达160℃。耐热性好,可在120℃下较长时间内工作,并有较好的承压抗磨性能,可适应较大的负荷,但钠基润滑脂遇水易乳化变质,即抗水性差,不能用在潮湿环境或与水接触的部位。钠基润滑脂的规格见表6-5。

钠基润滑脂的规格(GB 492—1989)　　　　　　表6-5

项　目		质量指标		试验方法
		2号	3号	
滴点(℃)	不低于	160	160	GB 4929
锥入度(0.1mm) 工作 延长工作(10万次)	不大于	265～295 375	220～250 375	GB 269
腐蚀试验(T2铜片,室温,24h)		铜片无绿色或黑色变化		GB 7326 乙法
蒸发量(99℃,22h)(质量分数)(%)	不大于	2.0	2.0	GB 7325

钠皂熔点很高,润滑脂的滴点可达160℃,可在120℃条件下较长时间工作,并有较好的承压抗磨性能,能适应较大的负荷。钠基润滑脂适用于 -10～110℃ 温度范围内一般中等负荷机械设备的润滑,不适用于与水相接触的润滑部位。可用于中型电动机、发电机的轴承和汽车、拖拉机轮毂轴承等。用合成脂肪酸制得的钠基润滑脂其使用温度不得超过100℃。

钠基润滑脂的性能为：

(1) 耐热性较好，长时间在较高温度下使用也能保持其润滑性。

(2) 对金属的附着能力较强，可用于振动大、温度较高的滚动或滑动轴承上。

(3) 本身可吸收外来的水蒸气，延缓了水蒸气内渗至金属表面的过程，因此，其还有一定的防护性。

使用中还应注意，钠基润滑脂的耐水性差，遇水易乳化，所以不能用于与潮湿空气或与水接触的润滑部位。其他方面同钙基润滑脂注意事项。

三、钙钠基润滑脂

1. 钙钠基润滑脂

钙钠基润滑脂是由动植物油钙钠基混合皂稠化中等黏度的矿物油制成。按锥入度分为 ZGN-1、ZGN-2 两个牌号。钙钠基润滑脂兼有钙基润滑脂的抗水性和钠基润滑脂的耐热性，具有良好的输送性与机械安定性。滴点在 120℃ 左右，所以使用温度不得高于 100℃。钙钠基润滑脂适用于各种类型的电动机、发电机、鼓风机、汽车、拖拉机和其他机械设备滚动轴承的润滑。常见的有轴承润滑脂与压延润滑脂等。ZGN-1 号适用于工作温度在 85℃ 以下的滚动轴承。ZGN-2 号适用于工作温度在 100℃ 以下的滚动轴承。

钙钠基润滑脂主要性能如下：

(1) 有较好的抗水性和耐热性，抗水性优于钠基润滑脂，耐热性优于钙基润滑脂。

(2) 可以适应湿度不大、温度较高的工作条件。

使用中应注意，钙钠基润滑脂虽有一定的抗水性，但不如钙基润滑脂，所以不要用在与水直接接触的润滑部位上。不宜在低温情况下使用。其他注意事项与钙基润滑脂相同。

2. 滚珠轴承润滑脂

滚珠轴承润滑脂为钙钠皂基润滑脂的一种，以钙、钠皂稠化中等黏度的润滑油而制成。适用于铁路机车、汽车、拖拉机、地铁列车的导杆、滚珠轴承等高温摩擦及小型电动机的高速滚动轴承的润滑，还可用于 -40℃ 滚动轴承的润滑。它是钙钠混合基润滑脂，滴点较高，其抗水性能优于钠基润滑脂，热性能优于钙基润滑脂。

四、锂基润滑脂

1. 通用锂基润滑脂

通用锂基润滑脂是由 12—羟基硬脂肪酸锂皂稠化中等黏度矿物油，并加入抗氧缓蚀添加剂制成。通用锂基润滑脂的规格见表 6-6。

汽车通用锂基润滑脂的技术要求和试验方法（GB 5671—2014）　　表 6-6

项　目	质量指标		试验方法
	2 号	3 号	
工作锥入度（1/10mm）	265～295	220～250	GB/T 269
延长工作锥入度（100000 次），变化率（%）　　不大于	20		GB/T 269

续上表

项　目		质量指标		试验方法
		2号	3号	
滴点(℃)	不低于	180		GB/T 4929
防腐蚀性(52℃,48h)		合格		GB/T 5018
蒸发量(99℃,22h)(质量分数)(%)	不大于	2.0		GB/T 7325
腐蚀(T_2铜片,100℃,24h)		铜片无绿色或黑色变化		GB/T 7326,乙法
水淋流失量(79℃,1h)(质量分数)(%)	不大于	10		SH/T 0109
钢网分油(100℃,30h)(质量分数)(%)	不大于	5		NB/SH/T 0324
氧化安定性(99℃,100h,0.770MPa),压力降(MPa)	不大于	0.070		SH/T 0325
漏失量(104℃,6h)(g)	不大于	5.0		SH/T 0326
游离碱(以折合的NaOH质量分数计)(%)	不大于	0.15		SH/T 0329
杂质含量(显微镜法)(个数/cm^3) 10μm以上 25μm以上 75μm以上 125μm以上	不大于 不大于 不大于 不大于	2000 1000 200 0		SH/T 0336
低温转矩(-20℃)(mN·m) 起动 运转	不大于	790 390	990 490	SH/T 0338

通用锂基润滑脂属于长寿命、多用途的润滑脂,可取代钙基、钠基及钙钠基润滑脂,是这些润滑脂的换代产品。它具有良好的抗水性、机械安定性、缓蚀性与氧化安定性,广泛适用于-20～120℃宽温度范围内各种机械设备的滚动轴承和滑动轴承及其他摩擦部位的润滑。

1号适用于集中给润滑脂系统。2号适用于中转速、中负荷的机械设备,如汽车,拖拉机轮毂轴承,中小型电动机、水泵和鼓风机等。3号适用于矿山机械、汽车、拖拉机轮毂轴承,大中型电动机等设备。

通用锂基润滑脂的主要性能为:

(1)具有良好的抗水、缓蚀性能。可以在潮湿和与水接触的机械部件上使用。

(2)良好的机械安定性和胶体安定性。在高速运转的机械剪切作用下,润滑脂不会变稀或流失。

(3)耐热性好,滴点高。可在较高温度条件下使用。

使用中的注意事项:通用锂基润滑脂不宜用大容器盛装,以免引起析油;如有少量析油,可在常温下搅拌或研磨均匀后使用;不要与其他润滑脂类混合使用;其他注意事项与钙基润滑脂相同。

2. 汽车通用锂基润滑脂

汽车通用锂基润滑脂是由12—羟基硬脂肪酸锂皂稠化低凝点矿物油,并加入缓蚀剂和抗氧剂而制成。适用于 -30~120℃ 范围内汽车轮毂轴承、底盘、水泵等摩擦部位的润滑,也可用于坦克的负重轮和引导轮轴承。该润滑脂比目前使用的钙基润滑脂和复合钙基润滑脂换油期延长2倍,减少磨损,简化品种,满足我国广大地区汽车的使用要求,可以使润滑和维护费降低40%以上。汽车通用锂基润滑脂的主要性能为:

(1)具有良好的高低温性,可在 -30~120℃ 的宽温度范围内使用。

(2)良好的抗水性和缓蚀性能,可在潮湿和与水接触的机械部件上使用。

(3)具有良好的机械安定性、胶体安定性、氧化安定性、抗水性和润滑性,在高速运转的机械剪切作用下,脂不会变质、流失,保证良好的润滑。

使用时应注意,要洗净轴承,干燥后将润滑脂填充到轴承内滚道和滚动体里面,保证良好的润滑;盛润滑脂容器应清洁,并需储存于干燥避光处;启用后应及时盖严,防止杂质混入,以免影响使用效果。

3. 合成锂基润滑脂

合成锂基润滑脂是由合成脂肪酸的锂皂稠化中等黏度的矿物油,并添加抗氧剂等制成。按锥入度分为 ZL-1H、ZL-2H、ZL-3H 与 ZL-4H 四个牌号。合成锂基润滑脂是一种多用途、长寿命的润滑脂。适用于工作温度在 -20~120℃ 范围内各种机械设备的滚动和滑动摩擦部位的润滑。可取代钙基、钠基及钙钠基润滑脂,广泛使用在高温、高速、与水接触的机械部件上。能长期在120℃左右的环境中使用。

ZL-1H 适用于集中给润滑脂系统。ZL-2H 适用于中转速、中负荷的机械设备,如汽车、拖拉机轮毂轴承,中小型电动机、水泵和鼓风机等。ZL-3H 适用于矿山机械、汽车、拖拉机轮毂轴承,大中型电动机等设备上。ZL-4H 适用于润滑脂易流失的重负荷、低转速的滑动轴承。

合成锂基润滑脂的主要性能为:

(1)具有一定的抗水性,可使用在潮湿和与水接触的机械部件上,但其抗水性比锂基润滑脂差些。

(2)具有较好的机械安定性。其机械安定性比锂基润滑脂也差些。

(3)滴点高,耐热性好。

使用中须注意,大容器盛装易产生析油,如有少量析油,搅拌均匀后仍可用。不能和其他润滑脂混用。

4. 二硫化钼极压锂基润滑脂

二硫化钼极压锂基润滑脂是由12—羟基硬脂酸锂皂稠化精制矿物油,并加有缓蚀剂、极压抗磨剂等添加剂和二硫化钼粉制成。按工作锥入度分为0号、1号和2号三个牌号。适用于冶金机械、矿山机械、重型起重机械以及汽车等重负荷齿轮和轴承的润滑。用于有冲击负荷的重载部位,能有效地防止机械部件的卡咬和烧结。适用温度范围为 -30~120℃。

二硫化钼极压锂基润滑脂除具有锂基润滑脂良好的高低温性能、机械安定性、胶体安定性、氧化安定性、抗水性和缓蚀性能外,还具有突出的极压抗磨性能。

使用中要求洗净部件,干燥后装润滑脂或集中泵送润滑。应在清洁、干燥避光处储存,启用后应及时盖严,以防水和杂质混入,影响使用效果。不应与其他润滑脂混用。

5. 中小型电动机轴承锂基润滑脂

中小型电动机轴承锂基润滑脂是由锂皂稠化中等黏度矿物油加有抗氧、缓蚀、抗磨等添加剂制成,属于专用润滑脂。按锥入度分为2号和3号两个牌号,是一种优良的低噪声水平润滑剂。它主要适用于0.5kW至几百千瓦,绝缘等级为A、E、B级的中小型电动机轴承的润滑。可在高温、多水、多盐雾等工况条件下使用。适用温度范围为 -25~110℃。

中小型电动机轴承锂基润滑脂的主要性能为:

(1)好的润滑性能和减振性能。

(2)好的缓蚀、抗水、抗盐雾、抗氧化性能。

(3)环境适应性好,不甩油,不干涸。

使用时须注意,使用温度不宜长期超过110℃。不能与其他润滑脂混用。容器应保持干净,不允许砂粒、灰尘及水和杂质混入。

6. 半流体锂基润滑脂

半流体锂基润滑脂(即0号、00号和000号润滑脂)是由少量的脂肪酸锂皂稠化矿物油,并加有添加剂制成,属于专用润滑脂,分为非极压型和极压型两类。非极压型中加有抗氧剂、缓蚀剂,适用于矿山机械、建筑机械(如混凝土泵车)、重型机械等大型设备的集中润滑系统。极压型中还加有复合极压抗磨剂,适用于各种重型机械集中润滑以及齿轮箱、蜗杆副等传动装置。半流体锂基润滑脂使用的温度范围为 -30~120℃。

半流体锂基润滑脂的主要性能为:

(1)具有良好的润滑性、机械安定性和高低温性能。极压型产品还有优良的极压性。

(2)具有良好的输送性能。

(3)能消除原来使用润滑油而常引起的泄漏问题。

使用中要求洗净部件,干燥后再装润滑脂或集中泵送润滑;产品应储存在清洁、干燥及避光处;不允许使用单位或销售单位用成品1、2、3号锂基润滑脂调入矿物油作为半流体锂基润滑脂使用;启用后应及时盖严,以防杂质混入,影响使用效果。

五、工业凡士林

工业凡士林不含皂分,是由石油脂、地蜡、石蜡等固体烃稠化高黏度润滑油制成,属非皂基脂中固体烃基脂的一种。它适用于仓储的金属物品和工厂生产出来的金属零件及机器的缓蚀;也可作为橡胶工业的软化剂用;在机械的工作温度不高、负荷不大时,也可以当作减摩润滑脂使用。

工业凡士林的主要性能为:

(1)有一定的缓蚀性。

(2)不溶于水,不乳化。

(3)有一定的润滑性和较好的黏附性。

使用中应该注意,工业凡士林不能代替电容器凡士林或医药凡士林用;容器保持干净,防止水和杂质混入。

第四节　润滑脂的选择与使用

一、润滑脂的选择

润滑脂的选择应根据车辆和机械设备使用说明书的规定,选用与用润滑脂部位工作条件相适应的润滑脂品种和稠度牌号。所谓按工作条件选用,主要指以下几项。

1. 最低操作温度和最高操作温度

被润滑部位的最低操作温度应高于选用润滑脂第二个字母 A、B、C、D、E 所对应的 0℃、-20℃、-30℃、-40℃、小于-40℃的低温界限,否则在起动和运转时,将会造成摩擦和磨损增加;被润滑部位的最高操作温度应低于第三个字母 A、B、C、D、E、F、G 所对应的 60℃、90℃、120℃、140℃、160℃、180℃、大于 180℃的高温界限。高温界限要比滴点低 20～30℃或更低,操作温度若达到滴点会因润滑脂流失而失去润滑作用,也不能离滴点太近,否则会因基础油蒸发,氧化加剧,造成寿命缩短。如汽车轮毂轴承,若工作温度范围为-30～120℃,对应的第二、三个字母应为 C、C。

2. 水污染

包括环境条件和缓蚀性。环境条件分干燥环境(L)、静态潮湿环境(M)和水洗(H)。缓蚀性分不缓蚀(L)、淡水存在下缓蚀性(M)和盐水存在下缓蚀性(H)。综合环境条件和缓蚀性要求,选择字母 4 所表示的水污染级别。如汽车在水洗环境(H)下使用,并有淡水缓蚀性要求(M),第四个字母应为 H。

3. 负荷

负荷是指摩擦面单位面积所受的压力。根据高负荷和低负荷的工作条件分别选用极压型润滑脂(B)或非极压型润滑脂(A)。

4. 稠度牌号

与环境温度及转速、负荷等因素有关。一般高速低负荷的部位,应选用稠度牌号低的润滑脂。若环境温度较高时,稠度牌号可提高一级。汽车一般推荐使用 1 号或 2 号润滑脂。

二、润滑脂使用注意事项

为了充分发挥润滑脂性能,使用中还应注意以下事项:

(1)轮毂轴承是主要用润滑脂部位,宜全年使用 2 号润滑脂(南方),或冬用 1 号夏用 2 号润滑脂(北方)。不少用户习惯常年使用 3 号润滑脂,该润滑脂稠度太大,会增加轮毂轴承转动阻力,3 号润滑脂宜在热带重负荷车辆上使用。

(2)轮毂轴承润滑脂使用到严重断油、分层或软化流失前必须更换,普遍做法是在二级维护时换润滑脂。换润滑脂时要合理充填,要求在轴承内填满润滑脂,轮毂内腔仅薄薄地涂一层润滑脂缓蚀即可,而不宜在该内腔也装满润滑脂。堆积在轮毂内腔的润滑脂,通常不可能补充到轴承滚道里,而只能使轴承散热困难,甚至可能会自流到制动摩擦片上,造成制动失灵。合理充填还可以显著节约用量。

(3)按使用说明书规定及时向各润滑点注润滑脂。如解放 CA1091 型汽车要求每行驶

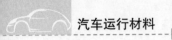

2000km 向水泵轴承、离合器踏板轴、制动踏板轴、传动轴各点前、后钢板弹簧销、转向节主销、转向拉杆等处注润滑脂,使用汽车通用锂基润滑脂与以前使用钙基润滑脂相比,注润滑脂期至少可延长 3~5 倍。

(4)石墨钙基润滑脂因其中有鳞片状石墨(固体),不能用于高速轴承上,否则会导致轴承损坏,而汽车钢板弹簧等负荷大、滑动速度低的部位,则必须使用石墨钙基润滑脂,石墨作为固体润滑剂不易从摩擦接触面挤出,可起到持久的润滑作用。

(5)各种稠化剂制成的润滑脂不能互相混用,否则可能破坏其胶体结构而失去原有的性能。不同种类的润滑脂不得混用。换用新润滑脂时,须将旧的润滑脂擦干净,否则会加速新润滑脂的氧化变质。

复习思考题

1. 为保证汽车的可靠润滑,润滑脂应具有哪些使用性能?
2. 润滑脂各使用性能的评价指标是什么?
3. 车辆使用润滑脂的注意事项有哪些?
4. 与润滑油相比较,润滑脂有哪些优缺点?

第七章 汽车工作液

第一节 液力传动油的工作特性与性能指标

配备自动变速器的轿车和工况变化比较大的大型客车、重型货车和工程机械车辆上广泛采用液力耦合器或者液力变矩器。液力耦合器和液力变矩器都是依据流体动力学原理实现动力传递的,是一种为液力机械传动装置,其工作介质就是液力传动油,也称 ATF(Automatic Transmission Fluid),又称自动变速器油或自动传动油。ATF 实际上是一种高质量的液压油,它具有更高的黏度指数、热氧化稳定性和抗磨性以及更高的清洁度。

一、自动变速器的工作特性

自动变速器是以液力作为传力介质的机械传动机构,工作温度较高,因此要求液力传动油应具有极好的氧化安定性和热安定性,使油品在苛刻的运行条件下不易变质。黏度指数高,黏温特性好,低温流动性好,适用温度宽,在高剪切条件下保持油品黏度和润滑油膜厚度,减少运动零件的磨损。很好的抗乳化性、抗泡性与密封材料相容性。优异的摩擦性,确保自动变速器离合器啮合时间短,换挡迅速,液力传动系统运行平稳,降低传动损耗和变速冲击。优良的抗磨性、防腐性及防锈性。因此,自动变速器油比一般液力传动油要求有更高的性能,在液力传动油的分类中分为 L-HA 自动传动(变速器)油与一般液力变矩器和液力耦合器适用的 L-HN 液力传动油两类。

1.液力传动油的主要功能

液力传动油是市场上最复杂的多功能液体之一,性能要求非常全面,在传动过程中起到下列作用:动力传递介质、热能传递介质、润滑介质,以起到分散热量、磨损保护、匹配的动、静摩擦特性,以及高低温下的保护作用。

根据液力传动油的作用和所处工作环境的特点,要求其在自动变速器工作时必须要满足如下要求:适度的黏度、起泡程度;抗氧化性能要求高;具有一定的润滑性能;密度大。

2.液力传动油的使用特性

液力传动油的优劣,对液力传动装置的工作和性能有着至关重要的影响,评价其性能的主要指标有:黏度、热氧化安定性、抗磨性能、与系统中橡胶密封材料的匹配性、摩擦特性、防腐性能、贮存安定性等。

(1)黏度。以典型的自动传动液来看,使用温度范围为 $-40 \sim 170℃$,要求油品具有高的黏度指数和低的凝固点,一般规格规定黏度指数在 170 以上,倾点为 $-40℃$,合成油为 $190℃$ 与 $-50℃$。从传动效率来说,黏度小好,但过小会容易泄漏;从液压控制和润滑来说,黏度大好,但过大会造成起动困难。

(2)热氧化安定性。汽车在行驶中液力传动油温度随汽车行驶条件的不同而不同。油温升高而氧化生成的油泥、漆膜、酸性物质等会使液压系统的工作不正常,润滑性能恶化,堵塞滤清器,造成液压控制系统失灵、离合器和制动器打滑、自动变速器损坏。

(3)摩擦特性。自动传动液作为摩擦介质,要求有相匹配的静摩擦系数和动摩擦系数,以适应离合器换挡时对摩擦系数的不同要求。

(4)抗磨性。由于自动变速器含有各类齿轮,要求传动油既能良好润滑,又保证离合器接合。

(5)抗泡沫性。由于自动变速器转速快,易形成泡沫,在自动传动液中有泡沫混入后,会引起油压降低,润滑性能变差,导致轻则换挡延迟、反复无常,严重时造成离合器和制动器打滑,产生大量热量,引起烧结等事故发生,另外,造成传递功率下降、加速油品老化离合器打滑。

(6)防腐防锈性。易腐蚀金属(传动装置和冷却器)铜接头、黄铜轴瓦黄铜过滤器、止推垫圈等,造成系统工作损坏。

(7)剪切安定性。自动传动液在液力变矩器中传递动力时,会受到强烈的剪切力,使油中黏度指数改进剂之类的高分子化合物断裂,使油的黏度降低,油压下降,最后导致离合器打滑、传递效率降低、换挡不平稳、脱挡。

二、液力传动油的分类与规格

1. 国外

在 ISO 6743/A 分类标准中,把液力传动系统工作介质分为 HA 油(适用于自动传动装置)和 HN 油(适用于功率转换器)两类。

美国材料试验学会(ASTM)和美国石油学会(API)按使用分类:PTF-1、PTF-2、PTF-3 三类,见表 7-1。

国外液力传动油的分类　　　　　　表 7-1

分类	符合的规格	应用
PTF-1	通用汽车公司 GM Dexron 福特汽车公司 Ford M_2C_{33}-F 克来斯勒 Chrysler MS-4228	轿车、轻型载货汽车自动传动油
PTF-2	通用汽车公司 TRUCK,COACH 阿里森 ALLISION C-2	履带车、农业用车、越野车的自动变速器
PTF-3	约翰·狄尔 JOHN DEERE J-20A 福特汽车公司 $M_2C_{41}A$ 玛赛-福格森 MASSEY FERGUSON M-1135	农业与建筑野外机器用液力传动油

PTF-1 类油主要用于轿车和轻型载货汽车的液力传动系统。

PTF-2 类油主要用于重负荷的液力传动系统。

PTF-3 类油主要用于传动、差速器和最后驱动齿轮的润滑,以及液压转向、制动、分动箱和悬挂装置的工作介质。

2. 国内

我国目前尚未制定液力传动油详细分类的国家标准，现有产品按中国石油化工总公司企业标准，按100℃运动黏度分为6号普通液力传动油和8号液力传动油两种；另有一种拖拉机传动、液压两用油。

6号普通液力传动油(Q/SHGQ.01.011—2000)相当于国外PTF-2，主要用于内燃机车、重负荷货车、履带车、越野车等大型车辆液力变矩器和液力耦合器。还可用于工程机械的液力传动系统。

8号液力传动油(Q/SH GQ.01.012—2000)相当于国外PTF-1中DexronⅡ规格，主要用于各种小轿车、轻型货车的液力自动传动系统。

拖拉机传动、液压两用油(Q/SH 007.1.23—1987)，按40℃运动黏度中心值划分有68、100和100D三个牌号，适用于国产及进口拖拉机、工程机械和车辆作为液压系统的工作介质和齿轮传动的润滑油。

三、液力传动油的选择与使用

1. 液力传动油的选择

自动变速器的工作特点要求液力传动油必须具有较高的品质。自动变速器油的型号很多，各国的用油规定也不同，一般应按汽车使用说明书的规定选用。

根据液力传动装置的特点而将液力传动油分为自动变速器油与一般液力传动油两类，因此在选择液力传动油时，首先根据所使用的液力传动的结构特点，结合不同类型液力传动所适用的液力传动油类型，选用相应的液力传动油。在一般情况下，在选用液压设备所使用的液压油时，应从工作压力、温度、工作环境、液压系统及元件结构和材质、经济性等几方面综合考虑和判断。

(1) 工作压力。主要对液压油的润滑性即抗磨性提出要求。高压系统的液压元件特别是液压泵中处于边界润滑状态的摩擦副，由于正压力加大，速度高而使摩擦磨损条件较为苛刻，必须选择润滑性、极压性优良的HM油。

(2) 工作温度。工作温度指液压系统液压油在工作时的温度，应主要对液压油的黏温性和热安定性提出要求。

(3) 工作环境。液压设备的工作环境需要考虑：是否是在室内、露天、地下、水上，气候处于冬夏温差大的寒区、内陆等；若液压系靠近300℃以上高温的表面热源或有明火场所，就要选用难燃液压油。

(4) 泵阀类型及液压系统特点。液压油的润滑性对大三泵类减摩效果的顺序是叶片泵＞柱塞泵＞齿轮泵。因此凡是叶片泵为主油泵的液压系统不管其压力大小选用HM油为好。

液压系统阀的精度越高，要求所用的液压油清洁度也越高，如对有电液伺服阀的闭环液压系统要用清洁度高的清净液压油，对有电液脉中马达的开环系统要用数控机床液压油，此两种油可分别用高级HM和HV液压油代替。

(5) 摩擦副的形式及其材料 叶片泵的叶片与定子面的接触和运动形式极易磨损，其钢对钢的摩擦副材料，适用于以ZDDP(二烷基二硫代磷酸锌即T202)为抗磨添加剂的L-HM

抗磨液压油;柱塞泵的缸体、配油盘、滑鞭的摩擦形式与运动形式也适于使用 HM 抗磨液压油,但柱塞泵中有青铜部件,由于此材质部件与 ZDDP 作用产生腐蚀磨损,故有青铜件的柱塞泵不能使用以 ZDDP 为添加剂的 HM 抗磨液压油。同样,含镀银滑鞭件的柱塞泵也不能使用有 ZDDP 的 HM 油。同时,选用液压油还要考虑其与液压系统中密封材料的适应性。

(6)选择适合液压系统要求的黏度在液压油品种选择好后,还必须确定其使用黏度级。这个黏度级一般由液压系统设计制造厂家依据设计和试验做出规定。

选用时除以上述六点为依据外,还要考虑选择适宜价格的油品。要从所选油液是否可提高系统的工作效益、可靠性与延长元件的使用寿命,以及油本身使用寿命长短等诸方面的综合效益来考虑。

2. 液力传动油的使用注意事项

总体要求:不同厂家同级别的液力传动油品不可以混用;储存期限不得超过一年,常温下密封保存。若储存条件发生变化,须经油品专业人员检验,确认合格后方能使用;厂家仅提供油品技术参考数据,每批次油品具体理化技术参数,以厂家或经销商提供的实际数据及用户检测数据为准。

具体使用时,注意以下事项:

(1)注意保持油温正常。长时间重载低速行驶,将使油温上升,加速油的氧化变质,生成沉积物和积炭,阻塞细小的通孔和油液循环的管路,这又使自动变速器进一步过热,导致变速器损坏。

(2)经常检查油面高度。车辆停在平地上,发动机保持运转,油应处在正常工作温度下(如果车辆在长途行驶或拖带挂车后,要再过半小时后检查),此时油面高度应在自动变速器油尺上下刻线之间(如果分冷、热刻线,则以热刻线为准),不足时应及时添加。如液面下降过快,可能有漏油,应及时排除。

(3)按车辆使用说明书的规定更换液力传动油和滤清器(或清洗滤网),同时拆洗自动变速器油底壳,并更换其密封垫。通常每行驶 1 万 km 应检查油面,每行驶 3 万 km 应更换油液。

(4)在检查油面和换油时,注意油液的状况。在手指上涂上少许油液,用手指互相摩擦看是否有渣粒存在,并从油尺上嗅闻油液气味,通过对油液的外观检查,可反映部分问题。

(5)传动油是一种专用油品,加有染色剂,系红色或蓝色透明液体,绝不能与其他油品混用,同牌号不同厂家生产的也不宜混兑使用,以免造成油品变质。

3. 液力传动油的检查与更换

1)自动变速器油的检查

更换前液力传动油的检查包括:油面高度的检查、油质的检查、油温和通气管检查。

(1)油面高度的检查。

自动变速器的生产厂不同,油面高度的检查条件也不同,油尺的刻度标准也不完全相同。

检查时一般都要求:自动变速器处于热状态(油温为 70~80℃),汽车停放在水平路面上并拉紧驻车制动器操纵杆,发动机怠速运转。

踩下制动踏板,将自动变速器的选挡操纵手柄在各挡位轮换停留短时间,使油液充满液力变矩器和所有执行元件,然后将发动机熄火,将选挡操纵手柄拨至停车挡(P)位置。

此时抽出油尺,用干净的抹布擦净后重新插入,再拔出检查,油面高度应达到油尺上规定的上限刻度附近为准。

需要注意的是,油尺(图7-1)上的冷态范围(COOL)用于常温下检测,只能作为参考,而热态范围(HOT)才是标准的。如果超出允许范围,则需添加或排出部分油液。

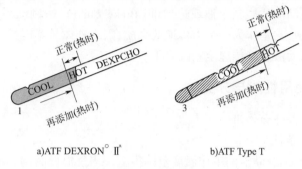

图7-1　ATF油尺

(2)油质的检查。

正常的自动变速器油清澈纯净,呈红色,且无异味。如果使用不当,容易出现油液变质。因此,必须加强对油液品质的检查。

油液品质的检查,可用检测仪器进行检查。如无检测设备时,可从外观上判断,如用手指捻一捻油液,感觉一下黏度,用鼻子闻一闻有无特殊的气味。

ATF的污浊度可以直接由颜色的差异观察出来,其颜色变化规律一般为:鲜红→浅褐→深褐→暗红→黑。油液品质越差则颜色越深,越暗。若发现油液变质,应及时换用新油。

自动变速器油液品质变化与其故障原因对应关系见表7-2。

表7-2　自动变速器油液品质变化与其故障原因对应关系

自动变速器油液品质变化	自动变速器油液品质变化的原因
颜色发白、浑浊	水分已进入油中
黑色、发稠,油尺上有胶质油膏	自动变速器油油温过高
深褐色、棕色	油液使用时间过长;长期高负荷运转,或某些部件打滑、损坏,引起自动变速器过热
油液中出现固体残渣	离合器片、制动带和单向离合器磨损严重
油液中有烧焦味	油温过高,油面过低;油冷却器、滤清器或管路堵塞

(3)油温和通气管的检查。

因自动变速器过热而引起自动变速器油变质时,应首先检查油面高度是否合适。若油面高度合适仍过热,则应更换自动变速器油;若换油不能奏效,就需要检查管路是否堵塞;若仍然难以奏效,那就需要全面检修自动变速器。

此外,还应注意检查自动变速器壳体上的通气管是否畅通,以防被污泥堵塞,不利于变速器内气压平衡,这一点往往被驾修人员所忽略。

2)自动变速器油的更换

自动变速器油都有一定的使用期限,国产汽车正常行驶0.8万~1万km,进口汽车正常行驶2万~4万km,或者停车超过1年时,均应将自动变速器油液全部更换。当达到这个期限时,油品就不能很好起到润滑作用,所以应定期更换。

第二节 车辆制动液

机动车制动液是液压制动系统中传递制动压力的功能性液态介质,使用在采用液压制动系统的车辆中。制动液又称刹车油或迫力油(Brake Fluid),是制动系统制动不可缺少的部分,而在制动系统中,它是作为一个力传递的介质,因为液体是不能被压缩的,所以从主缸输出的压力会通过制动液直接传递至轮缸之中。

一、制动液的使用性能与分类

1. 制动液的工作条件和作用

1)制动液的工作条件

由于制动升温,汽车制动液的工作温度范围很宽。当气温低时制动液黏度会增大,低温流动性差;当代汽车的车速越来越高,汽车制动液的温度最高可达150℃以上,夏天汽车液压制动系易产生气阻。汽车液压制动系统采用的材料种类多,既有金属材料,又有橡胶材料。

2)制动液的作用

制动液是保证机动车制动系统稳定、灵敏操作和机动车行驶安全的重要物质,是机动车用特种液之一,其在制动系统中的作用表现在以下四个方面:

(1)传递能量作用:传递制动能量,驱动制动装置正常可靠的工作。

(2)冷却降温作用:制动装置执行制动时,摩擦零部件温度会迅速升高,制动液可在一定程度上起到冷却降温作用。

(3)防锈防腐作用:制动系统的金属件在空气中很容易产生锈蚀,防腐蚀性能优良的制动液可以延缓金属件的锈蚀。

(4)润滑减摩作用:制动液可以对制动缸的运动部件起到润滑作用。

2. 汽车制动液使用性能

1)高温抗气阻性

如果制动液沸点过低,在高温时就会蒸发成蒸气,使液压制动系管路中产生气阻,导致制动失灵。为保证行车安全,要求制动液具有高沸点、低挥发性,高温不易产生气阻。

高温抗气阻性的评定指标有:平衡回流沸点、湿平衡回流沸点、蒸发性。

(1)平衡回流沸点 ERBP(Equilibrium Reflux Boiling Point)。

平衡回流沸点:在冷凝回流系统内与大气平衡条件下试样沸腾的温度,称为平衡回流沸点。

平衡回流沸点测定法:标准为《刹车液平衡回流沸点试验法》(SH/T 0430—1992),平衡回沸点测定仪如图7-2所示。

(2)湿平衡回流沸点 WERBP(Wet Equilibrium Reflux Boiling Point)。

湿平衡回流沸点:在制动液的试样中,按照一定的方法增湿,增湿后所测得的平衡回流沸点,称为湿平衡回流沸点。

湿平衡回流沸点测定法:标准为《机动车辆制动液》(GB 12981—2012)的附录C——制

动液湿平衡回流沸点测定法(分为 A 法和 B 法两种)的规定进行。

(3)蒸发性。

制动液的蒸发性:是表征制动液在一定温度条件下蒸发损失大小的指标,是制动液的一项重要高温性能指标。在规定的试验条件下,测量其质量损失、残余物倾点和残余物特征。

标准:《机动车辆制动液》(GB 12981—2012)的附录 H——制动液蒸发损失检验法的规定进行。

2)流动性

汽车制动系统要求:系统内压力能随制动踏板的动作迅速上升和下降,橡胶皮碗能在制动缸中顺利地滑动。因此,汽车制动液应在使用温度范围内有很好的流动性,保持适当的黏度。制动液规格中都规定了 -40℃最大运动黏度和 100℃最小运动黏度。汽车制动液运动黏度的测定按照《石油产品运动黏度测定法和动力黏度计算法》(GB/T 265—1988)的规定进行。

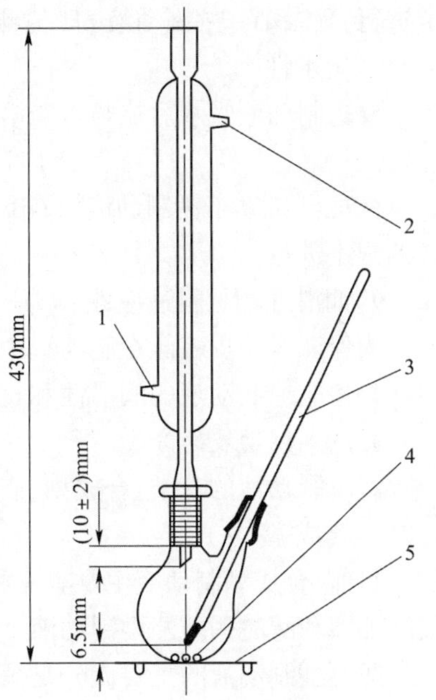

图 7-2　平衡回流沸点测定仪
1-进水口;2-出水口;3-温度计;4-沸石;5-石棉金属网

3)金属防腐性

汽车液压制动系的主缸、轮缸、活塞、复位弹簧、导管和阀等主要采用铸铁、铝、铜和钢等材料制成,要求制动液不引起金属腐蚀。当制动液渗入橡胶中时,会从橡胶中抽出一部分组分,抽出物对金属的腐蚀作用也要限制。制动液的金属腐蚀性通过金属腐蚀试验评定。

标准:《机动车辆制动液》(GB 12981—2012)的附录 F——制动液金属叠片腐蚀检验法的规定进行,附录 M——制动液防锈性试验法的规定进行。

4)与橡胶配伍性

汽车液压制动系有橡胶皮碗等橡胶件,要求制动液对橡胶件不会造成显著的溶胀、软化或硬化等不良影响。制动液与橡胶配伍性通过橡胶皮碗试验评定。

5)稳定性

制动液的稳定性包括高温稳定性和化学稳定性,即制动液在高温和与相容液体混合后平衡回流沸点的变化。制动液稳定性通过稳定性试验评定。

标准:《机动车辆制动液》(GB 12981—2012)的附录 E——制动液液体稳定性检验法的规定进行。

6)耐寒性

制动液的耐寒性是指制动液在低温的流动性和外观变化,可通过低温流动性和外观试验评定。

7)抗氧化性

零件腐蚀一般是因制动液氧化而引起的,为防止零件腐蚀,要求制动液在高温条件下具有良好的抗氧化性。制动液的抗氧化性:通过氧化性试验评定。

标准:《机动车辆制动液》(GB 12981—2012)的附录 J——制动液抗氧化性检验法的规

定进行,附录 D——制动液 pH 值测定法的规定进行。

8) 溶水性

要求制动液吸水后能与水互溶,不产生分离和沉淀。制动液的溶水性:通过溶水性试验评定。

标准:《机动车辆制动液》(GB 12981—2012)的附录 I——制动液溶水性及相溶性检验法的规定进行。

9) 润滑性和材料适应性

为保证橡胶皮碗能在制动缸中顺利地滑动,要求制动液具有润滑性,并与液压制动系统零件相适应。制动液的润滑性和材料适应性:通过制动液行程模拟试验评定。

3. 汽车制动液的分类

汽车制动液的分类:合成型、矿物油型和醇型。

1) 合成型

目前,合成型制动液主要有三种类别:醇醚型、酯型和硅油型。其中,酯型制动液又分为羧酸酯型和醇醚硼酸酯型制动液。硅油型制动液分为硅酮型和硅脂型制动液。

醇醚型制动液的主要成分是聚氧乙烯醚类化合物,再加入润滑剂、稀释剂、防锈剂、橡胶抑制剂等调和而成,它是各国汽车所用最普通的一种制动液,能够满足美国 DOT3、SAE J1703 和我国 HZY3 标准的要求,少数能达到 DOT4 级。这种制动液拥有较高的平衡回流沸点,较低的低温黏度,良好的橡胶适应性能,对金属的腐蚀性也较低等优点。缺点是醇醚型制动液易吸收空气中的水分,生成沸点较低的共沸物导致高温性能降低;同时,吸收水分后,随着水含量的增加,低温黏度会显著增大从而降低其低温性能。此外,水分的进入还会增加制动液的腐蚀性加快制动系统金属材料的腐蚀。

为了提高平衡回流沸点和减少吸湿性,研究发现酯型制动液能够满足上述要求,尤其对多乙二醇醚进行硼酸酯化能显著降低水分对醇醚型制动液沸点的影响。酯型制动液能够满足美国 DOT3、DOT4、SAE J1703、SAE J1704 和我国 HZY3、HZY4 标准的要求,这一类制动液一般分为 DOT4、超级 DOT4 和 DOT5.1 三个级别,是目前使用最广泛的制动液。

DOT4 型制动液由于配方中引入多乙二醇醚硼酸酯提高了制动液的高温性能和抗湿性,一般平衡回流沸点达到 230℃ 以上,湿平衡回流沸点达到 155℃ 以上。超级 DOT4 型制动液是欧洲国家在 DOT4 基础上研制出的具有更高干、湿平衡回流沸点,更好低温性能和更长使用寿命的高质量制动液。

DOT5.1 级制动液是满足 DOT5 型制动液性能指标的合成硼酸酯型制动液,因为采用了硼酸酯技术,因而与 DOT3、DOT4 制动液具有很好的相容性。DOT5.1 级制动液能够满足各种车辆不同气候下安全使用,目前只有欧、美、日本及俄罗斯等少数国家有 DOT5.1 级制动液的供应市场。

硅油制动液具有以下优点:由于硅油吸水性小,吸湿后,其沸点和黏度几乎不变,可防止水分的积聚而腐蚀金属部件;硅油的非导电性也不引起电化学腐蚀;硅油对制动系统的所有金属、非金属材料都有较好的相容性,从而减少了制动系统大修和更新零件的频率,制动系统的设计也有较强的灵活性;硅油无毒、无味、无刺激,不需采用特别防护措施;制动系统运转安全,即使在 250℃ 高温和 -40℃ 的严寒地区,在干热或潮湿等恶劣环境中,仍能安全运转,提高了车辆的机动能力。然而,纯硅油并不能满足汽车制动液的全部性能要求,主要原因是硅油的润滑性以及相对皮碗的溶胀性较差。通过在硅油中加入磷酸酯、癸二酸酯、新戊基二元醇酯等酯类油等必要的添加剂,或制成聚醚基、酯基的改性硅油可以得到高性能的汽车制动液。硅油型制动液能够满足美国DOT5、SAE J1705和我国HZY5标准的要求,是目前市场上性能最好的制动液,但由于其和硼酸酯型制动液不相容且价格昂贵,目前使用很少,只在某些特种车辆上使用。

2)矿物油型

矿物油型制动液无统一的质量标准,多采用企业标准。按企业标准生产的7号、9号矿物油型制动液外观为红色透明液体。矿物油型制动液温度适应范围很宽,适应范围为 $-50 \sim 150℃$,有高温质量稳定、低温流动性好、对金属无腐蚀作用、消耗少、经济效益好等优点。但因其对天然橡胶皮碗适应性差,必须换用耐矿物油的橡胶零部件,与水不相容,进入少量水后高温时汽化产生气阻影响制动效果,世界上很多国家已经不再生产使用,我国目前仍有少量生产。

3)醇型

由精制的蓖麻油45%~55%和低碳醇(乙醇或丁醇)55%~45%调配而成,经沉淀获得无色或浅黄色清澈透明的液体,即醇型汽车制动液。蓖麻油加乙醇为醇型1号,蓖麻油加丁醇为醇型3号。醇型制动液的原料容易得到,合成工艺简单,产品润滑性好;缺点是沸点低,低温时性质不稳定。醇型1号在45℃以上出现乙醇蒸气,产生气阻;在 $-25℃$ 时蓖麻油呈乳白色胶状物析出,并随温度降低而增加,堵塞制动系统,使制动系统沉重失灵。在醇型3号皮碗试验中发现,制动液颜色稍变深,丁醇稍有溶解腐蚀橡胶的现象,在 $-28℃$ 时也有白色沉淀物析出。相关资料表明,加入甘油调整,但在低温下仍有沉淀且分层。在严寒的冬季和炎热的夏季,汽车不宜使用醇型和改进的醇型制动液。我国醇型制动液已经于1990年强制淘汰,被合成型制动液所代替。

二、制动液的质量标准

1. 国外制动液的质量标准

美国联邦政府运输安全部DOT(Department of Transportation)制定的联邦机动车辆安全标准(FMVSS No.116)包含:DOT3(醇醚型)、DOT4/超级DOT4(酯型)、DOT5(硅酮型)和DOT5.1(硼酸酯型)。

美国汽车工程师学会标准(SAE)分为:SAE J1703、SAE J1704、SAE J1705等三个级别。

日本JIS K标准分为:BF-3、BF-4、BF-5和BF-6四类。

国际标准化组织标准ISO 4925《机动车制动液》分为:Class3、Class4、Class5.1和Class6(专门为在高寒地区行驶、装备ABS、EBD、ESP系统的车辆研发)四类。

2. 国内制动液的质量标准

《机动车辆制动液》(GB 12981—2012)是和国际通行的DOT标准完全接轨的制动液产品标准,按安全使用要求分为:HZY3、HZY4、HZY5、HZY6。

《机动车制动液使用技术条件》(GB 10830—1998),从保证汽车安全运行的角度出发,提出了制动的关键性技术要求,为使用者提出正确选择使用制动液的指南;为生产企业提供了保证其产品质量的最低要求;为制动液行业的质量控制和管理提供了技术依据。该标准与制动液的产品标准的作用有着本质差异。它按使用技术条件分为:JG3、JG4、JG5国内外机动车制动液分类标准对照见表7-3。

国内外机动车制动液分类对照表　　　　　　　　　　表7-3

序号	质量标准	质量级别				
		醇醚型	硼酸酯型	硼酸酯型	硅酮型	硼酸酯型
1	美国 FMVSS No.116	DOT3	DOT4/超级 DOT4	DOT5.1	DOT5	—
2	国际标准化组织 ISO4925	Class3	Class4	Class5.1	—	Class6
3	JIS K 2233	BF-3	BF-4	BF-5	—	BF-6
4	美国 SAE J 系列	J1703	J1704	—	J1705	—
5	中国 GB 10830—1998(已废止)	JG3	JG4	JG5	—	—
6	中国 GB 12981—2003(已废止)	HZY3	HZY4	HZY5	HZY5	—
7	中国 GB 12981—2012(现行)	HZY3	HZY4	HZY5	—	HZY6
8	中国行业标准 QC/T 670—2000(现行)	V-3	V-4	—	—	—

三、制动液的选择与使用

1. 制动液的选择

现在机动车的设计时速越来越高,结构设计越来越紧凑,这就使制动液的工作温度很高而散热通风条件较差,因此对制动液的性能要求越来越高。目前世界各国使用的制动液一般都是合成制动液。制动液的选择首先根据机动车生产厂家使用说明书推荐的质量等级、品牌、型号等,选择应坚持两条原则:

(1)选择合成制动液。

(2)质量等级以 FMVSS No.116 DOT 标准为准。

同时注意以下几点:

(1)选用的制动液产品质量等级要等同或高于车辆制造商规定的制动液质量等级。

(2)选用的制动液产品类型应与车辆制造商规定使用的制动液类型一致。

(3)在可能的情况下,应选用世界知名厂商生产的性能稳定、质量有保证的产品。

JG 系列汽车制动液的主要特性和推荐使用范围见表7-4。

JG 系列汽车制动液的主要特性和推荐使用范围　　　　表7-4

级 别	制动液的主要特性	推荐使用范围
JG3	具有良好的高温抗气阻性能和优良的低温性能	相当于 ISO 4926—1978 和 DOT3 的水平,我国广大地区使用
JG4	具有优良的高温抗气阻性能和良好的低温性能	相当于 DOT4 的水平,我国广大地区均可使用
JG5	具有优异的高温抗气阻性能和低温性能	相当于 DOT5 的水平,供特殊要求车辆使用

汽车制动液的更换应以汽车行驶里程和使用时间确定。中国汽车工程学会技术规范 SAE-China J2901.4—2010《商用车润滑导则》的建议见表7-5。

商用车制动液的选用（SAE-China J2901.4—2010） 表7-5

商用车类型	制动液类型	建议更换周期
轻型商用车	HZY3、HZY4 或 V-3、V-4	2 年 或 100000 km
配备 ABS 系统的商用车	HZY4、HZY5 或 V-4	2 年 或 100000 km
配备液压离合、液压制动双系统的商用车	HZY3、HZY4 或 V-3、V-4	2 年 或 100000 km
配备 ESP/EBD + ABS 系统的商用车	HZY6	2 年 或 100000 km

2. 制动液的使用注意事项

机动车制动液对机动车安全行车起着重要的作用，同时作为一种特殊的化学液体又具有很强的腐蚀性，容易造成人身或物体伤害，因此使用时要注意以下几点：

（1）不要使用透明度差或有沉淀、有异味的制动液。

（2）经常检查制动液液面高度，必要时进行补充添加，在行车过程中，若发现制动忽轻忽重或制动跑偏时，应对制动系统进行全面的检查。

（3）防止水分或矿物油混入。

（4）制动缸橡胶皮碗不可敞开放置。

（5）避免不同类型的制动液混合使用。不同类型的制动液混合后，因组成成分不同，可能发生化学反应、分层或沉淀而阻塞制动系统。

（6）制动液具有很强的腐蚀性，应避免与皮肤或机动车的油漆表面接触。如果皮肤或者眼睛接触制动液，请立即用清水清洗。

（7）制动液中含有大量的有机溶剂，易燃、易挥发，因此要注意防火。

（8）只能按照机动车制造厂商推荐的方法，使用新制动液清洗制动系统，不能使用清洗液、酒精或其他溶剂清洗。

3. 制动液的质量检测

新制动液都具有较高的沸点，但制动液受潮、吸水后，其沸点会显著下降。当沸点下降到一定程度（DOT3 型下降到 140℃；DOT4 型下降到 155℃；DOT5.1 型下降到 180℃）时，制动液就会产生气泡，出现气阻现象，不能胜任制动任务。只要吸入的水分达到 2.5%，就需要更换新的制动液了。因此，检测含水量或制动液的实际沸点，是确定制动液是否需要更换的有效方法。

第三节 电液系统用油

一、液压油的使用性能与分类

1. 液压油的使用性能

液压油是利用液体压力能的液压系统使用的一种液压介质，液压系统能否可靠、有效地进行工作，很大程度上取决于液压油液所具有的使用性能，使用性能如下：

（1）良好的抗氧化性。液压油液在高温、高压状态下容易氧化，发生氧化后，第一，会产生酸性物质使油品酸值升高，对金属产生一定的腐蚀。第二，过程中还会产生油泥沉淀物而堵塞油路,油液氧化到一定程度就要报废。

(2) 具有适当的黏度和良好的黏温特性,防止温度变化时油液仍能传递信号,使元件正常工作。

(3) 良好的密封适应性。为了防止液压传动中发生油液泄漏,油液应与所接触的材料有良好的相容性。

2. 液压油的分类

汽车液压系统中使用的液压油液可按照国家标准规定分类,属于 L 类(润滑剂和有关产品)中的 H 组(液压系统),具体分为:L-HH、L-HL、L-HM、L-HG、L-HR、L-HV、L-HS 等。详细特点见表 7-6。

汽车液压系统中使用的液压油液国家标准规定分类　　　　　　表 7-6

种　类	特　性　介　绍
L-HH	是一种不含(或含有少量)抗氧化剂和其他任何添加剂的精制矿油
L-HL	是一种具有良好防锈性和抗氧化性的精制矿油,其空气释放能力、抗泡性等也较好,常用于低压系统中
L-HM	是一种抗磨液压油,有锌型和无灰型两种,适用于低中高压系统
L-HR	具有良好的缓蚀、抗氧化性,黏度随温度变化不大,适用于环境温度变化大的低压液压系统
L-HV	是一种低温(或低凝)液压油,适用于工作条件恶劣的液压系统中
L-HS	又称合成低温液压油,可用于严寒地区冬季在野外操作的低中高压液压系统

还可以根据油液性质分类,见表 7-7、如图 7-3 所示。

液压油的种类以及特性和用途　　　　　　表 7-7

类型	名　　称		特性和用途
矿油型	机械油		价格较低,但物理化学性能较差,易产生黏稠胶质堵塞元件中小孔,影响系统性能,常用于压力较低和要求不高的液压系统
	汽轮机油		良好的抗氧化安定性,使用寿命较机械油长,用于一般液压系统
	普通液压油		常加入添加剂使用,常应用于室内一般设备的低压系统
	专用液压油	低温液压油	加入添加剂使用,适用于环境温度在 -40 ~ -20℃ 的高压系统
		液压导轨油	加入添加剂使用,适用于机床中导轨润滑系统
		高黏度指数液压油	加入添加剂使用,适用于对黏度特性有特殊要求的低压系统
		抗磨型液压油	加入添加剂使用,适用于工程机械、车辆液压系统
乳化型	水包油乳化液		又称高水基液,少量(5% ~ 10%)分散在水中
	油包水乳化液		水分散在大量(60%)油中,润滑性好
合成型	水—乙二醇液		适用于防火的液压系统,低温黏度小,润滑性较矿油型差
	磷酸酯液		自燃点高,润滑性好,抗氧化安定性好,使用温度范围宽,缺点是有毒

a)乳化型　　　　　　b)合成型　　　　　　c)矿油型

图 7-3　汽车液压油

二、液压油的质量标准

随着液压器件的制造水平不断提高,逐渐向高压方向发展,对液压油的运转工况、液压油的质量标准以及性能要求越来越苛刻,原有的液压油标准已经不能满足液压系统用油需求。经过长期酝酿,国家标准化组织推出液压油产品的最新标准《液压油(L-HL、L-HM、L-HV、L-HS、L-HG)》(GB 11118.1—2011)见表7-8。

1 L-HL 抗氧防锈液压油的技术要求和试验方法　　　　　　表 7-8

项　目		质量指标	试验方法
黏度等级(GB/T 3141)		15　22　32　46　68　100　150	
黏度指数	不小于	80	GB/T 1995
外观		透明	目测
运动黏度/(mm²/s) 40℃ 0℃	不大于	13.5~16.5　19.8~24.2　28.8~35.2 41.1~50.6　61.2~74.8　90~100 140　　　　300　　　　420 780　　　　1400　　　2560	GB/T 265
铜片腐蚀(100℃,3h)(级)	不大于	1	GB/T 5096
液相锈蚀(24h)		无锈	GB/T 11143 (A法)
色度(号)		报告	GB/T 6540
倾点	不高于	-12　-9　-6　-6　-6　-6　-6	GB/T 3535
酸值(mg/g)		报告	GB/T 4945
清洁度			GB/T 14039
闪点(℃) 开口	不低于	140　165　175　185　195　205　215	GB/T 3536
空气释放值	不大于	5　7　7　10　12　15　25	SH/T 0308
密封适应性指数　不大于		14　12　10　9　7　6　报告	SH/T 0305
机械杂质		无	GB/T 511
水分	不大于	痕迹	GB/T 260

续上表

项　　目	质量指标							试验方法
抗乳化性(乳化液到3mL的时间)(min) 54℃　　　　　　　　　　　不大于 82℃　　　　　　　　　　　不大于	30	30	30	30	30	—	—	GB/T 7305
	—	—	—	—	—	30	30	
氧化安定性 1000h 后总酸值不大于 1000h 后油泥(mg)	2.0 报告							GB/T 12581 SH/T 0565
泡沫性(泡沫倾向/泡沫稳定性)(mL/mL) 程序1(24℃)　　　　　　不大于 程序2(93.5℃)　　　　　不大于 程序3(后24℃)　　　　　不大于	150/0 75/0 150/0							GB/T 12579
旋转氧弹(150℃)(min)	报告							SH/T 0193
磨斑直径	报告							SH/T 0189

三、液压油的选择与使用

1. 液压油的选择

液压油是液压系统工作中重要的组成,它能实现润滑、散热、减少磨损、防锈、传递信号等功能。因此,根据不同工作环境和工作条件来正确选用液压油,是提高液压系统工作效率、延长液压器件使用寿命的重要保证。液压系统常选用矿物油,选择液压油一般需要考虑以下五方面:

(1)品种。随着液压系统工作环境的复杂性变化,应尽量选择具有良好抗燃性、高燃点和高闪点、无毒无味及对环境污染小的液压油。

(2)黏度。油液黏度的确定依附于液压系统的工作压力、温度、器件的运动转速。当工作压力、温度较高、转速较低时,选用高黏度的液压油;当工作压力、温度较低、转速较高时,则选用低黏度的液压油。

(3)油液质量。主要指液压油过滤性、与金属的相容性、抗氧化稳定性、电学特性、防锈性、抗腐蚀能力等物理化学性能。

(4)经济性。尽量选用价格适宜,使用寿命长,易维护、易更换的液压油。

(5)为了提高液压油的品质,使之满足更多工作场合,发挥液压系统的最佳工作效率,可在油中加入具有防锈、抗腐蚀、抗氧化等特性的添加剂。

2. 液压油的使用

按照一定的标准选择液压油之后,接下来的工作是要合理地使用,应注意以下几点:

(1)液压油不得随意混合使用。不同厂家生产或同一厂家生产的不同种类的液压油黏度都存在差异。

(2)已经确定好的一个牌号的油液必须单独使用。

(3)液压系统系统良好密封,防止外界杂质混入油液。

（4）注意油液换油周期以便及时更换。

（5）油箱中须保证足量的油液，利于系统的散热。

（6）注意在储存、搬运和加注的过程中防止油液被污染。

第四节　发动机冷却液

一、冷却液的作用和使用性能

1. 冷却液的作用

发动机冷却液和汽车润滑油一样，是保证汽车正常运转时必不可少的部分。冷却液是冷却系统的一种散热介质，它在冷却系统中循环流动，具有冷却、防腐、防冻等作用。

1）冷却作用

冷却是冷却液的基本作用，发动机工作时，由于燃料的燃烧以及各个零部件相互摩擦会产生大量的热，使零件受热，而且越靠近燃烧气体的部位温度会更高。据资料显示，发动机工作过程中的热效率只有30%~40%，其余能量通过尾气或发动机以热能的形式消散掉，其中发动机散热时，大约有40%的热量由润滑油带走，其余60%由冷却系统带走。所以发动机正常工作时，冷却液的温度要适宜，过高或过低都会影响发动机的正常工作。

发动机过热会降低充气效率，减少充气量，引起"爆燃"现象，造成发动机转矩和功率的降低，零部件的正常间隙遭到破坏，引起轴承和其他零部件损坏。过热也会使润滑油黏度下降，润滑油变稀，造成发动机磨损程度比较大，极易损坏发动机。过热还可能使润滑油发生氧化变质或烧焦，形成油泥沉积下来，将影响涡轮增压器的寿命。

发动机过冷会导致吸入汽缸的空气温度较低，使燃油蒸发和燃烧困难，造成发动机功率下降，燃油消耗量增加，另外还会导致润滑油黏度增大，润滑油流动和阻力增大，造成发动机润滑不良，磨损增加，燃料浪费。

2）防腐作用

为提高散热，除连接软管采用橡胶软管之外，冷却系统中的散热器（水箱）、水泵、缸体及分水管等大多部件都采用铸铁、黄铜、焊锡等金属制造而成，所以如果冷却液中的成分对金属有腐蚀性，则会造成冷却系统中的金属部件遭到腐蚀，进而影响到散热器的上下水室、冷却管道、接头以及散热器排管的正常工作。同时如果腐蚀产物堆积过多，极易阻塞管道，影响冷却液的流动，造成发动机过热甚至损坏。若腐蚀穿孔，冷却液渗漏到燃烧室或曲轴箱会造成严重的破坏。所以发动机冷却液中都加入了一些防腐蚀的添加剂，防止冷却系统发生腐蚀。

3）防冻作用

水具有良好的导热性和吸热性，所以水是发动机冷却液的理想成分。但是缺点也是显而易见的，水在0℃就会开始结冰并且伴随着体积膨胀。在气温较低的冬季，如果发动机长期不使用，可能会使散热器冻结甚至是开裂，影响冷却液的正常使用。所以为了使外界环境温度过低时，冷却液也能正常使用，常常在发动机冷却液中加入能降低冰点的物质作为防冻剂,以保持冷却系统在冬季或气温较低的环境下不会发生冻结,所以有时人们也把冷却液称为防冻液和不冻液。

4) 防垢作用

水中析出的钙镁离子在高温下与硫酸根离子、碳酸根离子、磷酸根离子等发生化学反应,生成难溶性物质析出,并附着于表面,形成水垢。当冷却液循环多次以后,冷却系统的散热器内壁、缸体、冷却液泵内壁等地方都容易产生水垢。因为水垢的导热性差,使冷却液交换热量的能力下降,使发动机过热,影响发动机的正常工作。同时水垢脱落还极易阻塞管道,阻碍冷却液的流通。硬水是形成水垢的元凶,平时烧水壶底下和内壁结垢都是由硬水引起的,那一层垢会严重影响传热性,使传热不均和传热效率下降。所以冷却液中的添加剂应具有硬水软化的作用,同时为了减少水垢的产生,发动机冷却液使用的一般都是经过软化处理的去离子水或蒸馏水,即软水。为了提高冷却液对不同水质环境的适应性能,方便驾驶员在紧急情况就地取材,有的生产厂家常常也会在冷却液中加入对硬水中的无机盐离子具有配合作用的有机聚合物,抑制和减少水垢的产生。

2. 冷却液的使用性能

为保证汽车发动机正常工作和尽可能地延长发动机的使用寿命,发动机冷却液应具有以下使用性能。

1) 冰点低

冰点通常指淡水在0℃结冰,物体从液体变为固体的温度值,所以也称为凝固点。若汽车在低温条件下停放时间过长,而发动机冷却液的冰点又较高,则发动机冷却液就会结冰,体积膨胀,发动机的散热器和冷却水套就会被冻裂,因此要求发动机冷却液的冰点要尽可能低。在气温极低地区,发动机冷却液冰点一般为 -45℃,甚至更低。

2) 沸点高

沸点是在发动机冷却系统与外界大气压相平衡的条件下,冷却液开始沸腾时的温度。发动机冷却液应保证汽车在高速、重载、高负荷条件下或在山区、热带夏季的条件下仍能正常工作。所以就要求冷却液应具有较高的沸点。一般高品质的发动机冷却液,要求沸点为120℃,甚至更高。

3) 防腐蚀性好

为了防止冷却系统中的金属构件遭到腐蚀,要求发动机冷却液具有良好的防腐性能,因为金属在碱性环境下会得到保护,所以也要求冷却液呈碱性(pH 在 7.5~11 为宜)。

4) 防垢性好

为了防止发动机冷却系统中水垢的形成,要求发动机冷却液应具有良好的抑制水垢形成的能力。

5) 抗泡沫性好

冷却液作为流体,在冷却系统中流动时,极易产生气泡。当气泡过多时将严重影响传热效率,还会增加冷却液的损失,因此要求冷却液具有良好的抗泡沫性。

6) 流动性好

汽车发动机冷却液的黏度越小越好,这样有利于冷却液的流动,散热效果也越好,所以要求发动机冷却液黏度小、流动性好。

二、冷却液的成分与分类

1. 冷却液的主要成分

1）水

水具有灵敏的热平衡能力,超强的热传导能力,加上水的成本低廉,所以水作为冷却液的主要成分是很有优势的,而且某些防冻剂需要配比一定量的水才能充分发挥出防冻作用。例如像市面上普遍使用的防冻剂乙二醇,在不加水的情况下冰点为 -13℃,而在混合为32%的水溶液时冰点达到了 -18℃。但自然界中的河水、湖水、海水和经常使用的自来水中常常含有大量的水溶性物质,如钙、镁、锂等金属阳离子和硫酸根、碳酸根等阴离子,这些离子的存在会产生很多不利的影响,如在高温情况下生成水垢,降低传热效率,阻塞管道,并且当阴离子堆积达到一定浓度,使水呈现酸性,将会腐蚀冷却系统。因此水质非常重要,在生产冷却液或给系统补给水时,必须采用去离子水或蒸馏水。

2）防冻剂

水的热交换能力强,被水吸收的热量又容易散发,因此水作为冷却液使用具有很多优点,但水的冰点高,在严寒低温天气使用容易结冰,影响发动机的正常使用,所以常常在发动机冷却液中加入防冻液。以前的防冻液种类有很多,但都由于存在着一些比较大的缺点而被淘汰,现在冷却液中通常使用的防冻液有两种类型:乙二醇和丙二醇,这两者都具有优异的降低冰点的作用,同时具有沸点高、黏度适中、毒性低的特点。其中丙二醇的价格较高,但对环境的污染较小。

3）添加剂

添加剂是冷却液的核心技术,添加剂主要有缓蚀剂、缓冲剂、防垢剂、消泡剂和着色剂等。

(1)缓蚀剂。缓蚀剂是冷却液中最主要的添加剂,它的主要作用是防止冷却系统金属管路的腐蚀穿孔,以免造成冷却液泄漏和流失。缓蚀剂是一种物质,以一定的浓度和形式存在于环境,可以防止或减缓腐蚀的产生。缓蚀剂的选择应综合考虑多种因素,如腐蚀介质的温度、状态、性质、材料的种类和性质等,所以有时对某种金属和腐蚀介质具有很好保护性的缓蚀剂,在另一类金属和介质或同一类的金属不同状态下的保护作用并不好,甚至还有可能加速腐蚀。由于冷却系统中金属种类较多,环境较复杂,所以常采用集中缓蚀剂配合使用的方法,达到保护的效果。

(2)缓冲剂。金属的腐蚀除了与缓蚀剂有关,与冷却液的 pH 值也有关,金属在酸性环境下容易腐蚀,在碱性环境下得到保护,一般冷却液的 pH 值都控制在 7.5~11 之间,在不同配方的缓蚀剂 pH 略有不同。由于冷却液中添加有防冻液,而防冻液大多是醇类物质,在加热的情况下,醇类会氧化成酸性物质,影响冷却液的 pH 值,所以为了冷却液维持一定的 pH 值,常加入缓冲剂,使之具有一定的缓冲体系,常用的缓冲剂有磷酸盐、硼砂和各种有机酸。

(3)防垢剂。为了防止冷却系统中水垢的产生,常在冷却液中加入一定的防垢剂,防止运行过程中水垢堆积。通常使用的防垢剂有配合型和分散型两种类型。

(4)消泡剂。冷却系统在运行中,通常会产生泡沫。大量的泡沫会影响热传递效率,严重时还会发生气穴腐蚀,因此冷却液在使用过程中不希望有泡沫产生,所以冷却液一般都会加入一定量的消泡剂。常用的消泡剂有硅酮、甲基丙烯酸酯等。

(5)着色剂。冷却液在使用过程中,一般都要求加入一定量着色剂,使它具有醒目的颜色。原因是使用含水冷却液的车辆容易发生泄漏,为了及时发现发动机冷却液泄漏,故添加了颜色。

2.冷却液的分类

(1)单从原料分:

①一元醇:甲醇、乙醇。

②二元醇:乙二醇。

③三元醇:丙三醇。

一元醇和三元醇基本停止使用,但部分厂家为降低成本仍会添加,大部分厂家因冰点,黏度等原因都会使用乙二醇。

(2)从加入防冻剂不同的角度分为:乙二醇型、酒精型、甘油型等。

(3)按照使用的发动机负荷分类有:轻负荷发动机冷却液、中负荷及重负荷发动机冷却液。

(4)按照有无添加水分类有:含水冷却液、无水冷却液。

三、冷却液的质量标准

冷却液按发动机使用负荷大小可分为轻负荷冷却液和重负荷冷却液两类,按主要原材料分为乙二醇型、丙二醇型和其他类型三类,轻负荷冷却液分类及型号见表7-9。

轻负荷冷却液分类代号及型号　　表7-9

产品分类		代号	型号
乙二醇型	浓缩液	LEC-Ⅰ	—
	稀释液	LEC-Ⅱ	LEC-Ⅱ-15、LEC-Ⅱ-20、LEC-Ⅱ-25、LEC-Ⅱ-30、LEC-Ⅱ-35、LEC-Ⅱ-40、LEC-Ⅱ-45、LEC-Ⅱ-50
丙二醇型	浓缩液	LPC-Ⅰ	—
	稀释液	LPC-Ⅱ	LPC-Ⅱ-15、LPC-Ⅱ-20、LPC-Ⅱ-25、LPC-Ⅱ-30、LPC-Ⅱ-35、LPC-Ⅱ-40、LPC-Ⅱ-45、LPC-Ⅱ-50
其他类型		LOC	依据冰点标注值

重负荷冷却液分类及型号见表7-10。

重负荷冷却液分类代号及型号　　表7-10

产品分类		代号	型号
乙二醇型	浓缩液	HEC-Ⅰ	—
	稀释液	HEC-Ⅱ	HEC-Ⅱ-15、HEC-Ⅱ-20、HEC-Ⅱ-25、HEC-Ⅱ-30、HEC-Ⅱ-35、HEC-Ⅱ-40、HEC-Ⅱ-45、HEC-Ⅱ-50
丙二醇型	浓缩液	HPC-Ⅰ	—
	稀释液	HPC-Ⅱ	HPC-Ⅱ-15、HPC-Ⅱ-20、HPC-Ⅱ-25、HPC-Ⅱ-30、HPC-Ⅱ-35、HPC-Ⅱ-40、HPC-Ⅱ-45、HPC-Ⅱ-50

冷却液的通用要求及试验方法见表7-11。

冷却液通用要求 表7-11

项 目	要 求	试 验 方 法
外观*	无沉淀及悬浮物、清澈透明液体	目测
颜色	有醒目颜色	目测
气味	无刺激性异味	嗅觉

注：* 浓缩液允许有少量的沉淀，稀释后应清亮透明。

乙二醇型冷却液的理化性能要求及试验方法见表7-12。

乙二醇型冷却液理化性能要求 表7-12

项 目		LEC-Ⅰ HEC-Ⅰ	LEC-Ⅱ-15 HEC-Ⅱ-15	LEC-Ⅱ-20 HEC-Ⅱ-20	LEC-Ⅱ-25 HEC-Ⅱ-25	LEC-Ⅱ-30 HEC-Ⅱ-30	LEC-Ⅱ-35 HEC-Ⅱ-35	LEC-Ⅱ-40 HEC-Ⅱ-40	LEC-Ⅱ-45 HEC-Ⅱ-45	LEC-Ⅱ-50 HEC-Ⅱ-50	试验方法
其他乙二醇含量(质量分数)*(%)		≤15	—								GB/T 14571.2
密度(20.0℃)(g/cm³)		1.108~1.144	≥1.036	≥1.044	≥1.050	≥1.055	≥1.060	≥1.065	≥1.070	≥1.076	SH/T 0068
冰点(℃)	原液	—	≤-15.0	≤-20.0	≤-25.0	≤-30.0	≤-35.0	≤-40.0	≤-45.0	≤-50.0	SH/T 0090
	50%体积稀释液	≤-36.4	—								
沸点(℃)	原液	≥163.0	≥105.5	≥106.0	≥106.5	≥107.0	≥107.5	≥108.0	≥108.5	≥109.0	SH/T 0089
	50%体积稀释液	≥108.0	—								
灰分(质量分数)(%)		≤5.0	≤2.5				≤3.0				SH/T 0067
pH值	原液	—	7.5~11.0								SH/T 0069
	50%体积稀释液	7.5~11.0	—								
氯含量(mg/kg)		≤60									SH/T 0621
水分(质量分数)(%)		≤5.0	—								SH/T 0086
对汽车有机涂料的影响		无影响									SH/T 0084

注：* 其他二元醇包含：二乙二醇、三乙三醇、四乙二醇、二丙二醇、三丙二醇和1,3-丙二醇等。

丙二醇冷却液的理化性能要求及试验方法见表7-13。

丙二醇型冷却液理化性能要求 表7-13

项目		要求									试验方法
		LEC-Ⅰ HPC-Ⅰ	LPC-Ⅱ-15 HPC-Ⅱ-15	LPC-Ⅱ-20 HPC-Ⅱ-20	LPC-Ⅱ-25 HPC-Ⅱ-25	LPC-Ⅱ-30 HPC-Ⅱ-30	LPC-Ⅱ-35 HPC-Ⅱ-35	LPC-Ⅱ-40 HPC-Ⅱ-40	LPC-Ⅱ-45 HPC-Ⅱ-45	LPC-Ⅱ-50 HPC-Ⅱ-50	
其他乙二醇含量(质量分数)(%)		≤1	—								GB/T 14571.2
密度(20.0℃)(g/cm³)		1.028~1.063	≥1.015	≥1.018	≥1.020	≥1.022	≥1.024	≥1.025	≥1.027	≥1.028	SH/T 0068
冰点(℃)	原液	—	≤-15.0	≤-20.0	≤-25.0	≤-30.0	≤-35.0	≤-40.0	≤-45.0	≤-50.0	SH/T 0090
	50%体积稀释液	≤-31.0	—								
沸点(℃)	原液	≥152.0	≥102.0	≥102.5	≥103.0	≥103.5	≥104.0	≥104.5	≥105.0	≥105.5	SH/T 0089
	50%体积稀释液	≥104.0									
灰分(质量分数)(%)		≤5.0	≤2.5				≤3.0				SH/T 0067
pH值	原液	—	7.5~11.0								SH/T 0069
	50%体积稀释液	7.5~11.0	—								
氯含量(mg/kg)		≤60									SH/T 0621
水分(质量分数)(%)		≤5.0									SH/T 0086
对汽车有机涂料的影响		无影响									SH/T 0084

其他类型冷却液的理化性能要求及试验方法见表7-14。

其他类型冷却液理化性能要求 表7-14

项目	要求	试验方法
	LOC	
冰点(℃)	≤标注值	SH/T 0090
沸点(℃)	≥102.0	SH/T 0089

续上表

项　　目	要　求 LOC	试 验 方 法
灰分(质量分数)(%)	≤3.0	SH/T 0067
pH 值	7.5～11.0	SH/T 0069
氯含量(mg/kg)	≤60	SH/T 0021
对汽车有机涂料的影响	无影响	SH/T 0084

四、冷却液的选择与使用

冷却液的选择应根据当地冬季最低气温选用适当冰点牌号的冷却液,一般冷却液冰点应至少低于当地最低温度 10℃。目前市场上冷却液使用最多的是 -18℃,还有 -28℃ 和 -40℃。选用浓缩冷却液应按说明书规定加入蒸馏水或去离子水,配制出具有与使用条件相对应冰点的冷却液,配制时不得使用自来水等硬水。若无特殊要求的车辆,可以选用乙二醇型冷却液以降低运输成本。对于一些中高档车辆,要求使用其专用冷却液,应按车辆说明书选用对应的冷却液。

在加注冷却液时不要溅在车漆上,因为它会损坏漆膜。还要注意不要流到滚烫的发动机零件上,以免引起燃烧。在使用乙二醇型冷却液时,切勿用口吸,虽然乙二醇本身并无太大的毒性,但由于防锈剂等物质的存在,冷却液带有一定毒性。冷却液在使用一段时间后,应更换,因为在使用过程中会消耗冷却液中的添加剂,所以通常是两年更换一次,更换时对冷却系统进行清洗,更换下来的冷却液应保存好交由专门的废弃物处理公司进行废气处理。

第五节　车用玻璃清洗液

车辆在行驶过程中,自身或其他车辆溅起的泥土、废气中含有的未完全燃烧的油气和道路沥青与雨水的混合物、抛光剂与雨水的混合物等会附着在汽车的风窗玻璃上,这些物质的存在严重影响了驾驶员的视野。车用玻璃清洗液就是用来清洗这些妨碍视野、危害行车安全的物质。

一、车用玻璃清洗液的性能

车用玻璃清洗液要求对附着在风窗玻璃上的各种物质具有浸透、乳化分散、可溶解的作用,以便将其清洗干净。其性能要求主要有:

(1)车用玻璃清洗液对车辆刮水机构的材料如铝、锌、橡胶、塑料和油漆等不应产生腐蚀或其他影响。

(2)在冬季使用的玻璃清洗液,应具有较低的凝点,以防在低温时结冰而不可使用。一般要求风窗玻璃清洗液的凝点为 -20℃,对于特别严寒地区可特殊配制。

(3)要求风窗玻璃清洗液在低温和高温交变时应没有分离和沉淀。汽车风窗玻璃清洗液多用于雨天,平时存放于发动机舱内,时而加热,时而冷却,如果易发生分离、沉淀,则容易造成机构内部堵塞,影响其正常喷射。

所以,一种优质的汽车风窗玻璃清洗液应在一定浓度范围内对金属不腐蚀,对非金属的性能不产生影响,又能有效地去除各种污垢,确保风窗玻璃保持良好的视野,在冷热交变下稳定性好,还要对人皮肤和嗅觉无刺激及不适反应。

二、汽车风窗玻璃清洗液的分类

汽车风窗玻璃清洗液主要分为水基型清洗液和疏水性清洗液。水基型清洗液以醇类物质、水和表面活性剂为主要成分。疏水性清洗液以硅树脂类物质为主要组成部分。

为了满足汽车风窗玻璃清洗液的性能要求,在汽车风窗玻璃清洗液中常常添加活化剂、防雾剂、阻凝剂、无机助洗剂、有机助洗剂等。汽车风窗玻璃清洗液配方见表6-15。

将表7-15所述溶液,根据不同季节需要,按5%~10%稀释即可获得不同凝点的车用玻璃清洗液。该清洗液去污性好,不损坏金属、非金属表面。

车用玻璃清洗液配方   表7-15

组 成	配方1(%)	配方2(%)
活化剂	4.0	5.0
防雾剂	1.0	
阻凝剂	3.5	
无机助洗剂	6.0	
有机助洗剂	1.5	22.0
水分	余量	余量

三、汽车风窗玻璃清洗液性能评定

按照《汽车风窗玻璃清洗液》(GB/T 23436—2009)的要求,对风窗玻璃清洗液的技术要求和试验方法见表7-16。

汽车风窗玻璃清洗液的技术要求和试验方法   表7-16

项 目		技术要求		
		水基型		疏水型
		普通型	低温型	
冰点(℃)		≤0	≤-20	
pH 值	原液	6.5~10.0		4.0~10.0
	最低使用浓度溶液			
外观		无分层、沉淀现象		
最低使用浓度下的洗净力		试后玻璃的明净程度应与标准液相同或更佳		
相容性		无分层、沉淀现象		—
金属腐蚀性 (最低使用浓度溶液) (50℃±2℃,120h)	金属试片质量变化 (mg/cm²)	铝片	±0.30	
		黄铜片	±0.15	
		镀锌钢板	±0.80	
	试验后金属试片外观	除连接处外,无肉眼可见坑蚀或表面粗糙现象		

续上表

项　　目			技术要求	
			水基型	疏水型
			普通型	低温型	
对橡胶的影响(原液) (50℃±2℃,120h)	质量变化(%)	天然橡胶	±1.5	
		氯丁橡胶	±3.0	
	硬度变化 IRHD	天然橡胶	±5	
		氯丁橡胶	±5	
	试验后橡胶试片外观		无发黏、鼓泡、炭黑析出现象	
对塑料的影响(原液) (50℃±2℃,120h)	塑料试片质量变化 (mg/cm²)	聚乙烯树脂	±1.0	
		聚丙烯树脂	±1.0	
		ABS 树脂	±4.0	
		软质聚氯乙烯树脂	±3.0	
		聚甲醛树脂	±3.0	
	试验后熟料试片外观		无严重变形	
对汽车有机涂膜的影响 (原液)(50℃±2℃, 120h)	涂膜硬度	丙烯酸树脂烤漆(蓝色)	≥HB	
		氨基醇树脂漆 (白色或黑色)	≥HB	
	试验后试验片的外观		漆膜无软化或鼓泡,试验前后光泽颜色无变化	
热稳定性 (50℃±2℃,8h)	pH 值	原液	6.5~10.0	4.0~10.0
		最低使用浓度溶液		
	试验后试样外观		无结晶性沉淀物	
低温稳定性 (-30℃±2℃,8h)	试验后试样外观	原液	无结晶性沉淀物	
		最低使用浓度溶液		
抗水性(°)		原液	—	≥65
		最低使用浓度溶液		

复习思考题

1. 汽车液压系统中所使用的液压油如何选择?
2. 请简述发动机冷却液的作用及使用性能是什么?
3. 名词解释:平衡回流沸点　湿平衡回流沸点。
4. 汽车制动液的使用性能包括哪些方面?
5. 我国汽车制动液规格(级别)怎么区分?
6. 汽车制动液使用时应注意哪些事项?
7. 液力传动油的分类标准及原则有哪些?
8. 液力传动油的主要功能有哪些?
9. 液力传动油的应具备哪些使用特性?
10. 液力传动油的使用注意事项有哪些?

第八章 车用蓄电池与动力蓄电池

第一节 车用蓄电池

蓄电池是汽车必不可少的一部分,可分为传统的铅酸蓄电池和免维护型蓄电池。

由于免维护蓄电池采用了铅钙合金做栅架,所以充电时产生的水分解量少,水分蒸发量也低,加上外壳采用密封结构,释放出来的硫酸气体也很少,所以它与传统蓄电池相比,具有不需添加任何液体,对接线桩头,电量储存时间长等优点。

一、车用铅酸蓄电池的组成结构及功能

汽车用的铅酸蓄电池一般由上盖、端子、正(负)极板、隔板、电解液、槽壳、连接条和极桩等几部分组成,如图8-1所示。

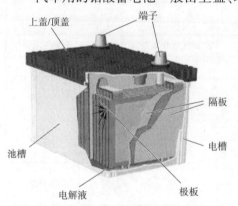

图8-1 铅酸蓄电池组成

铅酸蓄电池是一种将化学能转变成电能的装置,属于直流电源,它的作用有:

(1)起动发动机时,给起动机提供强大的起动电流(10A左右)。

(2)当发电机过载时,可以协助发电机向用电设备供电。

(3)当发动机处于怠速时,向用电设备供电。

(4)蓄电池还是一个大容量电容器,可以保护汽车的用电器。

(5)当发电机端电压高于铅蓄电池的电动势时,将一部分电能转变为化学能储存起来,即充电。

二、蓄电池的寿命

铅酸蓄电池在结构设计与使用原材料方面比过去有了很大的改善,性能有了相当大的提高,许多设计和用料精良的免维护铅酸蓄电池浮充使用的理论寿命在15~20年以上,但真正能在使用中达到如此寿命的蓄电池恐怕是少之又少。新车的蓄电池使用寿命为3~4年,出租车蓄电池的使用寿命一般在1~2年。随着车辆使用年限的增加,起动机和发电机的性能变差,也会使得蓄电池的使用寿命缩短。影响蓄电池寿命的主要因素是:蓄电池的工作环境和驾驶员的驾驶习惯。

(1)蓄电池长久不用,它会慢慢自行放电,直至报废。因此,每隔一定时间就应起动一次汽车,给蓄电池充电。另一个办法就是将蓄电池上的两个电极拔下来,需注意的是从电极柱上拔下正、负两根电极线,要先拔下负极线,或卸下负极和汽车底盘的连接。然后再拔去带有正极标志(+)的另一端,蓄电池有一定的使用寿命,到一定的时期就要更换。在更换时同样要遵循上述次序,不过在把电极线接上去时,次序则恰恰相反,先接正极,然后再接负极。

(2)当电流表指针显示蓄电量不足时,要及时充电。蓄电池的蓄电量可以在仪表板上反映出来。有时在路途中发现电量不够了,发动机又熄火起动不了,作为临时措施,可以向其他的车辆求助,用它们车辆上的蓄电池来发动车辆,将两个蓄电池的负极和负极相连,正极和正极相连。

(3)电解液的密度应按照不同的地区、不同的季节进行相应的调整。

(4)在亏电解液时应补充蒸馏水或专用补液。切忌用饮用纯净水代替。因为纯净水中含有多种微量元素,会对蓄电池造成不良影响。

(5)在起动汽车时,不间断地使用起动机会导致蓄电池因过度放电而损坏。正确的使用办法是每次发动车的时间总长不超过5s,再次起动间隔时间不少于15s。在多次起动仍不着车的情况下应从电路、点火线圈或油路等其他方面找原因。

(6)日常行车时应经常检查蓄电池盖上的小孔是否通气。倘若蓄电池盖小孔被堵,产生的氢气和氧气排不出去,电解液膨胀时,会把蓄电池外壳撑破,影响蓄电池寿命。

(7)检查蓄电池的正、负极有无被氧化的迹象。可以用热水时常浇蓄电池的导线连接处。

三、蓄电池维护

蓄电池的新与旧也影响着持续供电时间的长短,为了延长蓄电池的使用寿命,应该采取正确的措施对汽车蓄电池进行维护。

(1)电解液液面应始终保持在 max 和 min 之间,每月检查一次,并视液面下降情况,适当补充蒸馏水(纯水),切勿加酸。

(2)当蓄电池的电压不足且灯光暗淡、起动无力时,应及时进行车外充电。

(3)防止蓄电池过充电或长期亏电,过充电会使活性物质脱落,亏电会使极板硫化,要保证调节器电压不能过高或过低。

(4)使用过程中,应经常检查排气孔是否畅通,以防蓄电池变形或爆裂。

(5)蓄电池应远离热源和明火,充电及使用时应保持通风,以防燃烧伤人。

(6)防止蓄电池长时间大电流放电,每次使用起动时间不能大于5s,两次连续起动时间,中间间隔10~15s。

(7)蓄电池在汽车上安装要牢固,减轻振动。

(8)经常检查蓄电池连接线是否牢固,所有活接头,必须保持接触良好,防止产生火花,引起蓄电池爆炸。蓄电池卡子产生的氧化物、硫酸盐,必须刮净,并涂以凡士林,以防再受锈蚀。

第二节　车用动力蓄电池

一、动力蓄电池的概念

动力蓄电池是为电动汽车动力系统提供能量的蓄电池。其主要区别于用于汽车发动机起动的起动蓄电池。多采用阀口密封式铅酸蓄电池、敞口式管式铅酸蓄电池以及磷酸铁锂蓄电池。

二、动力蓄电池具有的特点及优势

1. 动力蓄电池的特点

动力蓄电池既是发展电动汽车的核心部件,更是电气技术与汽车行业的关键结合点,作为电动汽车蓄电池技术的主要研究对象,动力蓄电池应具有以下特点:

(1) 能量密度高。
(2) 比功率高,能瞬间大电流放电(最好能持续)。
(3) 工作温度范围宽。
(4) 能够快速充放电。
(5) 具有高的可靠性和安全性。
(6) 具有较长的使用寿命。
(7) 价格便宜(现在还比较贵)。

2. 动力蓄电池的发展优势

我国发展电动汽车产业的目的是为了实现能源交通领域中人类、资源和环境的和谐发展,所以提出了电动汽车跨越发展的战略意识和远见。目前电动汽车用动力蓄电池主要有四种:铅酸蓄电池、镍氢蓄电池、镍镉蓄电池和锂动力蓄电池。从现在的水平看还各有优势,从将来的发展趋势看则是锂动力蓄电池的天下。铅酸蓄电池的技术虽然比较成熟,但能量密度太小,充放电次数有限寿命不长,虽然单价便宜,但性价比不理想。镍氢和镍镉蓄电池技术虽有突破,但原材料较缺,价格调整的空间不大,缺乏市场竞争力。针对传统的铅酸、镍氢和镍镉蓄电池相比较,锂动力蓄电池的优越性基本上可归纳为:

(1) 工作电压高(是镍镉电池、氢—镍蓄电池的3倍)。
(2) 比能量大(每 kg 可达 165WH 是氢—镍蓄电池的3倍)。
(3) 体积小(比氢—镍电池小30%)。
(4) 质量轻(比传统蓄电池轻50%)。
(5) 循环寿命长(循环次数在 500~1000 次)。
(6) 自放电率低(每月自放仅为8%)。
(7) 无记忆效应(电充放电深度,不影响蓄电池的容量及寿命)。
(8) 无污染(蓄电池材料不存在有毒物质)。

3. 动力蓄电池的分类

目前汽车及电气行业迅速发展,动力蓄电池的种类繁多,分类也比较复杂。

按电解液分为：碱性蓄电池（电解液为碱性水溶液的蓄电池）、酸性蓄电池（电解液为酸性水溶液的蓄电池）、中性蓄电池（电解液为中性水溶液的蓄电池）、有机电解质溶液蓄电池（电解液为有机电解质溶液的蓄电池）。

按活性物质的存在方式分为：

①活性物质保存在电极上。可分为一次电池（非再生式，原电池）和二次电池（再生式，蓄电池）。

②活性物质连续供给电极。可分为非再生燃料蓄电池和再生燃料蓄电池。

按电池的某些特点分为：高容量电池；免维护电池；密封电池；燃结式电池；防爆电池；扣式电池、矩形电池、圆柱形电池等。

1）磷酸铁锂电池组

国内现在普遍选择磷酸铁锂作为动力型锂离子蓄电池的正极材料，从政府、科研机构、企业甚至是证券公司等市场分析员都看好这一材料，将其作为动力型锂离子蓄电池的发展方向。分析其原因，主要有下列两点：首先是受到美国研发方向的影响，美国Valence与A123公司最早采用磷酸铁锂做锂离子蓄电池的正极材料。其次是国内一直没有制备出可供动力型锂离子蓄电池使用的具有良好高温循环与储存性能的锰酸锂材料。但磷酸铁锂也存在不容忽视的根本性缺陷，归结起来主要有以下几点：

（1）在磷酸铁锂制备时的烧结过程中，氧化铁在高温还原性气氛下存在被还原成单质铁的可能性。单质铁会引起蓄电池的微短路，是蓄电池中最忌讳的物质。这也是日本一直不将该材料作为动力型锂离子蓄电池正极材料的主要原因。

（2）磷酸铁锂存在一些性能上的缺陷，如振实密度与压实密度很低，导致锂离子蓄电池的能量密度较低。低温性能较差，即使将其纳米化和碳包覆也没有解决这一问题。

（3）材料的制备成本与蓄电池的制造成本较高，蓄电池成品率低，一致性差。磷酸铁锂的纳米化和碳包覆尽管提高了材料的电化学性能，但是也带来了其他问题，如能量密度的降低、合成成本的提高、电极加工性能不良以及对环境要求苛刻等问题。

在国外，日本选择改性锰酸锂作为动力型锂离子蓄电池正极材料，美国利用磷酸铁锂和锰酸锂作为动力型锂离子蓄电池正极材料的厂家也是各占一半，联邦政府也是同时支持这两种体系的研发。鉴于磷酸铁锂存在的上述问题，很难作为动力型锂离子电池的正极材料在新能源汽车等领域获得广泛应用。磷酸铁锂蓄电池结构及工作原理：$LiFePO_4$蓄电池的内部结构如图8-2所示。左边是橄榄石结构的$LiFePO_4$作为蓄电池的正极，由铝箔与蓄电池正极连接，中间是聚合物的隔膜，它把正极与负极隔开，但锂离子Li+可以通过而电子e-不能通过，右边是由碳（石墨）组成的蓄电池负极，由铜箔与蓄电池的负极连接。蓄电池的上下端之间是蓄电池的电解质，蓄电池由金属外壳密闭封装。

2）三元材料电池组

三元聚合物锂蓄电池是指正极材料使用镍钴锰酸锂三元正极材料的锂蓄电池，三元复合正极材料前驱体产品，是以镍盐、钴盐、锰盐为原料，里面镍钴锰的比例可以根据实际需要调整，三元材料做正极的蓄电池相对于钴酸锂蓄电池安全性高，但是电压太低，用在手机上（手机截止电压一般在3.0V左右）会有明显的容量不足的感觉。

2017年中国电动汽车市场实现锂离子蓄电池装车总量33.55GW·h，同比增长21%。

2017年新能源乘用车三元锂蓄电池装机占比为76%,专用车这一占比为69%,而新能源客车多达90%的份额都被磷酸铁锂所占据。三元锂能量密度高、续航能力更强。2017年,三元锂蓄电池成组售价已经降至最低1.4~1.5元/W·h,与磷酸铁锂基本持平。

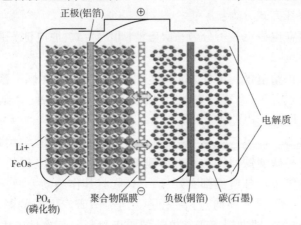

图8-2 LiFePO$_4$蓄电池的内部结构

3) 钴酸锂电池组

特斯拉使用的是技术成熟度和标准化程度较高的松下NCR18650A型号钴酸锂蓄电池,它普遍运用于笔记本计算机,但需要使用更多的蓄电池以满足一定的续航里程,像85kW·h电池包大概需要6831节,其电源管理系统的复杂程度可想而知。

钴酸锂蓄电池结构稳定、比容量高、综合性能突出,但是其安全性差、成本非常高,主要用于中小型号电芯,标称电压3.7V。

钴酸锂的特点:

(1) 电化学性能优越。

① 每循环一周期容量平均衰减<0.05%。

② 首次放电比容量>135mWh/g。

③ 3.6V初次放电平台比率>85%。

(2) 加工性能优异。

(3) 振实密度大,有助于提高电池体积比容量。

(4) 产品性能稳定,一致性好。

4) 锰酸锂电池组

锰酸锂是较有前景的锂离子正极材料之一,相比钴酸锂等传统正极材料,锰酸锂具有资源丰富、成本低、无污染、安全性好、倍率性能好等优点,是理想的动力电池正极材料,但其较差的循环性能及电化学稳定性却大大限制了其产业化。锰酸锂主要包括尖晶石型锰酸锂和层状结构锰酸锂,其中尖晶石型锰酸锂结构稳定,易于实现工业化生产,如今市场产品均为此种结构。尖晶石型锰酸锂属于立方晶系,Fd3m空间群,理论比容量为148mA·h/g,由于具有三维隧道结构,锂离子可以可逆地从尖晶石晶格中脱嵌,不会引起结构的塌陷,因而具有优异的倍率性能和稳定性,见表8-1。

如今,传统认为锰酸锂能量密度低、循环性能差的缺点已经有了很大改观。表面修饰和掺杂能有效改性其电化学性能,表面修饰可有效地抑制锰的溶解和电解液分解。掺杂可有效抑制充放电过程中的 Jahn-Teller 效应。将表面修饰与掺杂结合无疑能进一步提高材料的电化学性能,相信会成为今后对尖晶石型锰酸锂进行改进性研究的方向之一。

动力锂电池的特点   表 8-1

蓄电池名称	优　　点	缺　　点
磷酸铁锂蓄电池	安全性能高、高温性能好、质量轻	蓄电池制造成本高、蓄电池成品率低、一致性差
三元锂蓄电池	能量密度高	安全性差和高温性能差
钴酸锂蓄电池	充放电循环寿命长	能量密度低、低温性能差
锰酸锂蓄电池	价格低、电位高、环境友好、安全性能高	能量密度低、高温下的循环稳定性和存储性能较差

三、动力蓄电池存在的问题

当前我国电动汽车蓄电池技术发展很快,但存在两个明显缺点。电动汽车蓄电池的第一个缺点就是缺乏深层次技术,比如蓄电池的化学问题、物理问题、温度问题、结构问题等,在这些方面我们研发还不够,没有能够建立数学模型把这些问题搞清楚。另一个缺点是缺乏评价体系,虽然现在我国部分电动汽车运行很好,但缺乏好的评价系统。比如蓄电池的安全性怎么样,在高温、低温环境下能不能正常工作,这些都没有一个好的评价。动力蓄电池的测试与评估在纯电动汽车产业的发展过程中至关重要,尤其是如何测试与评估动力蓄电池组的性能。目前前国内外在该领域的研究刚刚起步,尚有很多问题需要解决,具体来说,包括以下几方面。

(1)动力蓄电池系统性能测试与评价。现有的动力蓄电池方面的相关测试方法或各类国家标准、行业标准更多针对动力蓄电池单体或小模块,仅考核蓄电池本身或多蓄电池模块性能,尚没有对整个动力蓄电池系统的测试方法和评估标准。

(2)动力蓄电池系统安全性能测试与评价。动力蓄电池系统的安全性能对纯电动汽车产业化至关重要,如何考核与评价其安全性能,是目前产业界关注的热点也是亟待解决的问题。

(3)动力蓄电池系统加速寿命测试方法。循环寿命是关系整车寿命与价格的重要指标,目前的循环测试结果距离整车实际应用工况尚有一定的差距。动力蓄电池通常需要 10~15 年的使用寿命,因此通过对不同电化学体系,在不同使用环境、不同使用条件下的失效机理分析,结合相关电化学模型确定加速寿命试验方法,成为纯电动汽车动力蓄电池研究开发领域非常活跃的分支。

第三节　车用蓄电池的回收再利用

时至今日,新能源汽车企业们也面临着"退役"蓄电池的回收问题,中外皆如此。一块质量约 20g 的手机蓄电池可以污染 $1km^2$ 的土地长达 50 年之久,由此可见,废旧蓄电池的回收问题迫在眉睫。

2018 年 1 月,工信部、科技部、环保部、交通运输部、商务部、质检总局、能源局印发《新能源汽车动力蓄电池回收利用管理暂行办法》的通知,提出了加强新能源汽车动力蓄电池回收利用管理,规范行业发展,推进资源综合利用等一系列贯彻方法。

一、废蓄电池的定义及分类管理

废旧动力蓄电池定义是:

(1)经使用后剩余容量或充放电性能无法保障新能源汽车正常行驶,或因其他原因拆卸后不再使用的动力蓄电池。

(2)报废新能源汽车上的动力蓄电池。

(3)经梯次利用后报废的动力蓄电池。

根据《废蓄电池回收管理规范》(WB/T 1061—2016)等国家相关法规、政策及标准要求。应对收集的废蓄电池进行分类管理,并根据各类废蓄电池的特性选择相应的包装材料进行分类包装,并在包装上贴有分类的标志,应包括但不仅限于下述内容:

(1)废蓄电池种类。

(2)废蓄电池来源。

(3)废蓄电池数量或质量。

(4)废蓄电池中所含主要有害物成分。

二、车用废旧蓄电池的回收再利用

根据《新能源汽车废旧动力蓄电池综合利用行业规范条件》(工业和信息化部公告2016年第6号)的规模、装备和工艺等要求,鼓励采用先进适用的技术工艺及装备,开展梯次利用和再生利用。

对于退役动力蓄电池的处理,"梯次利用"和"拆解回收"是被广泛认可的两种办法。退役动力蓄电池经过测试、筛选、重组等环节,仍然有能力用于低速电动汽车、备用电源、电力储能等运行工况相对良好、对蓄电池性能要求较低的领域。蓄电池彻底废弃后,进行拆解回收,可分离提炼其中的贵重金属、化学材料及副产品,再次作为原材料供应。

梯次利用企业应遵循国家有关政策及标准等要求,按照汽车生产企业提供的拆解技术信息,对废旧动力蓄电池进行分类重组利用,并对梯次利用蓄电池产品进行编码。

车用蓄电池的回收再利用大体分为四个阶段,如图8-3所示:第一阶段,电容量为70%~80%进行二次利用;第二阶段,在其他领域进行应用;第三阶段,将蓄电池包进行分解再次整合后进行使用;第四阶段,回收蓄电池,拆解回收原材料。

如果锂蓄电池没有得到有效回收,镍、钴、锰、锂等重金属元素会对环境、水等造成严重污染;负极材料里的碳、石墨等会造成粉尘污染;电解液会造成氟污染。按照市场的普遍共识,从纯电动汽车上退役下来的蓄电池还有着70%~80%的电量,可以被用来储能、低速车、光伏等,直至20%电量以下才是真正意义的报废阶段。

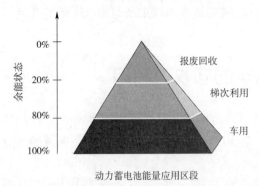

图8-3 车用蓄电池的回收再利用

作为三元锂蓄电池来说,由于循环寿命比较短,其非常适合拆解回收,回收价为40000～50000元/t,宁德时代将三元锂蓄电池的镍钴锰拆解下来去做三元材料的前驱体,价格甚至可以达到80000元/t。

汽车动力蓄电池产品试验标准及检验目录见表8-2。

汽车动力蓄电池产品检验目录　　　　　　　　表8-2

标 准 号	名　　称	备　注
GB/T 31484—2015	电动汽车用蓄电池循环寿命技术要求及试验方法	
GB/T 31485—2015	电动汽车用蓄电池安全技术要求及试验方法	
GB/T 31486—2015	电动汽车用蓄电池电性能技术要求及试验方法	
GB/T 31467.2—2015	电动汽车用锂离子蓄电池包和系统　第2部分:高能量应用测试规程	
GB/T 31467.3—2015	电动汽车用锂离子蓄电池包和系统　第3部分:安全性要求与测试方法	
QC/T 897—2011	电动汽车用蓄电池管理系统技术条件	
GB/T 18388—2005	电动汽车　定型试验规程	蓄电池一致性检测

复习思考题

1. 车用动力蓄电池有哪些分类?
2. 车用蓄电池的寿命受哪些因素的影响,应如何延长其使用寿命?
3. 我国动力蓄电池技术的发展现状是什么?
4. 三元锂蓄电池与磷酸铁锂蓄电池各有什么优缺点?谈谈它们在新能源汽车上的应用。
5. 梯次利用与再生利用有何不同点?
6. 如何对废旧蓄电池加以回收再利用?

第九章 汽车轮胎

轮胎是汽车重要组成部分,也是汽车运行材料中的重点。本章需了解汽车轮胎的类别、构造及汽车轮胎规格的表示方法,学习轮胎的维护方法及选用规则。

第一节 汽车轮胎的作用与构造

轮胎在汽车行驶中直接与地面接触,不仅承载汽车质量,还要配合汽车悬架共同减缓和吸收来自路面的冲击,保证行驶过程中的安全性、驾乘舒适性和行驶平顺性。

轮胎有良好附着性,在此基础下提高了轮胎的牵引力、制动力、通过性和燃油经济性;轮胎还要求具备高耐磨性和耐屈挠性,以及低的滚动阻力与生热性。轮胎在汽车上凸显的作用越来越受到重视。

一、轮胎四大基础作用

轮胎是汽车的零部件之一,它在汽车运行过程中要起到以下四种作用。

1. 承受载荷

轮胎承受的质量为两部分:一部分是汽车自重,另一部分是载人载物的质量。这两部分质量会给轮胎带来一定的负荷,因此轮胎就需要有一定的承载能力,这样才能实现汽车在使用过程中的装载功能。

2. 产生驱动力与制动力

轮胎作为唯一能和地面产生接触的汽车轮部件,需要按照驾驶人员的意愿来实现一定的功能,如汽车制动、前进和倒退。只有轮胎才能直接的体现驾驶人员的操作意图,所以轮胎在驾驶人员操作过程中起到了重要作用。

3. 缓冲和吸振

路况差是轮胎使用中必然面临的一个问题,不同的路况给予轮胎的考验不同。如崎岖山路会带来强烈的颠簸感,轮胎就需要发挥出自身吸收冲击的能力;未经铺设的路面大多是碎石、坑洼路,这时轮胎就需要发挥一定的缓冲能力。轮胎的材料中含橡胶,所以在路况差的条件下也能保持一定的驾乘舒适性。

4. 改变汽车行驶方向

驾驶人员在驾驶汽车过程中会发出一定的指令,如转向,轮胎借助了轮胎与地面的摩擦,实现了汽车转向这个操作。轮胎作为转向操作的最终执行者,需要与地面有良好的接触才能实现转向。

轮胎具有上述四大作用实现了汽车在不同路况上安全、平稳地行驶,由此看来轮胎在整个汽车的零部件中十分重要,日常使用中的维护也不可或缺。

二、轮胎的构造

按照轮胎的构造,汽车轮胎可分为实心轮胎和充气轮胎两大类。充气轮胎又分为有内胎轮胎和无内胎轮胎两种。有内胎轮胎一般由外胎、内胎和垫带等部分组成,如图9-1所示。轮胎的种类不同,其构造也略有差别,现代汽车绝大多选用充气轮胎。

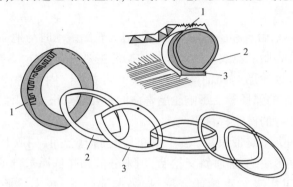

图9-1 轮胎结构示意图
1-外胎;2-内胎;3-垫带

1. 外胎

外胎作为内胎保护壳,起到的作用是:抵御外界带来的冲击及伤害,限制内胎冲入压缩空气时的体积。外胎是轮胎的主体,所起到的作用不只是承载车重,还有减缓和吸收冲击的作用,所以要求轮胎具有较高的强度,并具有一定的弹性。

轮胎外胎构造一般包括胎面(胎冠和胎肩)、胎侧、胎体(帘布层和缓冲层)和胎圈等部分,如图9-2所示。

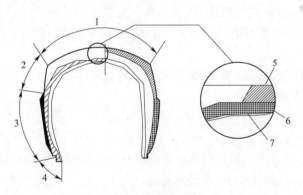

图9-2 外胎的结构
1-胎冠;2-胎肩;3-胎侧;4-胎圈;5-胎面;6-缓冲层;7-帘布层

(1)胎体。胎体位于外胎的内侧,是外胎的骨架,由帘布层和缓冲层组成,其作用是承受负荷、保持轮胎外缘尺寸和形状。

(2)胎肩。胎肩为厚度较大的胎冠与厚度较小的胎侧的过渡部分。为提高该部位的散热和防滑能力,一般刻有各种花纹。

(3)胎侧。胎侧是在胎体帘布层侧壁的薄橡胶层,以保护轮胎侧面帘布层免受损伤。因胎侧不与地面接触,受压小,无磨损,故厚度较小。

轮胎滚动对胎侧会造成较大的拱形变形，胎侧会经常性的承受弯曲和伸缩作用，所以对其耐疲劳强度要求很高。此外，胎侧上一般都标注轮胎的制造厂家、规格型号、结构特征、速度等级等标志符号，故对其还有一定的美观性要求。

(4) 胎圈。胎圈包括钢丝圈（胎圈钢丝）、帘布层包边和胎圈包边等部分。该部位有很高的刚度和强度。其主要功用是将轮胎固装在轮辋上，并承受外胎与轮辋的各种作用力。

(5) 胎面。胎面包括胎冠和胎肩两部分。胎冠为轮胎滚动时与地面的接触部分，上面刻有各种沟纹和窄槽，称为胎面花纹。胎冠作为轮胎的主要工作部分，直接承受汽车行驶时产生的冲击和磨损，并保证轮胎与路面间具有足够的附着力。因此，胎冠要求具有一定的强度、耐磨性、厚度和较高的弹性等。影响轮胎寿命的重要因素很大程度上取决于胎冠的耐磨性，一般选用耐磨性较好的橡胶材料。

(6) 缓冲层。缓冲层（或带束层）位于帘布层与胎冠之间，用胶片和多层挂胶稀帘布制成，弹性较大。缓冲层用于普通斜交轮胎，用来分散和降低胎冠部的工作应力。缓冲层用于子午线轮胎，可以用来约束轮胎变形，提高胎面强度，减小轮胎滚动时的内部运动损失。

(7) 帘布层。帘布层是由若干层帘线用橡胶贴合而成的，一般有多层。帘线的材料有棉线、钢丝、人造丝线、尼龙线等。帘线的排列方式为与胎面中心垂直或成一定夹角。帘线的排列方式对轮胎的滚动阻力、承载能力等性能影响较大，一般是帘线与胎面中心线垂直的子午线形排列优于成锐角夹角的斜交形排列。

2. 内胎

内胎是被束缚在外胎内的一个环形橡胶管，由于内胎外部空间被限制，充满压缩空气的内胎装入外胎后，可保持一定的内压，从而具有一定缓冲和承载能力。为此，要求内胎须具有良好的气密性。为使内胎在充气状态下不产生褶皱，内胎的有效尺寸应小于外胎的内壁尺寸。

另外，内胎上还配装有气门嘴，供轮胎充气和放气之用。对于无内胎轮胎，其气门嘴安装在轮辋上，但结构大同小异。

3. 垫带

垫带布置在内胎与轮辋之间，是一个具有一定形状和断面的环形胶带，其边缘较薄，表面光滑，具有耐热性，上有供内胎气门嘴通过的圆孔。垫带的作用是防止内胎被轮辋及外胎的胎圈擦伤和磨损，并能防止尘土、水侵入胎内。对于无内胎轮胎，则取消了垫带。

第二节　汽车轮胎的分类

汽车轮胎按胎体结构不同可分为充气轮胎和实心轮胎。现代汽车绝大多数采用充气轮胎。轮胎按用途分类：轿车轮胎、载重轮胎、客车用轮胎及矿山用轮胎等种类。按胎内空气压力的高低，充气轮胎可分为高压胎、低压胎和超低压胎三种。各类汽车普遍采用低压胎。充气轮胎按组成结构不同，又分为有内胎轮胎和无内胎轮胎两种。轿车普遍采用无内胎轮胎。按轮胎内部帘布层和缓冲层的排列方式不同，轮胎又可分为子午线轮胎和斜交轮胎两种。汽车上普遍采用的是子午线轮胎。轮胎侧面均有标注。

一、按用途分类

例如在中国的轮胎国家标准、美国轮胎轮辋手册、欧洲轮胎轮辋标准、日本轮胎标准以及国际轮胎标准中都是以用途进行分类的,可分为以下几种类型。

(1)轿车轮胎——是装于轿车上的轮胎,它主要用于良好路面上高速行驶,最高行驶速度可达200km/h以上,要求乘坐舒适,噪声小,具有良好的操纵性和稳定性。轮胎结构多数采用子午线结构。根据行驶速度的要求分为不同系列,在标准与手册中常见的有95、88系列为斜交轮胎,80、75、70、65系列为子午线轮胎。

(2)轻型载重汽车轮胎——通常指轮辋直径16in(英寸)及其以下的,断面宽9in及其以上的载重汽车轮胎。这类轮胎主要行驶于公路,行驶速度一般可达80～100km/h。

(3)载重和公共汽车轮胎——通常指轮辋直径18～24in,断面宽7in及其以上的载重汽车、自卸货车、各种专用和拖车等轮胎。其行驶路面较为复杂,有良好的沥青路,也有较差的碎石路、泥土路、泥泞路、冰雪路,甚至无路面条件等,行驶速度一般不超过80km/h。

(4)工程机械轮胎——工程机械轮胎是装于专用性作业的工程机械车辆上,例如装载机、推土机、挖掘机、平整土地机、压路机和石方作业机等。行驶速度不高,但使用的路面条件和载荷性能要求苛刻。轮胎主要采用斜交轮胎结构,但如法国米其轮(粤音,普通话叫米其林)公司也采用子午线结构。从轮胎断面宽度分类可分为标准轮胎和宽基轮胎两种系列。

(5)越野汽车轮胎——越野汽车为前后轮驱动。越野汽车轮胎主要行驶在坏路面上如沙漠、泥泞地、松软土壤或其他无路面道路,要求轮胎具有较高的通过性能,越野轮胎往往采用低气压,有的还采用调压轮胎,根据路面条件来调节轮胎气压的大小。为了提高越野通过性,一般采用加宽轮胎断面和轮辋宽度,以及降低轮辋直径等措施,以便增大接地面积和降低接地压力。轮胎结构除采用斜交轮胎结构外,也用子午线结构。

(6)农业和林业机械轮胎——农用轮胎主要装在拖拉机、康拜因联合收割机和农机具车辆上使用。林业机械轮胎装在林业拖拉机和林业机械上,进行林业的采伐、集材、铲运和挖掘等作业。这两种轮胎的特点都是行驶速度要求不高,但其使用条件苛刻,经常行驶于状况不良的田间小路和坚硬的留茬地或石子山路,甚至是无路面的道路,轮胎易被划伤或割破。另一个特点是间歇作业、里程短,但使用期较长,因此要求轮胎具有较好的耐屈挠龟裂和耐老化性能。轮胎以斜交轮胎结构为主,但也采用子午线结构。

(7)工业车辆轮胎——主要用于工业车辆上的充气轮胎、半实心轮胎和实心轮胎。分电瓶车轮胎、叉车轮胎和平板车轮胎等。

(8)摩托车轮胎——用于摩托车上的轮胎。包括摩托车轮胎、轻便摩托车轮胎和小轮径摩托车轮胎。

(9)航空轮胎——用于航空飞行器上的充气轮胎。

(10)特种车辆轮胎——包括炮车轮胎、坦克轮胎、装甲车轮胎、沙漠轮胎、防爆车辆轮胎等。

(11)力车轮胎——用于自行车、三轮车和手推车的充气轮胎。
(12)电动车轮胎——用于电动自行车上的轮胎。

二、按充气压力分类

汽车轮胎按充气压力不同,可分为高压轮胎、低压轮胎、超低压轮胎和调压轮胎四种。

1. 高压轮胎

充气压力为 0.5~0.7MPa 的轮胎称为高压轮胎。高压轮胎的滚动阻力小,在路面的附着能力弱,油耗低的同时造成了缓冲性能差的缺点,因此在汽车上很少使用。

2. 低压轮胎

充气压力为 0.15~0.45MPa 的轮胎称为低压轮胎。低压轮胎由于具有弹性好、断面宽,与道路接触面积大,壁薄而散热性好等优点,所以被广泛使用。

载货汽车、乘用车多选用低压轮胎。需要指出的是,目前有些汽车轮胎充气气压达到高压胎的标准,但仍归类于低压轮胎。因其轮胎有着低压轮胎的良好缓冲性能,工作压力虽然高,但也归类低压轮胎。

3. 超低压轮胎

充气压力低于 0.15MP 的轮胎称为超低压轮胎。超低压轮胎的断面宽度较低压轮胎的断面宽度更宽,其与道路的接触面积也较低压轮胎更大,在松软路山上的通过能力比较好,所以非常适合在冰雪路段、沙漠道路等环境使用。目前,越野汽车和少数特种汽车多采用超低压轮胎。

4. 调压轮胎

调压轮胎的充气压力可根据路面条件不同进行动态调节。轮胎的胎体较一般轮胎的胎体刚性小,内压较低,断面较宽,能根据路面条件适时的调节轮胎气压。汽车的滚动阻力系数与附着性能也随着轮胎与路面接触的面积变化而变化。因此,调压轮胎的最大优点是能根据实时路面进行适时的调节压力,使汽车适应各种道路条件,有效地扩大了汽车的使用范围。

三、按胎面花纹分类

汽车轮胎按胎面花纹不同,可分为普通花纹轮胎、越野花纹轮胎和混合花纹轮胎等多种,如图 9-3 所示。

1. 普通花纹轮胎

普通花纹轮胎的花纹,细而浅,花纹接地面积大,其耐磨性和防着性较好,如图 9-3 所示。因而适于在硬路面上行驶。其轮胎花纹有纵向花纹、横向花纹以及复合花纹之分。纵向花纹滚动阻力小,方向性好,附着性和防滑性较好,散热良好,适于高速行驶,乘用车(俗称轿车)、货车均可选用;横向花纹耐磨性和抓地性比较好,花纹集中,不打滑,抛土性能好,一般只能用于货车;复合花纹则兼具纵向花纹和横向花纹的优点。

2. 越野花纹轮胎

越野花纹轮胎的花纹凹部深而粗,如图 9-4 所示,沟槽面积约占总面积的 50%,单位面积所受的压力大,抓地性和抛土性好,不夹石子,散热好,在恶劣路面上的牵引性和通过性好,因而适用于在矿山、建筑工地、林区等松软路面上行驶。

a)横向花纹　　　　b)纵向花纹　　　　c)复合花纹

图9-3　普通花纹轮胎

如果在硬路面上行驶,则花纹磨损会较快。有些越野花纹(如人字形花纹)有行驶方向,使用时应使驱动轮胎面花纹的尖端与旋转方向一致。越野花纹又称砌块花纹,特点是花纹沟槽宽而深,花纹块接地面积比较小(40%~60%)。在松软路面上行驶时,一部分土壤将嵌入花纹沟槽之中,必须将嵌入花纹沟槽的这一部分土壤剪切之后,轮胎才有可能出现打滑,因此,越野花纹的抓着力大。根据测试,在泥泞路上,同一车型的车辆使用越野花纹轮种的牵引力可达普通花纹的1.5倍。

3. 混合花纹轮胎

混合花纹是普通花纹和越野花纹之间的一种过渡性花纹,如图9-5所示。其特点是胎面中部具有方向各异或以纵向为主的窄花纹沟槽,而在两侧则以方向各异或以横向为主的宽花纹沟槽。混合花纹轮胎具有良好的抗滑性能与附着性能,纵横附着性能几乎相同,可有效避免汽车行驶打滑。这样的花纹搭配使混合花纹的综合性能好,适应能力强。它既适应于良好的硬路面,也适应于碎石路面、雪泥路面和松软路面,附着性能优于普通花纹,但耐磨性能稍逊。一些货车和四轮驱动的乘用车多使用这种形式的花纹轮胎。

图9-4　越野花纹轮胎　　　　图9-5　混合花纹轮胎

四、按组成结构分类

1. 按照轮胎胎体帘线材料分类

轮胎按照胎体帘线材料不同,可分为棉帘线轮胎、人造丝轮胎、尼龙轮胎和钢丝轮胎等多种。棉帘线轮胎和人造丝轮胎已经被逐步淘汰,尼龙轮胎的应用最多,而采用钢丝作为帘线材料的钢丝轮胎则代表着汽车轮胎的发展方向。

2. 按照有无内胎分类

按照有无内胎分类,可将汽车轮胎分为有内胎轮胎和无内胎轮胎两种。无内胎轮胎的外形与普通轮胎的外形近似,所不同的是它没有内胎和垫带,空气直接充入外胎中,其密封性由外胎和轮辋来保证。在无内胎轮胎的外胎内壁内,采用硫化的方法黏附上一层厚为2~3mm的橡胶密封层,其目的是提高轮胎的气密性。有的在该密封层下面还有一层自粘层,它能自行将刺穿的孔黏合。在胎圈的外侧还有一层橡胶密封层,用以增加胎圈与轮辋贴合的气密性。

无内胎轮胎轮辋底部是倾斜的并涂有均匀的漆层。气门嘴固定在轮辋的一侧,用橡胶垫圈和螺母旋紧密封。无内胎轮胎在轮胎爆破时才会失效,当轮胎被异物(如钉子)扎出孔洞时,由于轮胎内壁上的橡胶密封层处在压缩状态,所以可将穿刺物紧紧裹住,压力不会急剧下降,汽车仍能安全行驶,不存在因为和外胎之间的摩擦和卡住而损坏,进一步保证了行车安全,避免了途中换胎带来的运输效率的降低。无内胎轮胎摩擦生热少,散热快,因而非常适合高速车使用。

近年来,无内胎轮胎在乘用车和载货汽车上的使用日趋广泛,全面取代有内胎轮胎已是大势所趋。

五、按胎体帘线排列方向分类

汽车轮胎按胎体帘线排列方向不同,可分为普通斜交轮胎和子午线轮胎两种。

1. 普通斜交轮胎

普通斜交轮胎(diagonal tire)的胎体帘布层帘线排列方向与轮胎子午断面成小于90°的夹角,帘线由一侧胎边穿过胎面到达另一侧的胎边,并且由这种斜置帘线组成的多层(层数通常为偶数)帘布交错叠合,呈斜交方式排列。为了兼顾轮胎的侧向刚性和缓冲性能,一般胎冠角多为50°~52°。

缓冲层位于胎面与帘布层之间,是用胶片和两层或数层挂胶稀帘布制成,故弹性较大,能缓和汽车在行驶时所受到的不平路面的冲击,并防止汽车在紧急制动时胎面与帘布层脱离。

胎面是外胎最外的一层,可分为胎冠、胎侧和胎肩三部分,胎冠用耐磨的橡胶制成,它直接承受摩擦和全部载荷,能减轻帘布层所受冲击,并保护帘布层和内胎免受机械损伤。为使轮胎与地面有良好的附着性能,防止纵、横向滑移等,在胎面上有着各种形状的凹凸花纹。

普通斜交轮胎具有噪声少、制造容易、价格便宜等优点。但是,由于其帘布层的斜交汽车轮胎排列,给轮胎胎面和胎侧同时增加了强度,所以其弹性较差,只有在适当充气时,才能使驾乘人员感到较为柔软、舒适。除此之外,普通斜交轮胎还有滚动阻力大、承载能力低、车辆油耗高等缺点。因此,其使用受到了很大程度的限制,已经逐渐被子午线轮胎取代。

2. 子午线轮胎

子午线轮胎(radial tire)的国际代号是"R",俗称"钢丝轮胎"。如图 9-6 所示,子午线轮胎(radial tire)的胎体帘布层帘线排列方向与轮胎子午断面一致,呈环形排列,帘线也是由一胎边穿过胎面到另一侧胎边,同时在圆周方向有一带束层。胎体帘布层帘线的环形排列,使帘线的强度得到了充分利用,使得子午线轮胎的帘布层数可比普通斜交轮胎减少 40% ~ 50%。同时,由于帘线不是交错排列的,所以帘布层数也可以是奇数。

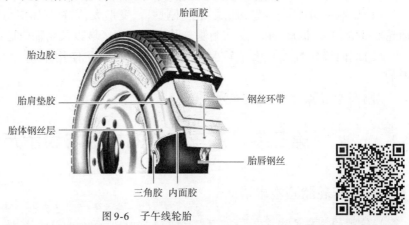

图 9-6　子午线轮胎

带束层的采用可防止帘线在圆周方向只靠橡胶联系而难以承担汽车行驶时产生的切向力。带束层一般采用强度较高、伸张量很小的纤维织物帘布或钢丝帘布制造,能紧紧箍在胎体上,是保证轮胎具有一定的外形尺寸,承受内压引起的负荷及滚动时所受的冲击力,减少胎面与胎体帘布层所受的负荷等。

带束层一般有多层,相邻层帘线呈交叉排列,它们与胎面中心线夹角很小,一般为 10° ~ 20°,这就使得帘布层帘线和带束层帘线交叉于三个方向,形成许多致密的三角形网状结构。这种结构能有效阻止胎面向周向和横向的伸张与压缩,从而大大提高了胎面的强度,减少了胎面与路面的滑移,提高了胎面的耐磨性能。

与普通斜交轮胎相比较,子午线轮胎具有许多优越性能,由于子午线轮胎在结构上的特点,所以这种轮胎与普通结构轮胎相比有如下优点:

(1) 使用寿命长。子午线轮胎的胎体与胎面之间具有不伸张和刚性较大的缓冲层,普通轮胎胎体承受内压产生的应力为整条轮胎所承受的 80% ~ 90%,而在载货汽车用子午线轮胎中,缓冲层则承受此应力的 60% ~ 75%,因而轮胎在路面上滚动时,周向变形小、滑移小;又因轮胎接地面积大、单位压力小,故胎面耐磨性一般比普通轮胎要高 50% 以上。

(2) 节约燃料。子午线轮胎滚动阻力比普通轮胎要小 25% ~ 30%,因此在实际使用中可降低耗油量 6% ~ 8%。

(3) 负荷量大。由于子午线轮胎胎体帘线是呈子午线方向排列的,轮胎的帘线排列角度与轮胎变形一致,帘线强度能得到充分地发挥,胎侧特别柔软,容易变形,因此,其胎侧所受应力比普通轮胎要大 2 ~ 5 倍,而胎圈所受应力比普通轮胎要大 30% ~ 40%,轮胎的承载能力约提高 14%。

(4)减振性能好。子午线轮胎的胎体柔软,富有良好的缓冲性能,因而乘坐舒适,可延长柴油汽车机件的使用寿命,并能保证货物运输质量。

(5)胎面耐刺穿,轮胎不易爆破。子午线轮胎缓冲层刚性大,减少了胎面胶的伸张变形;另外,轮胎接地面积大,单位压力小,从而提高了胎面耐刺穿性能。由于胎体帘线强度能得到有效利用,因而在较恶劣的使用条件下,轮胎也不容易爆破。

(6)附着性能好,越野性能高。由于子午线轮胎弹性好,接地面积大,单位压力小,胎面滑移现象少,故提高了车辆的牵引与越野性能。

这种轮胎目前还存在以下缺点:

(1)胎侧裂口。子午线轮胎胎侧薄、刚性低、变形大,以致其屈挠与剪切变形和受力比普通轮胎要大得多,因此,很容易在胎侧与胎面的过渡区域以及轮辋附近产生裂口。

(2)侧向稳定性差。由于轮胎胎侧变形大,因此在使用中轮胎的侧向稳定性是比较差的。

对于这些特点,使用时应充分注意。

第三节 汽车轮胎的规格与表示方法

一、汽车轮胎基本术语

1. 轮胎的主要尺寸

包括轮胎外径 D、轮胎内径 d、适用轮辋宽度 W、轮胎断面高度 H、轮胎断面宽度 B,有负荷作用下的轮胎静态半径 R^*、有负荷作用下轮胎的实际滚动半径 R 等,如图9-7所示。

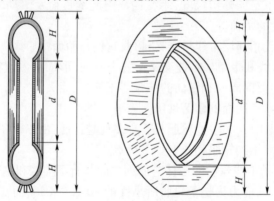

图9-7 轮胎的主要尺寸

(1)轮胎外径 D。轮胎外径是指将轮胎安装到相应的轮辋上,并按规定气压充气后,在无任何负荷(没有承重)状态下胎面最外表的直径。

(2)轮胎总宽度 B^*。轮胎总宽度是指按规定气压充气后,包括轮胎侧面的文字及花纹的轮胎最大宽度(以 mm 计)。

(3)适用轮辋宽度 W。适用轮辋宽度是指适合与该轮胎匹配使用的轮辋宽度(以 in 计)。

能够与某型号轮胎匹配使用的轮辋分为标准轮辋和适用轮辋两种。标准轮辋是指最适合与该轮胎匹配使用的轮辋,适用轮辋是指能够与该轮胎匹配使用的轮辋。

(4)轮胎断面高度 H。轮胎断面高度是指按规定气压充气后,轮胎外径与轮胎内径差值的一半,即:

$$H = \frac{D - d}{2}$$

(5)轮胎断面宽度 B。轮胎断面宽度是指按规定气压充气后,从轮胎的总宽度中去除轮胎侧面的文字及花纹厚度之后的宽度(以 mm 计)。

(6)轮胎内径(轮辋名义直径)d。轮胎内径是指轮胎按规定气压充气后,在无任何负荷状态下轮胎内圈的直径(以 in 计)。

(7)负荷下轮胎实际滚动半径 R。R 是指通过车轮旋转圈数与车轮滑移运动距离进行计算后得到的折算半径。其计算公式为:

$$R = \frac{S}{2\pi n_w}$$

式中:R——轮胎滚动半径,mm;

S——车轮的实际移动距离,mm;

n_w——车轮旋转的圈数。

(8)负荷下轮胎静态半径 R^*。R^* 是指轮胎在静止状态(而非滚动状态)下,只承受法向负荷作用时,由轮轴中心到支承平面的垂直距离。

(9)胎面宽度 B^{**}。胎面宽度是指轮胎胎面的宽度,即轮胎胎面两侧最突出部分的宽度。

2. 高宽比与扁平化

(1)高宽比。轮胎的高宽比(又称扁平比,aspect ratio)是指轮胎断面高度 H 与轮胎断面宽度 B 比值,即轮胎高宽比 = H/B(H:轮胎断面高度,B:轮胎断面宽度)。在习惯上,更多地应用扁平率这一概念,即轮胎的扁平率 = $H/B \times 100\%$。轮胎通常根据扁平率划分系列。目前汽车轮胎常见扁平率为 80%、75%、70%、65%、60%、55%、50%、45% 等,相对应的轮胎系列分别为 80 系列、75 系列、70 系列、65 系列、60 系列、55 系列、50 系列、45 系列等。

(2)轮胎的扁平化。轮胎的发展方向是扁平率越来越小,即扁平化(flattening,又称 inch-up)。轮胎的扁平率越小,说明轮胎的断面高度越小、断面宽度越大,即轮胎越矮、越扁。因而,在相同承载能力下,宽断面轮胎(即扁平化的轮胎)较普通轮胎的直径减小,从而可降低整车质心,提高汽车的操纵稳定性能。

另外,扁平化的宽断面轮胎还有接地面积大、接地比压小、滚动阻力小、侧向稳定性好等优点。

据统计,扁平率由 70% 降为 60% 的轮胎,车辆转弯操控性能可提高约 15%,摩擦因数增大约 10%。因此,扁平化的宽断面轮胎在高速乘用车上得到了广泛的应用。

3. 轮胎速度级别

速度等级表明轮胎在规定条件下承载规定负荷的最高速度。不同轮胎的胎壁上会用英文字母表示轮胎的速度等级。代表轮胎 4.8 ~ 300km/h 的认证速度等级。

随着汽车技术的不断发展,汽车行驶速度在不断提高。为了使轮胎的速度性能与汽车最高速度相匹配,一般需标注轮胎的速度级别,以便能根据最高设计车速正确配装汽车轮胎。有关轮胎速度级别的表示符号和允许的最高行驶速度见表 9-1。

轮胎速度级别符号与最高行驶速度　　　　　　　表 9-1

速度级别	速度(km/h)	速度级别	速度(km/h)
A1	5	K	110
A2	10	L	120
A3	15	M	130
A4	20	N	140
A5	25	P	150
A6	30	Q	160
A7	35	R	170
A8	40	S	180
B	50	T	190
C	60	U	200
D	65	H	210
E	70	V	240
F	80	W	270
G	90	Y	300
J	100	ZR	速度等级 240 以上

4. 层级

层级是指轮胎负荷能力的相对指数,用 PR(ply rating)表示。轮胎负荷能力的相对指数主要用于区别尺寸相同但结构和承载能力不同的轮胎。轮胎的层级数并不代表轮胎帘布层的实际层数,而是表示承载质量与棉帘线相当的棉帘线的层数。

5. 负荷指数

轮胎负荷指数(load index,LI)是表征轮胎在规定使用条件(轮胎最高速度、最大充气压等)下负荷能力的参数,通常用数字表示。轮胎负荷指数目前有 280 个,从 0~279,有关情况见表 9-2。

轮胎负荷指数与负荷对应表　　　　　　　表 9-2

负荷指数 U	负荷(kg)	负荷指数 U	负荷(kg)	负荷指数 U	负荷(kg)
80	450	90	600	100	800
81	462	91	615	103	875
82	475	92	630	104	900
83	487	93	650	105	925
84	500	94	670	106	950
85	515	95	690	107	975
86	530	96	710	108	1000
87	545	97	730	109	1030
88	560	98	750	110	1060
89	580	99	775	111	1090

续上表

负荷指数 U	负荷(kg)	负荷指数 U	负荷(kg)	负荷指数 U	负荷(kg)
112	1120	123	1550	136	2240
113	1150	126	1700	137	2300
114	1180	127	1750	138	2360
115	1215	128	1800	139	2430
116	1250	129	1850	140	2500
117	1285	130	1900	141	2575
118	1320	131	1950	142	2650
119	1360	132	2000	143	2725
120	1400	133	2060	144	2800
121	1450	134	2120	145	2900
122	1500	135	2180	146	3000

二、我国汽车轮胎规格表示方法

我国轿车轮胎的现行国家标准为《轿车轮胎规格、尺寸、气压与负荷》(GB/T 2978—2014)、《轿车轮胎》(GB 9743—2015)、载重汽车轮胎国家标准为《载重汽车轮胎》(GB 9744—2015)及《载重汽车轮胎规格、尺寸、气压与负荷》(GB/T 2977—2016)。

1. 轿车轮胎规格表示方法

《轿车轮胎规格、尺寸、气压与负荷》(GB/T 2978—2014)规定了我国乘用车轮胎规格表示方法。

示例1：

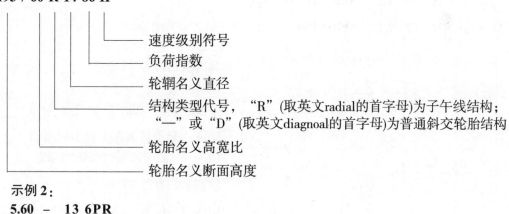

示例2：

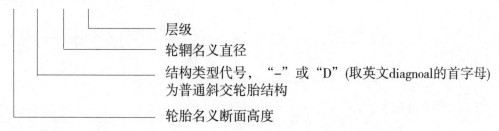

2. 载重汽车轮胎规格表示方法

《载重汽车轮胎规格、尺寸、气压与负荷》(GB/T 2977—2016)规定了我国载重汽车轮胎的规格表示方法。

(1) 微型、轻型载重汽车轮胎。

示例1：

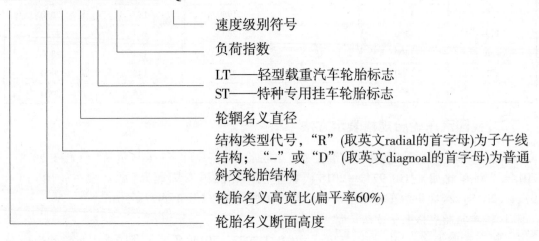

示例2：

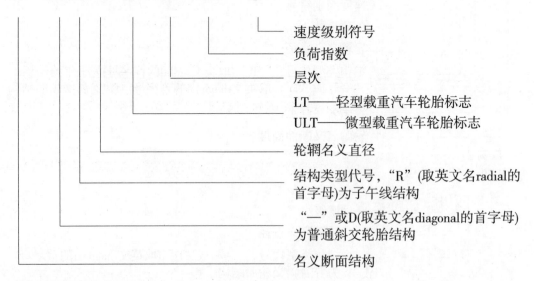

(2) 载重汽车轮胎。

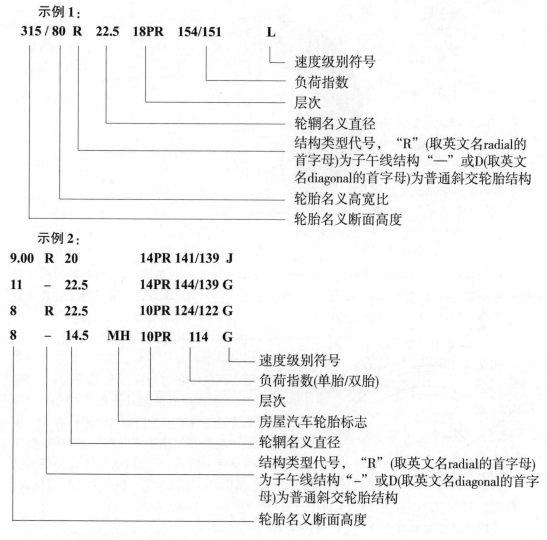

三、汽车轮胎胎侧标志

一般在轮胎的胎侧刻有规定要求用的凸字标识,位于胎侧醒目处。且胎侧标识内容包括轮胎品牌、生产制造商、规格、产地、速度级别符号、充气压力、负荷能力、胎面磨耗标志等信息,如图9-8所示。正确识别胎侧标志对轮胎的选配、使用和维护十分重要,对于保障行车安全和延长轮胎使用寿命具有重要意义。

1. 轮胎生产商及规格标志

轮胎生产商及规格标志,轮胎品牌和花纹代号标志,装胎方向标志、轮胎结构及轮胎生产商网址标志,轮胎最大承载能力和冷态下的最大充气压力标志,轮胎胎侧的层级标志均在胎侧上标明。

2. 磨损极限标志

磨损极限标志(tread wear indicator, TWI)用于表示轮胎在磨损指示点的磨损高度,也就是三角形所指向的胎面沟槽里面有小的凸起,轮胎磨损达到这个高度后就不能继续使用。

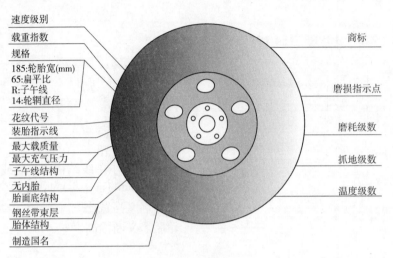

图9-8 轮胎胎侧标记

为便于观察,一般在轮胎胎侧内外两面均设有4处或6处三角形"△"图案来指示磨损极限标志的设置位置,如图9-9所示。实际使用过程中,可用测量沟槽的深度的方法来大致计算出残余寿命,即还可以继续使用的年限。

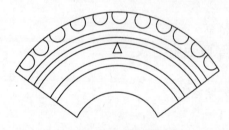

图9-9 指示轮胎磨损极限标志设置位置的"△"记号

磨损极限标志的具体尺寸如图9-10所示,不同类型的轮胎极限磨损高度不同,如重型货车及公共汽车用轮胎磨损极限标志的高度是 $3.2\delta/mm$,中型及小型货车用轮胎磨损极限标志的高度是 $2.4\delta/mm$,乘用车及轻型货车用轮胎磨损极限标志的高度是 $1.6\delta/mm$。轮胎在使用中不断磨损后,排水性能和制动性能会逐渐降低,乘坐舒适性能也会逐渐劣化。因此,在轮胎的胎面沟槽中设有磨损极限标志。日常使用过程中,观察到轮胎磨损至极限位置时,应该提早更换轮胎。

3. 美国轮胎使用标准中的"三T"标志

按照美国运输部的规定,在美生产及使用的乘用车轮胎,乘用车轮胎上必须有轮胎磨损标志,即:磨耗级数(Tread-Wear)、温度级数(Temperature)、牵引力级数(Traction)三个标志,简称为"三T"标志。磨损极限标志及尺寸如图9-10所示。

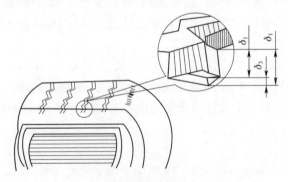

图9-10 磨损极限标志及尺寸

1)磨耗级数标志

磨耗级数,即耐磨指数,在轮胎胎面用数字说明耐磨性能和使用寿命。

按照美国规定,使用乘用车轮胎必须进行轮胎磨耗试验以计算出磨耗级数。且美国政府规定凡进口轮胎必须有"三T"标志。

评定方法:将基准轮胎与受测轮胎(基准轮胎与受测轮胎均为同品牌产品)装在同一辆乘用车上(共4辆试验用车),在专用试验道路上行驶。试验道路单圈总长为400mile(643km),试验用车累计行驶18圈,即累计试验里程为7200mile(11584km)。

测试过程中,试验用车每行驶800mile(1287km),必须进行一次四轮定位、轮胎胎压的检查和调整,并进行轮胎换位。

测试完毕后,分别检测在基准轮胎和受测轮胎的磨耗状况。轮胎的磨耗以每行驶100km,轮胎橡胶耗损量的多少来计量,单位为g/100km。轮胎的磨耗级数按轮胎的磨耗状况进行评定。

轮胎的磨耗级数以具体的数字表示,磨耗级数数字越大,表示轮胎的耐磨性能越好。通过试验,以磨耗100为基数,磨耗100可以行驶48000km,磨耗200为96000km。例如:上海回力厂生产的195/60R14的磨耗为450,那么它应当可以行驶里程为48000×4.5=216000(km)。当然,试验过程中的可控因素存在差异,比如试验场和路面不一致,地区实际路面情况差异,驾驶员驾驶习惯不同,且试验里程远远达不到轮胎使用过程中的磨损里程数,所以实际使用中不可能完全计算出精确的里程数,只能是从计算模式中大致推算出一个数值供人们参考。

2)温度级数标志

温度级数,即耐热级数。轮胎在长时间高速行驶过程中会因摩擦等运动产生大量的热量,合理选择轮胎制造材料是保证轮胎使用过程中能有良好的散热基础,而轮胎温度级数标志就是反映轮胎使用过程中的散热能力的参考数值。

按照美国规定,乘用车轮胎的温度级数通过轮胎耐热性试验进行评定。

评定方法:选用轮胎耐热性试验台进行试验,试验轮胎安装在高速轮辋上,模拟轮胎在不同高速条件下长时间行驶状态。轮胎温度级数划分为A、B、C三个等级,A级性能最佳。

温度级数为A级的轮胎,可以在115mile/h(185km/h)以上的高速条件下长时间行驶而不发生热破坏。

温度级数为B级的轮胎,可以在100~115mile/h(161~185 km/h)的高速条件下长时间行驶而不发生热破坏。

温度级数为C级的轮胎,可以在85~100mile/h(137~161km/h)的高速条件下长时间行驶不发生热破坏。

轮胎标注的温度级数为A级,表明该轮胎可以在185km/h以上的高速条件下长时间行驶而不发生热破坏,具有优异的高速耐热性能和高速耐久性能。温度在轮胎使用过程中对轮胎的使用寿命影响很大,通常把温度称为轮胎的"第一杀手",选用性能等级高的轮胎是很重要的。

3)牵引力级数标志

牵引力级数,即抓地力级数,轮胎行驶在湿滑地面上所表现出的附着性能,等级分为

AA、A、B、C四个等级,AA级轮胎等级最高,在湿滑路面上的附着性能最好。

按照美国规定,乘用车轮胎的牵引力级数通过湿滑路面直线定速紧急制动试验进行评定。

评定方法:选择模拟实际行驶的湿滑路面条件作为试验条件,以一辆载货汽车牵引安装好试验轮胎的试验拖车,用40mile/h(64km/h)的恒定车速直线行驶时紧急制动。测试不同的行驶路面来评估轮胎的牵引力级数。轮胎牵引力级数的评估试验中,道路与轮胎的摩擦因数与牵引力级数的范围见表9-3。

摩擦因数与牵引力级数范围　　　　　　　　表9-3

牵引力级数	轮胎牵引力级数的评定及对应的轮胎与湿滑路面之间的摩擦因数	
	轮胎与湿滑路面之间的摩擦因数	
	湿滑沥青路面	湿滑水泥路面
AA	$f \geq 0.54$	$f \geq 0.41$
A	$f \geq 0.47$	$f \geq 0.35$
B	$f \geq 0.38$	$f \geq 0.26$
C	$f < 0.38$	$f < 0.26$

如轮胎标注的牵引力级数为A级,该轮胎在湿滑的沥青路面上的擦因数大于0.47,在湿滑的水泥路面上的摩擦因数大于0.35,具有良好的湿滑路面附着性能。

四、安全性能

1.轿车轮胎安全性能

1)轮胎强度性能

根据GB 9743—2015轿车轮胎强度试验,每一试验点的强度试验破坏能应不低于表9-4的规定。

轿车轮胎最小破坏能(单位:J)　　　　　　　　表9-4

轮胎类型	子午线轮胎		斜交轮胎			
轮胎名义断面宽度	标准型	增强型	尼龙或聚酯		人造丝	
			4PR、6PR	8PR	4PR、6PR	8PR
160mm以下	220	439	220	439	132	263
160mm及其以上	295	585	295	585	177	351

注:T型临时使用的备用轿车轮胎,其负荷指数<76的,最小破坏能为220J;负荷指数≥76的,最小破坏能为296J。

2)无内胎轮胎脱圈阻力

无内胎轮胎任何测试点上的脱圈阻力应不低于表9-5的规定。

轿车无内胎轮胎最小脱圈阻力　　　　　　　　表9-5

轮胎定义断面宽度S(mm)	$S<160$	$160 \leq S \leq 205$	$S \geq 205$
最小脱圈阻力值(N)	6670	8890	11120

注:T型临时使用的备用轿车无内胎轮胎,负荷指数<76的,最小脱圈阻力为6670N;76≤负荷指数<93的,最小脱圈阻力值为8890N;负荷指数≥93的,最小脱圈阻力值为11120N。

3) 轮胎耐久性能

轮胎经耐久性能试验后，轮胎气压不应低于规定的初始气压的95%；试验结束后，外观检查不应有（胎面、胎侧、帘布层、带束层或缓冲层、胎圈）脱层、帘布层裂缝、帘线剥离、帘线断裂、崩花、接头裂开、龟裂以及胎体异常变形等缺陷，若轮胎损坏还需检查气密层。

4) 轮胎低气压性能（不包括T型临时使用的备用轮胎）

轮胎经低气压性能试验后，轮胎气压不应低于规定的初始气压的95%；试验结束后，外观检查不应有（胎面、胎侧、帘布层、气密层、带束层或缓冲层、胎圈）脱层、帘布层裂缝、帘线剥离、帘线断裂、崩花、接头裂开、龟裂以及胎体异常变形等缺陷。

5) 轮胎高速性能

轮胎经高速性能试验后，轮胎气压不应低于规定的初始气压的95%；试验结束后，外观检查不应有（胎面、胎侧、帘布层、气密层、带束层或缓冲层、胎圈）脱层、帘布层裂缝、帘线剥离、帘线断裂、崩花、接头裂开、龟裂等缺陷。

2. 载重汽车轮胎安全性能

1) 轮胎强度性能

载重汽车米制系列轮胎强度试验，每一试验点的试验破坏能应不低于表9-6的规定。

载重汽车米制系列轮胎最小破坏能 表9-6

单胎负荷指数	单胎最大额定负荷对应的气压(kPa)	最小破坏数(J)	
		轮辋名义直径代号<13	轮辋名义直径代号≥13
≤121	≤250	136	294
	251~350	203	362
	351~450	271	514
	451~550	—	576
	551~650	—	644
	>650	—	712
≥122	≤550	972	
	551~650	1412	
	651~750	1695	
	751~850	2090	
	851~950	2203	

载重汽车英制系列轮胎强度试验，每一试验点的试验破坏能应不低于表9-7的规定。

载重汽车英制系列轮胎最小破坏能（单位：J） 表9-7

层级(PR)	微型、轻型载重汽车轮胎			载重汽车轮胎		
	轮辋名义直径代号≤12	轮辋名义直径代号13~14	轮辋名义直径代号≥15	轮辋名义直径代号≤17.5	轮辋名义直径代号>17.5	
					有内胎	无内胎
4	136	192	294	294	—	—
6	203	271	362	362	768	576
8	271	384	514	514	893	734

续上表

层级 (PR)	微型、轻型载重汽车轮胎			载重汽车轮胎		
	轮毂名义直径 代号≤12	轮毂名义直径 代号13～14	轮毂名义直径 代号≥15	轮毂名义直径 代号≤17.5	轮毂名义直径代号＞17.5	
					有内胎	无内胎
10	339	514	576	576	1412	972
12	—	—	644	644	1785	1412
14	—	—	712	712	2282	1695
16	—	—	768	768	2588	2090
18	—	—	—	—	2825	2203
20	—	—	—	—	3051	—
22	—	—	—	—	3220	—

2) 轮胎耐久性能

轮胎经耐久性能试验后,轮胎气压不应低于规定的初始气压,试验结束后外观检查不应有(胎面、胎侧、帘布层、气密层、带束层或缓冲层、胎圈)脱层、帘布层裂缝、帘线断裂、崩花、接头裂开、龟裂以及胎体异常变形等缺陷。

3) 轮胎高速性能

微型和轻型载重汽车轮胎经高速性能试验后,轮胎气压不应低于规定的初始气压;试验结束后,外观检查不应有(胎面、胎侧、帘布层、气密层、带束层或缓冲层、胎圈)脱层、帘布层裂缝、帘线剥离、帘线断裂、接头裂开、龟裂等缺陷。

第四节 汽车轮胎的使用与维护

轮胎在汽车行驶过程中扮演着重要的角色,其性能对汽车的动力性、制动性、行驶稳定性、平顺性、越野性、安全性和燃料经济性等会产生重要的影响,其寿命也会影响汽车的使用成本。不同的使用水平加大了轮胎的性能和成本差异。

为合理使用轮胎,2018年8月1日实施了《轮胎使用与保养规程》(GB/T 9768—2017)。

一、轮胎的选择

选择轮胎的遵循原则是第一考虑车辆的行驶安全及性能指标。可按照先选择轮胎的类别,后选择轮胎的型号,再选择轮胎的具体规格的方法来确定使用的轮胎。

1. 轮胎类别的选择

轮胎的类别主要有乘用车轮胎、商用车轮胎、非公路用轮胎、特种轮胎等。轮胎类别的选择,要考虑的因素有车辆的类别、车辆使用的道路条件等。不同类型的汽车选用不同的轮胎,如乘用车,商用车及特种车辆应选用相对应类别的车用轮胎。

2. 轮胎型号的选择

轮胎类别的选择完成之后,就要对轮胎的型号进行选择,主要考虑以下几个方面。

1) 胎面花纹的选择

轮胎胎面花纹对轮胎的滚动阻力、附着能力、耐磨能力及行驶噪声等都有显著的影响。

轮胎花纹的形式较多,选用原则根据轮胎类型和车辆长期使用路况决定花纹形式,根据季节、天气适时调整或换用。

2)速度特性的选择

轮胎的速度特性应与设计车速相适应,所有轮胎都有适应速度范围,选择轮胎时应尽量选择速度特性好的轮胎。子午线轮胎、无内胎轮胎、扁平化轮胎由于具有发热少、散热快等特点,速度特性好的轮胎一般成本高于普通轮胎,因此,轮胎速度能力选择应与车辆设计车速相适应。

3)轮胎的均匀特性

轮胎的均匀特性集中显示轮胎尺寸、材质和结构的规范程度,综合体现轮胎的制造水平。均匀性不好的轮胎,装车后操纵稳定性差,影响高速行驶的安全性和舒适性。

二、轮胎使用基本要求

1. 轮胎使用基本要求

为了人们日常生活中正确地使用轮胎,防止轮胎早期损坏,应该遵守以下基本要求:

(1)行车中要严格控制轮胎的温度。胎温过高,促使橡胶老化产生龟裂,降低其使用寿命,尤其夏日行车应注意防爆。

(2)掌握轮胎充气标准,轮胎气压过低,其径向变形增大,胎体内的帘线产生很大的交变压力和变形以致热量高,引起外胎爆破。气压过高,胎体帘线应力增大,使帘线的疲劳过程加快,轮胎的弹性降低,时间长了也会引起胎体早期爆破。

(3)掌握轮胎的负荷,严禁车辆超载,否则将使胎壁侧的弯曲变形增大,接地面积增大,温度升高,加速胎肩的磨耗和损坏。

(4)保持车辆底盘良好的技术状况,若是装配调整不当,会使轮胎不能平顺滚动而产生滑移、拖曳,从而加速轮胎的磨耗。

(5)合理搭配轮胎并定程换位,由于轮胎厂牌、规格的不同,其实际尺寸有所差别,花纹的不同,胎面与地面的附着力也不同。后轮双胎并装,双胎的高低与路面拱度配合不当,其承受质量即不一致,轮胎的装配位置与使用寿命也有很大关系,故此需要合理使用。

(6)严格执行驾驶操作规程,行车要适应路面情况,掌握经济车速,保持匀速行驶。高速行驶会使轮胎动负荷增大,胎侧曲折频率增加,温度升高、降低其强度,增加磨损,容易爆胎。认真执行例行维护,经常检查轮胎气压与胎温,注意车辆装载均匀,严禁超载,减少紧急制动,确保安全运行。

2. 轮胎使用

合理使用轮胎可有效降低轮胎的磨损速度,预防不正常磨损,杜绝早期损坏,延长轮胎的使用寿命,从而确保行车安全,提高车辆的运行经济性。

轮胎的合理使用主要包括:合理配装轮胎、轮胎维护、合理驾驶汽车等。汽车轮胎使用与维护应按照现行国家标准《轮胎使用与保养规程》(GB/T 9768—2008)的规定进行。

1)合理配装轮胎

轮胎配装时,必须是同一规格尺寸、花纹形式和层级的轮胎,禁止高低压轮胎、钢丝胎和棉帘线、普通花纹和越野花纹同轴混装。旧轮胎在使用过程中未达到极限使用位置时,若与新轮胎半径偏差超过 3mm，直径较大的轮胎应作为后桥外挡轮胎。车辆轮胎使用磨损后，在条件允许的情况下可选择整车换胎，提高轮胎翻新率。同轴配装的轮胎应注意：

(1) 规格相同。若选用轮胎规格不同，轮胎的直径和断面宽不一样，负荷分布也就不一样。因此要求同一轴上必须相同规格。另外，前后轴没有特殊要求的车辆其轮胎规格也应相同。

(2) 结构相同。子午线轮胎线排列垂直于轮辋，故径向变形大、缓冲性好、带束层比较坚硬，故周面变形小，转一圈接近周长的长度，而斜交轮胎不同，径向变形小，缓冲性较差，行驶时接近地面部位被压缩，故周向变形大，转一圈距离小于周长，两种轮胎配装在同一轴上负荷、磨耗不一致。因此，同一轴上必须同结构，做到整车配装一种结构的轮胎。

(3) 材质相同。尼龙胎与棉线胎；全钢丝子午胎与纤维子午胎等。胎体的厚度、帘线的强度、散热性能等都有差异、配装在一起则影响使用效果。因此，同一轴的轮胎胎体帘线材料必须同一材质。

(4) 层级相同。层级是指轮胎的负荷级别，并确定了相应的充气标准。负荷能力不同的轮胎装在一起，充气压力不一致。因此，同一轴上必须做到同层级，以求各胎位的负荷一致。因此，同一轴上必须做到同层级，以求各胎位的负荷一致。

(5) 气压、负荷、花纹、厂牌等相同。气压由层级而定，层级相同，气压应该一致，保持同一性。所以同一轴上必须同气压。负荷由层级与气压而定。应根据载荷等使用条件，装配同一种负荷的轮胎，使其负荷性能相同，故可延长轮胎的使用寿命。轮胎花纹不同，不仅磨耗有差别，而且与地面的附着力不一样，汽车左右轮胎花纹各异，会影响汽车的制动的平顺性，紧急制动会出现单边甩尾现象。生产厂家不同，轮胎的轮廓尺寸、胎面宽度、花纹形状、帘线都有一定差别，不同厂牌的轮胎混装在一起也会影响使用效果。因此，同一轴上必须同厂牌。

2) 轮胎维护

保持气压正常。轮胎充气压力是决定轮胎使用寿命和工作好坏的主要因素。气压过低时，胎体变形较大，造成内应力增加；胎面与地面接触面积增大，摩擦作用使胎体温度升高，磨损加剧，特别是胎肩的磨损加剧；滚动阻力增大，燃料消耗增加；双胎中一胎气压过低还会使另一胎超载损坏。气压过高时，使胎冠部分磨损加剧，动载荷增大，易产生胎冠爆破。适宜气压与轮胎的使用条件有关，应根据轮胎所受的负荷、轮胎的安装位置和轮胎的类型，选择和保持适宜气压。各种汽车轮胎都有规定的气压。在使用中应严格按照规定的轮胎气压充气。在使用中一周内轮胎气压下降 10～30kPa，如气门嘴有故障，轮胎气压降低更多。因此，必须经常检查。

(1) 防止轮胎超载。轮胎负荷对寿命有重大影响。轮胎的承受能力也是有限的，且都有明确规定的限值。轮胎一旦超载，其变形就会加大，轮胎变形增大，帘布和帘线应力增大，容易造成帘线折断、松散和帘布脱层；同时，因为接地面积增大，增加胎肩的磨损，尤其在遇到障碍物时，由于受到冲击，会引起爆破。注意货物装载平衡，防止车辆行驶时发生货物移动及倾斜。

汽车超载不但会引起轮胎的早期损坏，还会使汽车的整体使用寿命缩短，因此应严格禁止汽车超载。

汽车装载不平衡,一般只会引起汽车上的个别轮胎超载。若装载货物的重心靠前,则易造成前轮轮胎超载,导致前轮轮胎磨损加剧,同时还会使转向盘操作困难,影响行车的安全;若装载货物的重心靠后,则易造成后轮轮胎超载,导致后轮轮胎磨损加剧,同时,由于前轮负荷较小,也易使转向盘失去控制,造成行车事故;若装载货物的重心偏向一侧,则易造成这一侧的轮胎超载。为保证汽车装载均衡,要使用正确的装载方法。并将货物固定牢固,避免在汽车运行过程中发生移位。

(2)控制轮胎温度。轮胎工作温度对其使用寿命有很大的影响。日常行车过程中应掌握车速,控制胎温,坚持中速行驶,胎体温度不得超过100℃。夏季行驶应增加停歇次数,如轮胎发热或内压增高,应停车休息散热。严禁放气降低轮胎气压,也不要泼冷水。

胎温升高主要是由于轮胎在滚动过程中产生变形,摩擦生热而不能快速散发所致。在炎热的夏季,由于外界气温较高,轮胎热量散发困难,导致胎温迅速上升。另外,由于行车速度快、载荷大、运距长、道路条件恶劣等原因,也会引发胎温上升迅速。工作温度的升高将直接影响轮胎工作压力升高。胎压过大,将使胎体帘线应力增大,易引起帘线拉断,造成轮胎爆破。

在行车间隔(如进入服务区休息)中,除了检查轮胎气压,胎面磨损、轮胎侧壁是否有鼓包现象之外,还应用手摸摸轮胎,感受轮胎温度。如发觉轮胎过热,应在充分休息散热之后,再行上路。

(3)合理搭配轮胎。轮胎必须装在规定规格的轮辋上;同一车轴应装配相同规格、花纹和层级的轮胎;普通斜交轮胎与子午线轮胎在同车上不能混用;轮胎花纹应根据道路条件选择,装配有向花纹轮胎时,花纹"人"字尖端的指向要与汽车前进时轮胎旋转方向一致;换装轮胎时,应尽量做到整车同轴同换;为确保行车安全,翻新轮胎不能装在转向轮上;汽车所使用的轮胎应与最大设计车速相适应。

不同的车型要求选用不同的轮胎。在同一辆车上应该选用规格、结构、层级和花纹等完全相同的轮胎,至少在同一车桥上,必须装用规格、结构、层级和花纹完全相同的轮胎。否则,轮胎之间工作不协调、相互影响,会加速轮胎磨损,缩短使用寿命。

当轮胎磨损到一定程度需要换用新胎时,最好是全部更换或同车桥更换。如果条件不允许,可将新胎或质量较好的轮胎装在转向轮上,把旧胎或翻新胎装在其他车轮上,以保证行车安全。

对于后轮并装的双胎,应将新旧程度接近的轮胎装在一起。为了避免双胎胎侧接触摩擦,要求二者之间的最小距离在汽车满载时不能小于2mm。禁止将子午线轮胎与普通斜交轮胎混装在同一辆汽车上,至少不能混装在同一车桥上。

气门嘴应对准外胎上的平衡标记。并装双胎的气门嘴要互成180°安装,并使气门嘴朝向轮胎外侧。这样不仅能保证车轮转动平衡,同时也便于对轮胎实施充气和检查作业。

轮胎的规格型号必须与轮辋的规格型号相配套。不同型号、规格的轮辋,即使直径相同,其轮辋宽度和凸缘高度也往往不同。窄胎装宽轮辋,或宽胎装窄轮辋,都会造成轮胎的早期损坏。

(4)精心驾驶车辆。轮胎的使用寿命与汽车驾驶方法密切相关。例如反复进行急加速、起步过猛、紧急制动、转弯过急和碰撞障碍物等,会加速轮胎的损坏。因此,汽车驾驶员在车辆运行过程中应正确、合理操纵车辆,尽量避免突然加速和减速,避免持续高速行驶等,以降低轮胎的磨损,提高轮胎的使用寿命。正确的驾驶操作要领是:起步平稳,加速均匀,中速行驶,减低轮胎磨损;选择路面,减少对胎体的冲击;减速转向,避免侧向滑移,少用制动等。

(5)做好维护工作。对轮胎的维护应与整车维护一样,贯彻预防为主,强制维护的原则。轮胎维护分日常维护、一级维护和二级维护。维护周期按汽车规定的维护周期执行。日常维护包括出车前、行车中和收车后的检视。主要是检视轮胎气压是否符合规定,检查轮胎螺母有无松动,检查有无不正常的磨损和损伤,清理轮胎夹石并及时消除造成不正常磨损和损伤的因素。

轮胎结合车辆的一级维护,主要检查轮胎气压、胎面磨耗情况,清除并装轮胎之间、花纹沟内夹石和杂物,以免刺伤轮胎。轮胎结合车辆的二级维护,主要检查外胎有无划伤、变形、裂口、脱层、老化、内胎有无老化、损伤现象,垫带有无开裂等。发现问题做好记录,并及时处理。按 CB/T521 测量胎面花纹磨损及外周长、断面宽的变化。做好记录,并进行轮胎换位。轿车子午线轮胎按每行驶 12000~15000km 进行一次换位并检测平衡。轿车斜交轮胎按每行驶 8000~10000km 进行一次换位并检测平衡。载重汽车子午线轮胎按每行驶 12000~15000km 进行一次换位并检测平衡。载重汽车斜交轮胎按每行驶 8000~10000km 进行一次换位并检测平衡。

3)轮胎换位过程中应注意的事项

(1)进行轮胎换位的前提条件是全车轮胎具有相同的规格、结构和花纹。

(2)可根据具体情况选择某一种轮胎换位方法。但经选定,就应该坚持进行,中途不准改变,这样才能收到较好的效果。

(3)轮胎换位一般结合车辆二级维护进行。但如果发现胎面有明显的偏磨,则可提前进行,不必拘泥于维护周期的限制。

(4)在轮胎换位过程中,对于胎面花纹有方向性要求的轮胎,不能改变其回转方向。否则,车辆的操控性能会显著劣化,得不偿失。

(5)在轮胎换位过程中,子午线轮胎的回转方向应始终保持不变。

(6)轮胎换位后,应按所换位置的规定重新调整轮胎气压。

三、轮胎的常见损坏形式及注意事项

汽车轮胎的损坏形式主要有胎面磨损、胎侧受伤、胎体损坏、胎圈撕裂和轮胎爆破等。

1. 胎面磨损

由于轮胎直接和路面接触,在使用过程中,受多种接触力的作用,如驱动力、制动力、侧向力、摩擦力等,必然会出现磨损。一般情况下,应要求胎面磨损均匀、缓慢。但一些不正确的驾驶方法,如汽车转弯速度过快、起步过急、制动过猛、高速行车、不注意选择道路等,会导致轮胎加快磨损。另外,若轮胎使用不当或车辆技术状况不良,将使轮胎胎面产生异常磨损。常见异常磨损如下。

1)胎面中间磨损严重

由轮胎充气压力过高,会导致轮胎胎面中间出现严重磨损。

2)轮胎两边磨损严重

由轮胎充气压力过低,会导致轮胎两边会出现严重磨损。

轮胎充气压力低于规定值时,使轮胎的两边与路面接触强度增大,使胎面中部负荷减小、胎面边缘负荷急剧增大,即相当多的轮胎载荷由轮胎两侧承受。这种现象称为"桥式会使胎面磨损不均匀效应"。产生"桥式效应"时,会使胎面磨损不均匀,其中部几乎保持不变,而两边部分磨损严重。此外,轮胎超载时引起的早期损坏与轮胎充压力过低相似,只是超载时轮胎损坏更为严重。

3) 轮胎单边磨损严重

由车轮定位参数中的外倾角大小不适,会导致轮胎单边出现严重磨损。当车轮外倾角过大时,易使轮胎的外侧胎肩形成严重磨损;车轮外倾角过小时,易使轮胎的内侧胎肩形成严重磨损。

车轮定位参数失准时,常常会导致轮胎一侧的花纹还较深,而另一侧的花纹却已被磨平的现象出现,从而造成轮胎提前报废。故保持车辆技术状况良好非常重要。

4) 轮胎局部胎面出现快速磨损

由紧急制动、制动拖带(制动器不回位)及快速起步易导致轮胎局部胎面出现快速磨损(俗称"啃胎")。此外,车轮如果运转不平衡,还会导致轮胎出现严重的块状磨损。

5) 轮胎胎面出现锯齿状磨损

由车轮定位调整不当,悬架(特别是独立悬架)调校失常、转向系统球头松旷等原因易导致轮胎胎面会出现锯齿状(也称羽状)磨损。出现上述问题时,车轮在正常滚动过程易发生侧向滑动(即侧滑)或车轮定位参数的不断变化,从而导致轮胎出现锯齿状磨损。

6) 胎冠割裂或刺伤

由路上可能存在的障碍物(如路面上的铁钉、钢筋、角铁、碎石,以及减速带破损后残留的固定螺栓等各种锋利异物)易出现胎冠被割裂或刺伤。严重时,锋利异物能躲过胎冠上的花纹,直接割裂胎冠的胎基,露出胎体帘布层,导致胎冠剥离,以致轮胎早期报废。

2. 胎侧损伤

胎侧是轮胎中强度最薄弱的部位,且又是轮胎中最为突出的部位,所以,胎侧属于轮胎的"软肋",是轮胎结构中最易受伤的部位。胎侧损伤主要包括胎侧擦伤和胎侧鼓包。

1) 胎侧擦伤

轮胎胎侧的擦伤多是由于汽车斜行上道路边石所致。当轮胎斜行上较高的道路边石(俗称马路牙子)时,其受力部位主要是胎肩和胎侧。当遇有突出的转角,或轮胎与道路边石的角度太小时,往往会造成胎侧擦伤,严重时会挤断胎侧帘布层线,使胎侧鼓包。

2) 胎侧鼓包

胎侧鼓包多是由于胎侧帘线断裂,撕裂处的强度降低所致。如轮胎小角度斜上道路边石的时候,易导致侧帘线被挤断;轮胎质量不良(如制造轮的时胎侧帘布层衔接处没有衔接好等)也易出现帘线断裂。

对胎侧已经鼓包的轮胎,须立即更换,以避免轮胎温度升高、气压增大而在鼓包处发生爆裂,造成爆胎、翻车等恶性事故。

3) 胎侧老化

胎侧的老化很大程度是由于动物尿液造成的,动物尿液为酸性物质,长期对轮胎的侵蚀会使轮胎加速老化从而埋下事故隐患。可于停车后在轮胎胎侧撒一些胡椒粉或辣椒粉,以刺激性的气味驱赶动物。

3. 胎体损坏

胎体是外胎的骨架,有保持外胎的尺寸和形状的作用,当胎体损坏后,轮胎很快就会报废。胎体损坏的形式主要有帘线断裂、松散和帘布脱层,以及胎体扎伤、刮伤等。

1) 胎体帘线的断裂、松散和帘布脱层

胎体帘线断裂、松散和帘布脱层的原因很多,主要包括轮胎自身品质不良、轮胎超载、胎压失准(过高或过低)、高温疲劳破坏。在轮胎的使用条件中,工作温度和充气压力对胎体帘线的断裂、松散和帘布脱层等影响最大。

2) 胎体扎伤、刮伤

胎体扎伤、刮伤主要由行驶路面凹凸不平或路面上有锋利的异物引起。当胎体被扎伤、刮伤较轻微时,短时间低速行驶不会影响轮胎的继续使用,但会显著降低胎体的强度,如果继续高速行驶便会有引发轮胎爆破的危险。对于严重割伤的胎体,必须立即更换,以策安全。

4. 胎圈撕裂

胎圈撕裂大多发生在将轮胎往轮辋上安装的过程中。轮胎的内径和轮辋的名义直径应大小一样,以保证轮胎与轮辋的严密配合,这对无内胎轮胎尤为重要。但轮辋的外沿直径一般略大于轮胎的内径,所以在安装轮胎的过程中,易将胎圈撕裂。

5. 轮胎爆破

在行使过程中轮胎爆破往往引起车辆失去控制,导致翻车引发的后果越严重,必须给予重视。

胎压和胎温过高、轮胎强度下降是引发轮胎爆破的根本原因。引起胎压和胎温过高的主要原因有轮胎的充气压力失准、轮胎的负荷过大、轮胎的行驶速度过高、驾驶方法过于粗暴等。引起轮胎强度下降的原因有轮胎胎面磨损严重、轮胎的胎体帘线断裂、胎体存在外伤、胎温过高、胎压过大等。

因此一定要合理使用轮胎,切实加强轮胎的维护,确保行车安全。

6. 注意事项

(1) 如果车辆停用时间超过半年应将车辆顶起,消除轮胎负荷,并对轮胎进行遮盖,避免日光照射及与油类、化学腐蚀品等相接触,同时应适当降低轮胎内气压。停放超过2周的,宜将车辆适当移动,避免轮胎同一部位长时间接触地面受力变形。

(2) 应根据车辆配备轮胎的种类调整车辆前轮的前束量,必要时要向车辆制造商进行咨询。并在使用过程中根据轮胎磨耗情况及时进行相应调整。

(3) 车辆长途高速行驶及夏季行车时,应增加停车次数,避免过长距离高速行驶,造成轮胎温度过高。

(4) 车辆行驶时尽量避免猛烈加速和紧急制动,避免损伤轮胎。

(5) 装有防滑链的轮胎,应对称装用,不用时应立即卸掉。

(6) 轮胎在使用中,如被刺伤应及时卸下予以更换或修补,避免气压不足引起结构损伤或因水侵入损伤胎体帘线,而导致轮胎脱层损坏。

(7) 轮胎行驶中与路边石严重碰撞、出现剧烈振动、左右跑偏或在恶劣路面长距离行驶后,应及时由专业人员检查,不应延误。

(8)轿车轮胎、载重汽车轮胎、摩托车轮胎胎面磨耗标志是轮胎的安全使用标志,当胎面磨损达到磨耗标志时,应停止使用。农业轮胎、工业车辆充气轮胎允许的胎面磨耗程度,应向生产厂家咨询。

(9)鼓励使用翻新轮胎,为确保行车安全,翻新的轮胎不应作转向轮胎使用。

四、轮胎修补

轮胎修补是将使用过程中局部损坏的轮胎进行修复,使之恢复使用性能的操作。车辆在使用过程中,轮胎难免会出现扎钉、穿孔、漏气等损伤,应及时进行修补。轮胎修补应根据其损坏的情况决定修补方法。修补方法通常有以下几种。

1. 冷补法

修补外胎孔洞时,多采用生胶料经硫化制成菌形塞,菌形塞的大小和孔洞的大小相近。修补时,首先清洁并锉削孔洞,使创口粗糙化(也称"锉粗""打毛")。在创口涂敷冷补胶浆后,从胎内向胎外,利用专用工具将菌形塞引进孔洞即可。

修补内胎需用冷补胶浆(按生橡胶与苯1∶1.5的质量比,并加入1/10松香末配制)和内胎胶皮制作的修补片。在锉削创面,使之粗糙化后,再涂敷冷补胶浆,待晾干后贴合加压即可。

2. 热补法

热补法亦称火补法。热补法修补轮胎,将用生胶料制成的火补胶片贴在铁皮盒的一面,另一面则是燃料。修补时,须用火补夹具把胶片夹在经过粗糙化处理的轮胎漏气部位表面,点燃胶片铁皮盒里的燃料,燃烧后经10~15min冷却,胶片即硫化在轮胎漏气部位,完成补胎作业。

3. 电热硫化烘补法

电热硫化烘补法可直接在车上烘补胎面上的创口,无需拆卸轮胎。其方法是:清洁并粗糙化创口,涂上胶浆,再堵生胶料,填满压实,用小型电热炉加热硫化,经15~20min后断电冷却即可。电热硫化烘补法也可修补内胎。

从本质上看,热补法与电热硫化烘补法是一样的,只是加热方法不同而已。

4. 外塞胶修补法

首先用锉刀把刺穿的创口打毛,再把修补胶涂在创口和修补胶块上,而后把修补胶块塞入创口,先往里塞,然后轻轻地往外拉,最后割平露在胎外部分的修补胶即可。

复习思考题

1. 轮胎的作用有哪些?
2. 汽车轮胎如何分类?按照不同的分类方法,汽车轮胎分为哪几种?
3. 如何正确选择和合理使用汽车轮胎?
4. 轮胎常见的损坏形式有哪些?如何预防轮胎的早期损坏?

参 考 文 献

[1] 刘铮,王建昕.汽车发动机原理教程[M].北京:清华大学出版社,2001.

[2] Fuquan(Frank)Zhao.汽油车近零排放技术[M].帅石金译.北京:机械工业出版社,2010.

[3] 张广林.现代燃料油品手册[M].北京:中国石化出版社,2009.

[4] 刘治中,等.液体燃料的性质及应用[M].北京:中国石化出版社,2000.

[5] 王建昕,帅石金,沈义涛,等.第四版《世界燃料规范》解读及分析.中国内燃机学会油品与清洁燃料分会第一届学术年会论文,2007.

[6] 何学良,詹永厚,李疏松.内燃机燃料[M].北京:中国石化出版社,1999.

[7] 蒋德明,黄佐华.内燃机替代燃料燃烧学[M].西安:西安交通大学出版社,2007.

[8] 严传俊,范玮.燃烧学[M].西安:西北工业大学出版社,2005.

[9] 林学东.发动机原理[M].北京:机械工业出版社,2008.

[10] Stephen R. Turns.燃烧学导论:概念与应用[M].2版.姚强等,译.北京:清华大学出版社,2009.

[11] Willard W. Pulkrabek. Engineering Fundamentals of the Internet Combustion Engine (Second Edition). Prentice-Hall of India, 2006.

[12] 董元虎,伊岩林.汽车油料选用手册[M].北京:化学工业出版社,2007.

[13] 许晋元,徐通模.燃烧学[M].北京:机械工业出版社,1980.

[14] 陈文淼.燃料特性对车用柴油机性能影响的试验研究与数值模拟[博士学位论文][D].北京:清华大学,2010.

[15] 张可,王贺武,李希浩,等.城市客车GTL燃料的全生命周期分析.汽车工程,2009,31(1).